복 있는 사람

오직 여호와의 율법을 즐거워하여 그 율법을 주야로 묵상하는 자로다.
저는 시냇가에 심은 나무가 시절을 좇아 과실을 맺으며 그 잎사귀가 마르지 아니함 같으니
그 행사가 다 형통하리로다. (시편 1:2-3)

이 책은 코로나19 팬데믹이 강요한 오늘의 비상한 고난의 시기를 이스라엘 백성이 모세와 함께 출애굽한 이후에 맞닥뜨린 '광야의 시간'으로 본다. 책 전체에서 가장 먼저 실감나게 다가오는 것은, 팬데믹으로 일상생활을 빼앗긴 사람들에 대한 목자의 상한 심정이다. 결핍과 불안, 두려움과 방향감각 상실을 경험하는 사람들에게 저자는 하나님의 크신 섭리를 세심하고 분명하게 전한다. 모세의 생애와 동행하는 하나님의 시각에서 사람들의 형편을 애타게 조감하고, 모세의 열정으로 사람들을 설득하며 그 마음에 호소한다. 이 책을 읽다 보면, 독자들이 그동안 탐닉했던 이집트의 풍요로운 소비문명이 얼마나 하나님과 낯선 세계이며 기독교 신앙을 보양하기에 얼마나 적대적이었는지 분석하고 성찰하는 예언자의 저음 권면이 들려온다. 아름다운 어휘와 문장, 적절한 예화와 견실한 성경주석이 잘 겸비된 이 책을 세 가지 이유로 추천한다. 첫째, 이 책은 성경본문을 존중하면서도 신학적 상상력과 인문학적 시각으로 성경을 해석하여 성도들의 마음에 가닿는 말씀을 전하려는 우리 시대 설교자들을 위한 필독서다. 둘째, 이 책은 자신의 삶이 광야 같은 결핍, 오리무중의 역경으로 굴러떨어졌다고 생각하는 신자들에게 광야생활이 가져다주는 유익을 깨닫고 영적 신비를 캐나가는 길을 안내하는 나침반이다. 마지막으로, 이 책은 코로나19가 장기화되는 상황에서 불안과 불확실, 고독과 공존을 마주해야 하는 모든 신자를 하나님과 매일 동행하는 삶으로 인도하는 최상의 동반자다.

김회권, 숭실대학교 기독교학과 교수

한 사람의 설교자로서 질투 나게 하는 책이다. 본문이 살아서 이야기하고 있지 않은가. 저자는 모세 이야기를 하는데 나는 어느새 나와 주변의 이야기로 듣고 있었다. 이 책은 팬데믹 시대를 사는 우리를 모세처럼 불러 사명을 주고 양육하셔서 속박을 자유로, 절망을 희망으로 바꾸는 역사에 참여하게 하시는 하나님의 이야기를 들려준다. 그저 감상하고 그치는 것이 아니라 함께 나누고 익혀서 삶으로 변주할 것들로 가득한 이 책을 기쁘게 추천한다.

박대영, 광주소명교회 책임목사

성경을 진지하게 다루면서도 오늘날에 적실한 메시지를 풀어 내는 것은 결코 쉬운 작업이 아니다. 그럼에도 김영봉 목사의 설교와 글은 항상 그 어려운 길을 지향하면서, 하나님과의 더 깊은 만남으로 우리를 초대한다. 광야의 사람 모세의 생애를 심도 있게 살필 뿐 아니라 오늘 우리 시대의 사람들에게 말을 걸고 있는 본서 또한 그러하다. 이 책이 팬데믹이라는 황량한 시대를 지나며 각자의 광야를 걷고 있는 우리 모두에게 큰 위로와 도전이 되기를 기대한다.

송태근, 삼일교회 담임목사

우리는 이 책에서 나일 강의 갈대숲에서 시작해 모압의 느보 산까지 이르는 모세의 일생, 그리고 그 일생 너머 예수 그리스도에게까지 이르는 하나님의 역사를 읽는다. 그리고 그 역사는 어느덧 성경 지면 너머 마틴 루터 킹 목사의 이야기, 이현필 선생의 이야기, 그리고 저자 자신의 이야기로 이어진다. 우리와 별로 다르지 않은 한 인간 모세의 이야기는 결국 우리 자신의 모습을 찾아가는 이야기인 것이다. 인간의 마음을 인도하는 하나님의 '미세한 음성'과 '부드러운 손길'을 닮은 저자의 잔잔하고 담담한 목소리에서 하나님의 구름과 성령의 바람을 따라 예수의 제자의 길을 걷는 한 설교자의 묵직한 힘을 느낀다. 그런 힘이 담긴 열일곱 장의 드라마 『그 사람 모세』를 통해 우리는 차별당하고 외면당하는 사람들에게 마음을 쓰며 함께 아파하시는 하나님을 만나고, 악의 대명사로만 생각했던 이집트의 바로 또한 일말의 희망 속에 사랑하시는 하나님의 마음을 배우게 된다. 이 책은 모든 사람을 위한 책이다. 우리가 인생의 어떤 지점에서 어떤 시간을 보내고 있든지 모세의 삶과 우리의 삶은 공명한다. 환경과 정체성 사이에서 갈등하던 청년 모세, 광야에서 양을 치는 반복된 일상을 살고 있는 중년 모세, 그리고 어느덧 느보 산에 올라 죽음을 앞둔 노년 모세의 연단, 체험, 소명, 순종, 희생, 역경, 갈등의 이야기가 담긴 이 책을 다 읽고 덮을 때면, 어느덧 우리 삶에까지 와닿는 하나님의 섭리의 손길을 느끼게 될 것이다.

전성민, 밴쿠버기독교세계관대학원 원장

그
사
람

모
세

그
사
람

믿음의
여정에서
마주하는
열일곱
가지
풍경들

김영봉
지음

모
세

복 있는 사람

그 사람 모세

2021년 5월 6일 초판 1쇄 발행
2022년 2월 8일 초판 4쇄 발행

지은이 김영봉
펴낸이 박종현

㈜ 복 있는 사람
주소 서울특별시 마포구 연남동 246-21(성미산로23길 26-6)
전화 02-723-7183, 7734(영업·마케팅) 팩스 02-723-7184
이메일 hismessage@naver.com
등록 1998년 1월 19일 제1-2280호

ISBN 978-89-6360-391-9 03230

ⓒ 김영봉 2021

코로나19 팬데믹으로 고귀한 생명을 잃은 모든 이와
다른 이들의 안전을 위해 헌신을 아끼지 않은 모든 이에게
이 책을 바칩니다.

차례

시작하는 말

이 책은 2020년 봄, 코로나바이러스감염증-19(코로나19)가 한창 세계적으로 유행하고 있을 때 제가 섬기는 와싱톤사귐의교회 교우들과 나눈 말씀을 다듬고 보완한 것입니다. 코로나19 확진자가 급증하여 업무가 중단되고 봉쇄 조치가 시행되며 자가격리 상태로 들어갔을 때, 우리 모두는 처음 겪는 상황에 무척 당황했습니다. 초기에는 몇 주 혹은 한두 달로 끝날 줄 알았는데, 상황은 점점 심각해졌고 전문가들의 예상 또한 점점 어두워져 갔습니다. 마음의 준비 없이 맞은 사태로 사람들은 혼란스러워하고 허둥댔습니다. 제가 사는 미국에서는 마트의 화장지가 품절되는 사태까지 벌어졌습니다. 사람들이 느낀 불안감이 그런 행동으로 나타난 것입니다.

저는 코로나19로 인한 이러한 일련의 상황이 우리를 '광야'로 내몰았다는 생각이 들었습니다. 광야는 결핍과 불편의 땅입니다. 인간 사회에서 즐기고 누리던 모든 것을 포기해야 하는 곳입니다. 그렇기에 광야는 외로움과 고독의 땅입니다. 모든 것이 넉넉히 갖추어져 있으면 우리는 자신을 망각하고 누리고 즐기는 일에 빠지게 되지만, 그 모든 것이 박탈되고 나면 비로소 자신을 돌아봅니다. 그래서 광야는 성찰과 기도의 땅이 될 수 있습니다. 몸과 마음이 물질문명에 푹 절어져 있는 것 같을 때, 사람들이 광야를 찾아 나오는 이유가 여기에 있습니다. 자신의 존재와 진솔하게 마주하여 잊어버렸던 자신을 찾을 수 있기 때문입니다. 하지만 누구나 광야를 기회의 땅으로 경험하지는 않습니다. 더 많은 이들에게 광야는 죽음의 땅이 됩니다.

코로나19가 일 년 이상 지속될 수 있다는 소식을 듣고 저는 성경에서 광야를 경험했던 사람들의 이야기를 교우들과 나누면 좋겠다고 생각했습니다. 광야를 경험했던 성경 인물은 헤아리기 어려울 만큼 많습니다. 하나님의 부르심을 받고 고향을 떠났던 아브라함, 아버지와 형을 속여 이민을 떠나야 했던 야곱, 형제들로부터 미움을 받아 종으로 팔려갔던 요셉, 사울에게 쫓겨 다니고 아들에게 배신당했던 다윗, 이세벨을 피해 도망쳤던 예언자 엘리야가 그 예입니다. 성경에 이름을 남긴 예언자들은 대부분 광야를 경험했습니다. 신약 시대로 오면, 왕을 꾸짖은 일로 감옥에 갇혔던 세례 요한, 복음을 전하다가 체포되었던 사도 바울, 밧모 섬에 유배되었던 사도 요한이 그 예입니다. 하지만 그 누구도 모세만큼 광야를 오래도록 깊이 경험한 사람은 없습니다. 그래서 모세의 이야기를 나누면서 광야를 지나는 법과 광야에서 얻을 수 있는 지혜들을 함께 들여다보고 싶었습니다.

하지만 처음 준비하는 과정에서 난관에 부딪쳤습니다. 모세는 구약성경에서 가장 중요한 인물이고 출애굽기부터 신명기까지가 모두 모세에 관한 이야기지만, 모세 개인사에 관한 정보는 지극히 적고 매우 단편적이라는 사실입니다. 레위기는 거의 다 율법에 대한 기록이고, 신명기는 모세의 설교입니다. 그저 출애굽기와 민수기에 단편

그 사람 모세

적인 이야기들이 기록되어 있을 뿐입니다. 또 한 가지 발견한 사실은, 구약의 인물 중 모세는 그동안 학문적 연구나 설교의 대상으로 잘 다루어지지 않았다는 것입니다. 다른 인물들에 대해서는 학문적인 연구서나 경건서가 많이 출간되었는데, 모세의 경우는 그렇지 않았습니다. 모세의 개인사에 대하여 제가 찾은 것은 마르틴 부버[1], 조나단 커시[2], 해롤드 쿠슈너[3]의 책이 전부였습니다. 이 사실로 인해 잠시 멈칫했습니다. 이스라엘 역사에서 모세가 남긴 업적은 더없이 중요하지만, 정작 그 자신은 신비 속에 가려져 있는 것입니다.

하지만 그 사실이 오히려 저의 의지를 자극했습니다. 비록 모세의 개인사에 대한 정보가 희소하고 단편적이지만, 행간에 숨겨진 의미를 찾아낸다면 신화와 전설 속에 가려진 모세를 어느 정도 복구할 수 있을 것이라는 믿음이 들었습니다. 그러기 위해서는 먼저 본문에 대한 정교한 주석 작업이 선행되어야 합니다. 또한 행간에 숨겨진 의미를 찾아내기 위해 문학적 상상력을 동원해야 합니다. 모세 시대의 문화적·종교적·역사적 배경에 대해서도 살펴보아야 합니다. 그것이 어려운 작업이기는 하지만 도전해 볼 만한 일이라는 생각이 들었습니다.

이 책은 본문에 대한 주석적 연구에 기초를 두고 있지만 모세의 생애에 대한 역사적·학문적 연구서는 아니며, 모세에 대한 전기 혹은 평전을 의도한 것도 아닙니다. 저는 이 책에서 모세의 개인사에 대한 단편적인 정보들을 주석적으로 연구하고 문학적인 상상력을 더하여 오늘 우리 시대의 사람들에게 말을 걸 수 있도록 시도했습니다. 다루어야 할 본문 해석에 대한 학문적인 이견이 있는 경우에 한하여 주를 달아서 출처와 근거를 밝혀 놓았습니다. 성경본문에 대해 학문적인 이견이 있을 때 설교자는 가장 합리적인 견해를 선택하여 이야기를 풀어가야 하기 때문입니다.

한 사람이 위인화되면 그 사람에 대한 존경심은 높아질지 모르지만, 보통 사람들에게는 적실성이 떨어지게 되어 있습니다. 그 사람의 장점을 제시했을 때, "내가 어찌 그런 위인을 따라갈 수 있겠습니까?"라고 반문합니다. 많은 그리스도인들이 예수님을 생각할 때 그와 같이 생각하는 경향이 있습니다. "그분은 하나님의 아들이시고 나는 그저 인간일 뿐인데, 내가 어찌 그럴 수 있습니까?"라면서 물러섭니다. 많은 사람들이 모세를 그와 같은 맥락에서 생각합니다. 존경할 만한 사람이기는 하지만 닮고 배울 만한 사람이라고 생각하지는 않습니다. 하지만 성경은 "이 사람 모세는"(민 12:3, 개역개정)이라는 말로 그를 소개합니다. 그는 우리와 같았던 '한 인간'이었습니다. 그렇기 때문에 모세의 개인사는 오늘 우리에게 중요한 의미가 있습니다. 특히 코로나19로 모두가 광야에 내몰린 것 같은 지금은 더욱 그렇습니다.

이 책은 믿음의 여정에서 마주하는 17가지 키워드를 중심으로 구성되어 있습니다. 믿음, 성장, 광야, 연단, 체험, 소명, 순종, 희생, 정의, 역경, 선택, 갈등, 인생, 영성, 겸손, 죽음 그리고 섭리까지 신앙인의 인생 여정에서 만나게 되는 문제들이 모두 망라되어 있습니다. 이 주제들을 먼저 정하고 모세의 이야기를 연구한 것이 아니라, 모세의 생애 이야기를 한 장면씩 묵상하는 중에 이 주제들로 연결된 것입니다. 이렇게 많고 다양한 주제로 연결될지 저 자신도 예상하지 못했습니다. 성령께서 인도해 주신 결과라고 믿고 고백합니다. 이 책을 한 장씩 읽어 내려가다 보면 지금 여러분의 일상 속에서 생생하게 경험하고 있는 주제와 마주하기도 하고, 아직 고민해보지 못한 주제와 마주하기도 할 것입니다. 그것을 읽고 깨닫는 차원에만 그치지 않고 각 장 끝에 수록된 질문들과 더불어 자신을 돌아보고 삶에 적용하며 공동체 안에서 나누는 가운데, 믿음의 길을 통과하고 광야를 지나는 데 필요한 보석과 같은 지혜들을 발견하고 배우게 되기를 소망합니다. 그렇게 된다면, 우리는 광야에서 길을 찾고 이 세상에서 하나님 나라를 드러내는 나그네로 사는 일에서 진보하게 될 것입니다.

또 하나의 책을 출간하면서 먼저 광야에서 나를 만나 주셨던 주님께 감사드립니다. 이 책이 독자들에게 자신이 만난 주님을 더 깊이 만나도록 돕는 도구가 되기를 기도합니다. 또한 함께 광야를 걸으며 영적 동무가 되어 준 저의 가족과 교우들에게 감사드립니다. 나는 내가 아닙니다. 내 가족이 나이고, 내 교회가 나이며, 나를 아는 모든 이들이 나입니다. 그들 없이는 내가 존재할 수 없습니다. 또 하나의 책을 정성껏 만들어 주신 복 있는 사람 출판사 박종현 대표님과 문준호 편집자님, 채승 디자이너님에게 감사드립니다. 마지막으로, 이 책을 펼치신 여러분께 감사드립니다. 부디 유익한 독서의 시간이 되기를 기도합니다.

2021년 4월
도그우드 만발한 버지니아에서
김영봉

01

민
음

맡기고 산다

출애굽기 2:1-10

시간의 흐름 속에서

출애굽기는 히브리 민족의 이민 이야기로부터 시작합니다. 모세는 이집트에서 이민 생활을 하던 히브리 민족에게서 태어납니다. 제가 살고 있는 미국에서 이민자들의 삶을 들여다보면, 처음부터 타국에 뼈를 묻을 각오를 하고 이주하는 사람은 그리 많지 않습니다. 공부가 끝나거나 기반을 마련하거나 아이들이 성장할 때까지 한시적으로 머물 생각으로 이민을 옵니다. 그러다가 여차여차하여 오 년이 십 년이 되고, 십 년이 오십 년이 됩니다. 저 자신도 처음 미국에 올 때는 아이들 대학에 진학할 때까지만이라 생각했고, 그다음에는 졸업하고 자리를 잡을 때까지만이라 생각했습니다. 이제는 한국계 미국인으로 살고 있으며, 특별한 일이 없는 한 이 땅에 뼈를 묻게 될 것입니다.

모세가 태어날 무렵 야곱의 자손이 그러했습니다. 야곱의 가족

칠십여 명이 처음 이집트로 이주했을 때만 해도 그저 칠 년의 대흉년만 피할 작정이었습니다. 그러나 시간이 흐르는 가운데 그들은 다시 고향으로 돌아가는 것을 차일피일 미루게 되고, 결국 사백 년이 넘는 세월 동안 대를 이어 가며 이집트에 머물게 되었습니다. 하나님이 아브라함에게 주신 가나안 땅에 비해 이집트는 매우 비옥하고 풍요로웠습니다. 게다가 요셉을 신뢰하고 존중하는 이집트 통치자들의 호의로 히브리 사람들은 전쟁 위험으로부터 안전하게 보호받으며 생활할 수 있었습니다. 아무도 넘볼 수 없는 강성대국의 그늘 아래 편안하게 사는 것을 마다할 사람은 많지 않을 것입니다.

이 대목에서 우리는 풍요와 안전이 얼마나 영적으로 위험할 수 있는지를 봅니다. 이집트에서 아무 걱정 없이 편안하고 풍요롭게 지내는 동안 이스라엘 백성은 그들의 조상 아브라함이 하나님께 받은 약속과 소명(창 12:1-3)을 잊어버립니다. 아브라함은 풍요와 안전을 버리고 하나님이 부르시는 곳으로 나아갔고, 그 과정에서 여러 고난을 당했습니다. 하지만 그는 편안하고 풍요롭게 살기보다 고생스럽더라도 하나님의 부르심을 따라 사는 편을 택했습니다. 그런데 그의 자손들은 하나님의 약속과 소명을 외면하고 풍요와 안전을 택한 것입니다.

여기서 한 가지 질문이 떠오릅니다. 아브라함을 갈대아 우르에서 불러내신 하나님은 왜 이스라엘 백성이 사백 년이 넘는 세월 동안 이집트에서 풍요와 안전에 취해 있도록 내버려 두셨을까요? 제가 하나님의 마음을 다 알 수는 없지만 한 가지 짐작되는 부분이 있습니다. 비록 이스라엘 백성이 이집트에 눌러앉기로 한 것은 잘못이지만, 그들의 죄된 선택으로 칠십여 명의 가족이 사백여 년 만에 장정만 육십만 세력으로 불어납니다.[1] 만일 그들이 일찍 가나안 땅으로 돌아갔다면, 외적들과의 지속적인 전쟁으로 사백여 년이 지난 후에도 작은 부족 국가로 남아 있었을지도 모릅니다.

하나님이 하시는 일은 이렇듯 비밀스럽습니다. 인간에게 자유의지를 주신 하나님은 그 자유의지로 우리가 죄악을 선택하더라도 때로 그저 내버려 두십니다. 물론 죄된 삶으로부터 돌아서도록 하나님은 우리를 지속적으로 부르고 흔들고 깨우십니다. 하지만 끝내 죄악을 선택한다면 그대로 두십니다. 인간이 죄악을 선택한다고 해서 하나님의 계획이 틀어지는 일은 없습니다. 하나님은 인간의 선한 선택과 악한 선택을 모두 합하여 그분의 큰 그림을 만들어 가시기 때문입니다 (이 문제에 관해서는 11장에서 보다 자세히 살펴보겠습니다).

이스라엘 백성이 이집트에 머문 지 사백 년쯤 지나자 그들에 대한 이집트 왕실의 태도가 변하기 시작합니다. 요셉의 이야기는 이제 먼 옛날의 신화가 되고, 이스라엘 백성의 수가 감당할 수 없을 만큼 많아지자 위기감을 느낀 나머지 그들을 억압하고 학대하기 시작합니다. 여러 가지 억압 정책을 써 보지만 증가세를 잠재우지 못합니다. 더 이상 어찌할 수 없는 상황에 이르자, 이집트 왕은 최후의 방책을 동원합니다. 갓 태어난 히브리 남자아이들을 모두 나일 강에 던지고 여자아이들만 살려 두라는 명령을 내린 것입니다(출 1:6-22).

이 상황에서 이스라엘 백성의 반응은 어떠했을까요? 왜 자신들에게 이런 비극이 닥치는가 싶었을 것입니다. 많은 사람들이 하나님께 간절히 구원을 호소했을 것입니다. 그런데 이때 하나님은 아무 일도 하지 않으십니다. 그러한 가운데 아들을 잃고 비통하게 통곡하는

그 사람 모세

사람들이 점점 늘어납니다.

왜 하나님은 이스라엘 백성의 통곡과 호소에 묵묵부답이셨을까요? 이집트 제국의 악행을 왜 그대로 내버려 두셨을까요? 이제 이스라엘 백성을 다시 가나안 땅으로 돌아가게 할 때가 되었기 때문입니다. 이집트에서의 풍요와 안전에 깊이 길들여진 나머지 그들에게는 제 스스로 결단하고 돌아갈 의지가 없었습니다. 그대로 두었다면 아마도 이집트에서 계속 대를 이어가며 살았을지도 모릅니다. 그래서 하나님은 이집트 왕의 악한 선택을 이용하여 이스라엘 백성을 가나안 땅으로 밀어내고 계셨던 것입니다.

생과 사의 경계에서

그러한 상황 가운데 모세가 이집트에서 태어납니다. 출애굽기 2장은 레위 가문에 속한 한 남자가 같은 가문의 한 여자와 결혼하는 이야기로 시작합니다. 남자의 이름은 아므람이고 그 아내의 이름은 요게벳입니다(출 6:20). 그들이 모세를 낳기 전에 이미 아들과 딸을 낳았습니다. 큰딸의 이름은 미리암이고, 모세보다 세 살 위 큰아들의 이름은 아론입니다(출 2:4; 7:7, 민 26:59). 아론은 히브리 남자아이들을 모두 나일 강에 던지라는 명령이 내려지기 전에 태어났을 것입니다.

모세가 세상의 빛을 보기 전에 아므람과 요게벳은 여자아이가 태어나기를 간절히 기도했을 것입니다. 하지만 아이를 낳고 보니 아들입니다. 아이는 세상을 보자마자 나일 강에 던져져 악어 밥이 될 운명에 처했습니다. 하지만 요게벳은 그리할 수 없었습니다. 그래서 아이를 석 달 동안 숨겨서 기릅니다. 이 대목을 성경은 이렇게 기록합니다.

그 여자가 임신을 하여 아들을 낳았는데, 그 아이가 하도 잘생겨서, 남이 모르게 석 달 동안이나 길렀다(출 2:2).

성경은 요게벳이 아이를 숨겨 기른 이유에 대하여 너무나 잘생겼기 때문이라고 말합니다. 이 말을 잘 따져 보면, 엄마 눈에 잘생기지 않은 아이가 있을까요? 갓 태어난 아이가 잘생기면 얼마나 잘생겼을까요?

"그 아이가 하도 잘생겨서"라는 말은 아이의 외모가 특별히 뛰어났다기보다 요게벳이 아이에게서 뭔가 특별함을 느꼈다는 뜻일 것입니다.[2] 이후로 펼쳐진 모세의 인생 여정을 통해 그러한 사실을 유추해 볼 수 있는데, 그는 하나님의 특별한 계획 속에서 준비된 아이였습니다. 그렇다면 그 사실을 감지할 수 있도록 하나님이 어떤 사인을 주셨을 것이고, 이유를 명확히 말할 수 없지만 이 아이를 꼭 살려야겠다는 생각이 요게벳에게 들었던 것입니다.

하지만 언제까지나 그럴 수 없었습니다. 석 달 동안 아이를 숨겨 기르면서 요게벳은 여러 가지로 궁리했을 것입니다. 그러나 연약한 여인의 힘으로는 도무지 방도를 찾을 수 없었습니다. 이 이야기 속에서 아버지 아므람은 왜 아무런 역할도 하지 않는지 모르겠습니다. 어쩌면 현재의 상황을 헤쳐 나갈 방법이 없을 것이라 생각하고 지레 포기했는지도 모릅니다.

출애굽기 1-2장을 보면, 여성들 곧 위험을 무릅쓰고 아이들을 살린 히브리 산파들, 요게벳과 미리암 그리고 바로의 공주가 주인공 역할을 합니다. 남성들은 무력하게 침묵하거나 악한 모습으로 등장

합니다. 인류 역사를 보면 남성 지도자들이 전체를 이끌어 가는 것처럼 보이지만, 사실 역사의 이면에서 중요한 역할을 한 사람은 바로 여성들이었습니다. 다행히 이제는 여성들이 역사의 전면에 나와 탁월한 리더십을 발휘하는 일이 많아졌습니다.

요게벳은 아이를 살릴 방도를 찾을 수 없어서, 결국 갈대로 만든 상자를 하나 구해다가 역청과 송진을 발라 물이 새지 않게 하고 그 속에 아이를 뉘어 나일 강에 띄워 놓습니다.[3]

저자는 이 대목을 담담하게 적고 있지만, 행간에 생략된 내용을 상상하며 읽으면 가슴이 아립니다. 이 글을 쓰고 있는 지금 저는 태어난 지 갓 두 달 된 손녀를 돌보고 있습니다. 할아버지 눈에 손녀는 모세만큼이나 잘생겼습니다. 그러한 상황에서 헤아려 보니, 석 달 된 아기를 갈대 상자에 넣어 강물에 띄워 보내야 한다는 것이 어미로서 얼마나 고통스러운 일이었을지 어느 정도 짐작이 됩니다.

최근 사랑받는 찬양 중에 그 순간 요게벳의 심정을 담아 만든 곡이 있습니다.

작은 갈대 상자
물이 새지 않도록
역청과 나무 진을 칠하네
어떤 마음이었을까
그녀의 두 눈엔
눈물이 흐르고 흘러

동그란 눈으로

엄마를 보고 있는

아이와 입을 맞추고

상자를 덮고 강가에 띄우며

간절히 기도했겠지

정처 없이 강물에 흔들흔들

흘러 내려가는 그 상자를 보며

눈을 감아도 보이는 아이와

눈을 맞추며

주저앉아 눈물을 흘렸겠지

너의 삶의 참 주인

너의 참 부모이신

하나님 그 손에

너의 삶을 맡긴다.

너의 삶의 참 주인

너를 이끄시는 주

하나님 그 손에

너의 삶을 드린다

— 최에스더·염평안 작사, 염평안 작곡 「요게벳의 노래」 중

그 사람 모세

이 가사에는 자신의 능력으로 더 이상 아들을 보호할 수 없어서 그의 운명에 모든 것을 맡기고 떠나보내기로 한 어미의 심정이 잘 묘사되어 있습니다. 그것은 곧 하나님의 처분에 아이를 맡기는 행동이었습니다. 하나님이 그 아이를 어찌하실지 요게벳은 알지 못했습니다. 하지만 할 수 있는 일이 더 이상 없음을 알고 그 아이의 운명을 하나님의 손에 맡기고 떼어 보낸 것입니다.

갈대 상자에 실려 내려가던 아이는 마침 나일 강으로 나온 이집트 공주에게 발견됩니다.

> 마침 바로의 딸이 목욕을 하려고 강으로 내려왔다. 시녀들이 강가를 거닐고 있을 때에, 공주가 갈대 숲 속에 있는 상자를 보고, 시녀 한 명을 보내서 그것을 가져오게 하였다. 열어 보니, 거기에 남자아이가 울고 있었다. 공주가 그 아이를 불쌍히 여기면서 말하였다. "이 아이는 틀림없이 히브리 사람의 아이로구나"(출 2:5-6).

공주가 그 아이를 보고 불쌍히 여겼다는 것은 하나님이 그 공주의 마음을 만지신 것입니다. 아무리 공주라 해도 히브리 남자아이들에 대한 살육 명령을 어기기란 쉬운 일이 아니었습니다. 하나님의 개입 없이는 그런 마음을 가질 수 없습니다. 그때 모세의 누이 미리암이 요게벳을 유모로 소개하고, 요게벳은 죽은 것이나 다름없던 아들을 다시 품에 안습니다.

알 수 없는 분

이 이야기를 통해 우리가 주목해야 할 믿음의 진실이 있는데, 그것은 우리가 믿는 하나님은 '알 수 없는 분'이라는 사실입니다. 우리가 믿는 하나님은 참으로 크시고 우리는 너무도 작습니다. 우리가 하나님에 대해 알 수 있는 것은 그분이 자신을 계시해 주시는 한계 안에서만 가능한 일입니다. 우리가 너무 작기에 거대한 우주에 대해 다 알 수 없는 것처럼, 온 우주를 품고 계신 하나님에 대해 우리는 제대로 알 수 없습니다. 그래서 예수 그리스도께서 우리에게 오셔서 하나님이 어떤 분인지 우리에게 필요한 만큼 그리고 우리가 받아들일 수 있을 만큼 계시해 주셨습니다.

그뿐 아니라, 하나님의 뜻과 계획 그리고 그분이 행하시는 일에 대해 우리는 모두 알지 못합니다. 어린 자녀가 부모의 생각과 행동을 다 이해하지 못하는 것처럼, 우리 또한 보고 느끼고 생각하는 것이 제한되어 있어서 하나님의 뜻과 계획과 행하심을 다 이해하지 못합니다.

신심 깊은 이스라엘 백성으로서는 하나님이 사백여 년 동안 아무 행동도 하지 않으시니 얼마나 답답했을까요? 새로 태어난 아들을 잃은 부모들이 비통하게 울부짖으며 하나님을 얼마나 원망했을까요? 요게벳은 석 달 동안 아들 모세를 살릴 궁리를 하면서 얼마나 간절히 기도했을까요?

그런데 하나님은 그 모든 절규에 묵묵부답이셨습니다. 그 침묵의 기간에 많은 사람들이 믿음을 잃었을 것입니다. 더 이상 하나님을 믿고 의지할 이유가 없다고 생각했을지도 모릅니다. 그들의 짧은 시

그 사람 모세

야 안에 하나님의 손길은 보이지 않았기 때문입니다.

　뒤에서 자세히 살펴보겠지만, 시간이 지나서야 하나님이 그 모든 상황을 지켜보고 계셨다는 사실이 드러납니다(출 3:7-8). 그런데 왜 하나님은 즉시 응답하지 않으셨을까요? 그분께는 따로 계획이 있었기 때문입니다. 하나님은 사람으로서 짐작도 할 수 없는 계획을 가지고 계셨습니다. 그 계획을 안다면, 우리가 지금 당하는 고난을 견딜 수 있습니다. 하지만 불행하게도 하나님의 계획은 우리에게 가려져 있을 때가 많습니다.

믿음은 모험이다

　그러므로 우리가 택할 수 있는 유일한 대안은 하나님을 믿고 의지하는 것입니다. 그분의 계획을 자세히 알 수 없지만, 지금 내가 당하는 고난도 그분의 계획 안에 있음을 믿고 그분을 의지하며 따라가는 것입니다. 히브리서 말씀이 그 사실에 대해 잘 표현하고 있습니다.

　믿음이 없이는 하나님을 기쁘게 해드릴 수 없습니다. 하나님께 나아가는 사람은, 하나님이 계시다는 것과, 하나님은 자기를 찾는 사람들에게 상을 주시는 분이시라는 것을 믿어야 합니다(히 11:6).

　여기서 히브리서 저자는 하나님을 믿는 데 꼭 필요한 두 가지를 명시합니다. 하나는 하나님이 계시다는 사실을 믿는 것이고, 다른 하나는 그분의 선하심을 믿는 것입니다. 이 둘은 결코 같지 않습니다. 주위를 보면, 하나님이 존재하신다는 것을 믿지만 그분이 자신에 대하여 분을 품고 계시다고 믿는 사람이 적지 않습니다. 예수님이 그분의 삶과 죽음으로 보여주신 것은 바로 우리를 향한 하나님의 사랑입니다. 십자가는 우리를 향한 하나님의 선의를 웅변으로 증언합니다. 따라서 하나님을 믿는다는 것은 어떤 경우에도 그분이 우리를 사랑하신다는 사실을 믿고 그분께 전적으로 맡기고 살아가는 것입니다. 그렇기 때문에 믿음은 '알 수 없는 하나님'을 믿고 따라가는 '모험'입니다.

오늘날 많은 사람들이 기독교 신앙에 대해 오해하는 것 중 하나는 '모든 것을 이해해야 한다'는 생각입니다. 하나님에 대해서도 이해해야만 믿을 수 있다고 생각하고, 하나님의 뜻에 대해서도 미리 알고 이해할 수 있어야 순종할 수 있다고 생각합니다. 그것은 인간의 지적 교만에서 비롯된 문제입니다.

인간의 머리로 이해할 수 있다면 그것은 하나님이 아니고, 우리가 미리 알고 이해할 수 있다면 그것은 하나님의 뜻과 계획이 아닙니다. 기독교 신앙은 지적으로 이해하는 것이 아니라, 이해할 수 없는 하나님을 믿고 의지하며 보이지 않는 그분의 손에 맡기고 순종하는 가운데 하루하루를 사는 것입니다. 그렇게 살아갈 때, 간혹 멈추어 되돌아보면 하나님이 그분의 계획 안에서 내 삶을 인도하고 계신 것을 알게 됩니다.

스위스의 의사이자 존경받는 작가였던 폴 투르니에는 『모험으로 사는 인생』이라는 책에서 한 친구의 말을 소개합니다. 그 친구가 어느 날 기도를 마치고 일어나며 다음과 같이 말했다고 합니다.

내가 할 일은 백지의 하단에 서명하는 일이란 걸 이제 깨달았소. 하나님이 뭐라고 쓰시든 난 그대로 할 것이오. 내 인생이 계속되는 동안 하나님이 이 백지 계약서에 뭐라고 쓰실지 모르지만, 어쨌든 난 오늘 서명을 마쳤소이다.[4]

이 일화를 전하면서 투르니에 박사는 세상에서 가장 가치 있는 일은 하나님의 인도를 받는 모험이라고 말합니다. 하나님의 인도를 받는 삶을 모험이라고 부른 이유는 우리로서는 그분의 계획을 알지 못하기 때문입니다. 하나님이 어떤 계획을 가지고 계신지, 우리를 어디로 인도하실지, 무엇을 행하실지 알지 못하면서도, 그분을 신뢰하기에 그분께 인생을 맡기고 따라가는 것이므로 그것은 모험입니다. 그러면서 그는 기독교 신앙의 본질에 대해 이렇게 요약합니다.

우리 삶의 방향타를 진심으로 하나님의 손에 맡기고, 그분께 삶의 방향을 의탁하며, 우리가 혼자서 삶의 방향을 정할 능력이 없음을, 우리에 대한 하나님의 뜻을 분명히 깨달을 능력이 없음을 고백하고, 하나님이 방향을 인도해 주시기를 간구하는 것이다.[5]

이집트에 살던 이스라엘 사람들 중에는 사백여 년 동안 침묵하신 하나님에 대해 의심하거나 불신하는 사람들이 많았겠지만, 여전히 하나님을 신뢰하고 의지하기를 포기하지 않는 사람들이 있었을 것입니다. 그들은 자신이 분별할 수 있는 범위 안에 하나님의 손길이 보이지 않고 그분이 왜 침묵하시는지 알 수 없지만, 그럼에도 천지를 창조하신 하나님이 우주를 운행하시고 인류 역사를 다스리고 계시다는 믿음을 포기하지 않았습니다. 지금 당해야 하는 고난이 무슨 의미인지 정확히 알 수 없지만, 자신의 인생이 '알 수 없는 하나님'의 '알 수 없는 계획' 안에 있음을 믿고 고난을 감당하며 살았습니다.

모세의 어머니 요게벳이 그런 소수의 신앙인들 중 하나였을 것입니다. 그는 하나님을 이해할 수 없었고 그분의 뜻과 계획을 알지 못했지만, 하나님이 계시다는 사실을 믿었고 그분이 여전히 우주를 운행하시고 인류의 역사를 다스리고 계심을 믿었습니다. 그분의 계획이 정확히 무엇인지는 몰랐지만, 자신의 아이에게 특별한 계획이 있음을 믿었습니다.

요게벳은 그 믿음으로 석 달 동안 아이를 숨겨 키웠습니다. 들키기라도 하면 온 가족의 안위가 위험해지는 일이었습니다. 하지만 그는 그 위험을 끌어안았습니다. 그리고 마침내 어쩔 수 없는 한계에 이르자, 갈대 상자에 아이를 띄워 보내는 선택을 합니다. 한 어미로서 감당할 수 없는 아픔을 참으면서 그는 하나님께 이렇게 기도했을지도 모릅니다.

하나님, 저는 제 할 일을 다 했습니다. 이 아이를 죽이든 살리든 이제 주님께 맡깁니다.

저에게는 요게벳의 심정을 어느 정도 짐작할 수 있는 한 가지 경험이 있습니다. 지난 시절 제 어머니가 저에게는 요게벳이었습니다. 저는 고향 당진에서 초등학교 4학년을 마치고 인천으로 유학을 갔습니다. 할머니와 함께 미리 가서 공부하고 있던 형과 삼촌과 함께 지내

그 사람 모세

게 된 것입니다. 고향을 떠나던 날 이른 새벽, 어머니는 인천 식구들이 먹을 음식을 가득 싸서 머리에 이고 두어 시간을 걸어 저를 데리고 부두로 가셨습니다. 그렇게 어머니는 저를 떠나보내셨습니다.

제 아들이 초등학교 5학년 되었을 때 그 시절을 돌이켜 보았습니다. 내가 만일 어머니였다면 저 어린아이를 그 먼 곳으로 보낼 수 있었을까? 당시 당진에서 인천은 한국에서 미국만큼이나 멀어 보였습니다. 그래서 어느 날 어머니에게 물었습니다.

"엄니는 열두 살 어린애를 어떻게 떼어 보낼 수 있었대?"

그러자 어머니가 이렇게 말씀하십니다.

"그날 부두에서 돌아와 부엌에 숨어서 한나절을 울었지."

그때까지 저는 어머니를 매우 강인한 분으로 알고 있었습니다. 어린 아들을 배에 태워 보내고 부엌 한구석에서 혼자 울고 있는 어머니는 상상도 하지 못했습니다. 어머니가 저를 떠나보낼 수 있었던 것은 어머니로서 아픔을 견뎠기 때문에 가능한 일이었습니다. 그리고 그때 어머니의 마음은 요게벳이 가졌을 마음과 비슷했을 것입니다. 자신이 신뢰하고 의지했던 그 하나님께 저를 떼어 보낸 것입니다. 아들의 운명을 하나님께 맡긴 것입니다. 그렇게 어머니가 품어 안은 아픔 때문에 오늘의 제가 있습니다.

영원하고 거대한 계획 안에서

지금까지 살펴본 내용을 정리해 보겠습니다. 우리가 믿는 하나님은 너무도 크고 깊으시기 때문에 '알 수 없는 분'이지만, 그 정도로 크고 깊으신 분이기에 그분께 우리의 인생을 맡길 수 있습니다. 그 하나님은 믿을 만한 분이며 신실하신 분입니다. 그것이 십자가를 통해 보여주신 그분의 마음입니다. 죽은 자들 가운데서 예수 그리스도를 일으키신 하나님은 십자가를 통해 우리 각자를 끝까지 사랑하신다는 사실을 증명해 보이셨습니다.

믿는다는 것은 그 '알 수 없는 하나님'을 믿고 의지하며 사는 것입니다. 나의 눈에 그분의 손길이 보이지 않아도 그분의 큰 그림을 믿고 나에게 주어지는 일들을 감당하는 것입니다. 우리는 그저 눈앞의 인생에만 관심을 두고 살지만, 하나님은 영원하고 거대한 계획 안에서 우리 인생을 다스리십니다. 그러므로 때로 그분의 인도하심이 너무 느려 보이고 무심해 보이고 야속해 보일 수 있습니다. 그럼에도 그분의 선의를 믿고 매일 그분께 맡기고 살아가야 합니다.

그렇게 살아가며 때로 우리가 걸어온 길을 돌아봅니다. 믿음으로 산 사람들은 그때마다 "하나님이 이렇게 인도하셨구나!", "아, 모든 것이 그분의 은혜였구나!" 하고 고백하게 됩니다. 이렇게 믿음의 여정 중에 시시때때로 하나님이 자신의 삶을 인도하고 이끌어 오셨음을 확인하면 더 깊이 하나님의 인도하심을 의지하고 따르게 됩니다.

이런 믿음에 이르면 무슨 일을 당하든 흔들리지 않습니다. 일이 잘 풀린다고 교만하지 않고, 일이 잘 풀리지 않는다고 실망하지 않습니다. 때로 간절한 기도에 하나님이 침묵하신다고 해서 낙심하지 않습니다. 그 침묵도 그분이 응답하시는 한 방법이라는 사실을 거듭 경험했기 때문입니다.

우리는 이런 하나님을 믿고 살아갑니다. 온 우주를 지으시고 운행하시는 하나님, 아들 예수 그리스도를 죽은 자들 가운데서 일으키시고 영원한 사랑을 보여주신 하나님을 우리는 믿고 살아갑니다. 그러므로 하나님 손안에만 있으면 됩니다. 그분이 인도하시는 길만 따라가면 됩니다. 하루하루 그분의 손길에 맡기고 살아가면 됩니다.

그러면 걱정이 없습니다. 때로 이해할 수 없고 견디기 힘든 일을 만나거나 죽음의 위협을 만나도 걱정 없습니다. 우리가 믿는 하나님은 죽음보다 크신 분이기 때문입니다. 그분의 손안에 있으면 죽음도 문제없기 때문입니다. 그 믿음으로 매일 한 걸음씩 걸어가는 것이 우리의 믿음입니다. "죽이든 살리든 알아서 하십시오!"라고 하나님께 맡기고 오늘 주어진 고난을 감당하고 은혜를 누리며 살아가는 것입니다. 그것은 아주 위험한 모험 같아 보이지만 가장 안전하고 확실한 길입니다.

| 적용과 나눔을 위한 질문 |

• 당신이 믿는 하나님은 어떤 분입니까? 그 하나님을 당신은 어떻게 대하고 있습니까? 하나님과 당신의 관계를 설명해 보십시오.

• 믿음은 '알 수 없는 하나님'께 의지하여 '알 수 없는 길'을 걸어가는 것이라는 사실에 대해 어떻게 생각합니까? 영적 생활에서 '알 수 없음'의 요소가 왜 중요한지 설명해 보십시오.

• 당신의 신앙은 모험입니까, 보험입니까? 모험으로서의 신앙과 보험으로서의 신앙이 어떻게 다른지 설명해 보십시오.

• 믿음의 모험 가운데 우리가 행하고 간구할 일은 무엇입니까?

02
성
장

품에서 자란다

출애굽기 2:11-15

엄마라는 존재

'엄마'라는 단어는 인간이 가장 먼저 내는 소리 가운데 하나입니다. 그렇기 때문에 세상 모든 언어에서 엄마를 가리키는 단어의 소리는 유사합니다. 어린아이가 처음 입을 열어 내는 소리이기 때문입니다. 또한 '엄마'라는 단어는 인간이 숨을 쉬면서 부르는 마지막 이름이기도 합니다. 그 이름만큼 따뜻하고 포근하고 위로가 되는 이름이 없기 때문입니다.

불행하게도 그 따뜻하고 포근하고 위로가 되는 이름이 아픔으로 기억되는 이들이 있습니다. 이 책을 읽는 분들 중에 그런 분이 있다면, 십자가에서 드러난 하나님의 품에서 따뜻함과 포근함과 위로를 발견하게 되기를 바랍니다. 사실 육신의 어머니를 통해 우리가 경험하는 따뜻함과 포근함과 위로는 하나님 안에서만 발견할 수 있는 영원하고도 완전한 안식과 위로를 찾게 만들어 주는 도구입니다.

어머니는 아홉 달 동안 자녀를 모태에 품어 기릅니다. 그동안 연구를 통해 밝혀진 바에 따르면, 모태에 있는 동안 아이는 육체적으로만 성장하는 게 아니라 그 정신과 영혼도 함께 형성됩니다. 그렇기 때문에 태교를 강조합니다. 모태에 있는 동안 어머니가 보고 듣고 느끼고 먹고 행하는 모든 것이 아이의 정서를 형성하는 데 영향을 미칩니다. 눈에 보이지 않지만 태중에 있는 아이는 엄마를 통해 모든 것을 보고 듣고 느낍니다.

바로 이런 까닭에 잉태되는 생명은 일단 무조건적으로 환영받아야 합니다. 여기서 엄마의 역할이 가장 중요합니다. 엄마의 환대는 태중에 있는 생명에게 직접 영향을 미치기 때문입니다. 그래서 저는 결혼을 앞둔 이들과 결혼 예비 상담을 할 때 임신과 출산에 대한 계획은 두 사람의 상황과 신념에 따라 세우되, 언제든 아이를 갖게 되면 일단 환영할 것을 강조합니다. 그것이 하나님의 다스림을 믿는 사람의 바른 태도이고, 주어진 생명에 대한 최선의 태도라고 믿습니다.

잉태를 자각하는 순간, 열렬히 환영하고 축하하고 감사해야 합니다. 그런 다음, 아홉 달 동안 자신이 보고 듣고 느끼고 먹고 행하는 모든 것이 아이의 정신과 영혼을 형성하는 데 영향을 미친다는 사실을 잊지 말아야 합니다. 그동안 마음 내키는 대로 살았다면, 임신한 이후에는 그렇게 살아서는 안 됩니다. 한 사람의 인생이 자신에게 달려 있음을 기억하고 최선을 다해 자신을 챙겨야 합니다.

엄마로서의 책임은 모태에서 아홉 달 동안 양육하는 것으로 끝나지 않습니다. 아이가 태어나고 나서 엄마의 책임은 더욱 커집니다.

그래서 산후 우울증으로 고통받는 여성들의 이야기를 주변에서 심심치 않게 들을 수 있습니다. 출산 이후 엄마들은 회복되지 않는 몸, 늘 부족한 잠, 끝도 없이 반복되는 일 때문에 불안이나 우울을 경험할 수 있습니다. 그렇기 때문에 엄마로서 책임을 다할 수 있도록 주변의 돕는 손길이 필요합니다. 과거에는 육아의 책임이 주로 엄마에게 지워졌지만, 요즈음에는 인식이 많이 바뀌어 부부가 그 짐을 나누어 져야 한다는 생각이 보편화되었습니다. 참으로 다행스러운 일입니다. 한 생명이 태어나고 자라는 과정에서 아빠의 책임도 엄마의 책임과 비교해서 결코 가볍지 않기 때문입니다.

그 기간을 잘 보낸다 해도 아이가 성장하는 과정에서 엄마의 존재는 항상 필요합니다. 소위 질풍노도의 시기라는 사춘기를 지날 때면 부모의 마음은 마치 광야를 지나는 것 같고 눈물 골짜기를 지나는 것 같습니다. 오죽하면 "차라리 다시 배 속에 집어넣고 싶다"고 말하는 사람이 있겠습니까?

이렇게 보면 모든 인간은 어머니의 품속에서 만들어진다고 해도 과언이 아닙니다. 첫 아홉 달 동안에는 모태 안에서 형성되는 것이고, 태어난 뒤에는 어머니의 품에서 형성되는 것입니다. 그 품이 어떤지에 따라 형성되는 결과가 다릅니다. 불안정한 모태에서 형성되고 자란 아이는 육체적으로 건강할 수 없습니다. 그와 마찬가지로, 어머니의 따뜻하고 넉넉한 품에서 자란 사람과 차갑고 비좁은 품에서 자란 사람이 같을 수 없습니다. 잉태되는 순간부터 환영받지 못하고 태어난 이후에도 어머니의 품에서 쉬어 본 적 없는 사람은 평생 사랑에 대한 목마름으로 시달리게 됩니다.

결국 이 세상은 어머니들이 만드는 셈입니다. 어머니들이 그 품 안에서 어떤 아이들을 만들어 내는지에 따라 세상은 달라집니다. 이렇게 말하면, 자녀와 관련된 모든 문제를 어머니에게 전가하는 것처럼 들릴 수 있습니다. 한 사람의 선행이나 악행이 모두 어머니의 책임이라 할 수는 없습니다. 아버지의 역할도 매우 중요합니다. 하지만 인간의 품성이 형성되는 과정에서 어머니의 영향력은 지대합니다. 이것은 '모성 신화'가 만들어 낸 편견이 아니라 과학적 사실입니다. 아이에 대한 모성의 역할을 부정하거나 축소하는 것은 올바른 해결책이 아닙니다. 그 사실에 대해 제대로 인식하고 책임을 다하도록 돕는 환경을 조성하는 분위기가 요구됩니다. 이 책임은 결코 혼자의 노력으로 감당할 수 없는 것이기 때문입니다.

인생의 사계

모세의 일생은 크게 세 기간으로 나뉩니다. 태어나서부터 마흔 살까지가 첫 시기입니다. 이 시기에 그는 이집트 공주의 양아들 자격으로 부와 권세를 누립니다. 두 번째 시기는 마흔 살부터 여든 살까지의 기간입니다. 이 시기에 그는 미디안 광야에서 나그네로 살아갑니다. 그러다가 하나님의 부르심을 받아 이집트에서 노예생활하던 이스라엘 백성을 해방시키고 광야 유랑을 이끕니다. 그것이 세 번째 시기 곧 여든 살부터 백스무 살까지의 이야기입니다.

출애굽기로 따지면 모세의 출생부터 여든 살까지의 이야기가 2장에 압축되어 서술되어 있고, 3장부터는 여든 살 이후의 이야기입니다. 다시 말해, 성경에서 모세의 이야기는 주로 여든 살 이후의 이야기입니다. 마흔 살까지 있었던 일들에 대해서는 하나의 이야기만 단편적으로 기록되어 있을 뿐이고, 여든 살까지 있었던 일들에 대해서도 간략하게만 묘사되어 있습니다. 그러니 사십 년 동안 모세가 이집트 궁정에서 어떻게 성장하고 어떻게 살았는지 그리고 그 이후 사십 년 동안 미디안 광야에서 어떻게 살았는지에 대해서는 그저 짐작할 수밖에 없습니다.

출애굽기 2:11은 "세월이 지나, 모세가 어른이 되었다"는 말로 시작합니다. 앞에서 살펴본 대로, 모세는 악어 밥이 될 상황에서 이집트 공주에게 발견되어 그의 양아들이 됩니다. 그 누이 미리암의 용기 있는 행동으로 요게벳은 다시 모세를 품에 안고 키우는 축복을 누립니다. 게다가 아들을 기른 대가로 공주로부터 보수까지 받습니다(출 2:7-9). 요게벳은 젖을 뗄 즈음까지 모세를 돌보다가 공주에게 돌려보냈을 것입니다.

그 이후 모세는 이집트 궁정에서 어떻게 성장했을까요? 왕궁에서 왕자로 자랐지만 공주의 양아들이라는 사실 때문에 모세의 입지는 그리 탄탄하지 않았을 것입니다. 히브리 사람이라는 신분을 숨겼다면(그렇게 하지 않았다면 바로가 내버려 두지 않았을 것입니다) 그의 내면은 불안했을 것이고, 왕궁의 다른 가족에 대해 일정 부분 이질감을 품은 채 살아야 했을 것입니다.

이어지는 말씀에는 모세가 왕궁을 떠나 미디안 광야로 도피해야만 했던 사연이 기록되어 있는데, 간략하지만 많은 것을 생각하게 해 줍니다.

"어느 날 그는 왕궁 바깥으로 나가 동족에게로 갔다가, 그들이

고되게 노동하는 것을 보았다"(출 2:11)는 말씀은, 모세가 산책하러 나갔다가 우연히 동족의 모습을 본 상황이 아닙니다. 의도적으로 동족이 어떻게 살고 있는지 알아보기 위해서 찾아간 것입니다.[1] 이것은 모세가 자신이 히브리 사람이라는 분명한 의식을 가지고 있었고, 왕족의 한 사람이지만 자신은 그곳에 속한 사람이 아니라는 사실을 늘 마음에 품은 채 살았다는 것을 뜻합니다. 그래서 그는 자주 시간을 내어 동족이 어떻게 살고 있는지 알아보았고 마침내 그 현장을 보기 위해 나선 것입니다.

모세는 온갖 학대를 당하고 있는 동족의 상황을 보면서 이러지도 못하고 저러지도 못하는 자신의 모습에 깊은 좌절감을 느꼈을 것입니다. 가만히 왕궁에 있자니 고통받고 있는 동족 생각이 나서 마음이 편치 않았을 것이고, 그렇다고 그들을 위해 딱히 해줄 게 없었을 것입니다. 왕실에서 자신의 입지도 견고하지 않은데 동족을 위해 무엇을 할 수 있겠습니까? 부귀영화를 누리는 자리에 있지만 마음은 불편하기 짝이 없었을 것입니다.

그러던 중 모세는 큰 사건에 휘말립니다. 그의 동족 히브리 사람이 이집트 사람에게 부당하게 매를 맞고 있는 것을 본 것입니다. 그 모습을 보는 순간, 모세의 마음에 뭉쳐 있던 온갖 감정이 뒤엉켜 폭발합니다. 모세는 주변에 아무도 없는 것을 확인하고 이집트 사람을 응징합니다. 그가 죽은 것을 보고 그 시체를 모래 속에 묻어 버립니다. 완전 범죄를 의도한 것입니다.

범인은 범죄 현장에 다시 나타난다는 말을 증명이나 하듯, 모세는 이튿날 다시 히브리 사람들이 노동하는 현장으로 찾아갑니다. 그

때 히브리 사람 둘이 심하게 싸우고 있는 것을 목격합니다. 그 순간 모세의 마음속에서 또다시 분노가 일어납니다.[2] 동족끼리 힘을 합쳐도 모자랄 판에 싸우고 있으니 얼마나 답답했겠습니까? 그는 즉시 싸움을 뜯어말립니다. 그러자 그중 한 사람이 대들면서 이렇게 외칩니다.

> 누가 당신을 우리의 지도자와 재판관으로 세웠단 말이오? 당신이 이집트 사람을 죽이더니, 이제는 나도 죽일 작정이오?(출 2:14)

그 말을 듣고 모세는 두려운 마음이 들었습니다. 아무도 모를 것이라 생각했는데, 전날 모세가 저지른 일을 본 눈이 있었던 것입니다. 해롤드 쿠슈너는 그 사람이 전날 이집트 사람에게 매를 맞고 있던 사람이었을 것이라 추정합니다.[3] 아무튼 이 소식은 주변 사람들을 통해 전해져 결국 이집트 왕 바로의 귀에까지 들어갑니다. 바로가 모세의 정체와 본심을 알고 그를 죽이려 했으나, 모세는 이집트 왕의 손이 닿지 않는 미디안 광야로 도피합니다.

인생의 전환점 앞에서

이 대목에서 우리가 살펴보아야 할 점이 있습니다. 왜 모세는 왕궁에서 누리는 안락과 행복에 안주하지 못하고 동족에 대한 미련으로 끌려다니다가 결국 모든 것을 버리고 도피하는 신세가 되어야 했을까요? 어떻게 그는 자신이 히브리 사람이라는 의식을 가지게 되었을까요? 왜 그는 동족의 고통을 외면하지 못했을까요?

나중에 자세히 살펴보겠지만, 모세가 미디안 광야에서 사십 년

그 사람 모세

을 보낸 뒤 하나님은 모세를 호렙 산 떨기나무에서 불러내십니다(출 3:1-22). 하나님이 모세를 불러내신 것을 어느 날 갑자기 일어난 일로 보아서는 안 됩니다. 모세가 태어날 때부터 시작된 하나님의 계획이 전환점에 이른 것입니다. 미디안에서의 도피생활 가운데 모두 잊었을 듯싶지만, 그의 마음속에는 여전히 이집트에서 노예생활을 하며 고통당하는 동족에 대한 빚진 마음이 있었습니다.[4]

왕궁에서 살 때 동족이 온갖 학대로 시달리는 상황에서 자신만 호의호식하는 것에 마음이 편치 않았다면, 미디안 광야에서 살 때는 자신만 홀로 안전한 곳에 피신해 있는 것에 가책을 느끼고 있었을 것입니다. 하나님은 동족에 대한 그의 미련과 가책과 책임감이 성숙되고 무르익기를 기다리셨습니다. 그리고 때가 되자 그를 불러내십니다. 그렇다면 아주 이른 시기부터 모세의 마음속에 히브리 사람이라는 자의식이 뿌리 내렸고 자라면서 점점 커졌다고 볼 수 있습니다.

어떻게 이런 일이 가능했을까요? 물론 가장 큰 원인은 하나님으로부터 찾을 수 있습니다. 하나님이 모세를 택하셨기에 그가 히브리 사람으로서의 자의식을 가지고 자랐을 것이고, 그 과정에서 가장 중요한 역할을 한 사람이 그의 어머니 요게벳이었을 것입니다.

젖을 뗀 이후로 모세와 요게벳 사이의 관계에 대해서는 아무런 기록이 없습니다. 이런 경우 합리적 추론을 해야 합니다. 당시 기준으로 젖을 뗄 때라면 서너 살쯤 되었을 무렵일 것입니다. 그런 아이가 만일 공주에게 넘겨진 이후로 외부 세계와 단절된 채 자랐다면, 자신이 히브리 사람이라는 정체성을 가지게 된 계기를 설명하기 어렵습니다. 어쩌다가 그 사실을 알게 되었다고 해도 동족에 대해 그가 느끼고 있던 빚진 마음은 설명할 수 없습니다.

그에 관한 가장 합리적인 추론은 모세가 자라면서 어떤 방식으로든 어머니 요게벳과 계속 소통했을 것이고, 요게벳은 그에게 히브리 사람으로서의 정체성을 심어 주었을 거라는 것입니다.[5] 요게벳은 아홉 달 동안 모태에서 그를 길렀고, 태어난 뒤 석 달 동안 품에 안고 기르다가 하나님께 내어 맡긴 뒤, 다시 품에 안고 그를 기릅니다. 공주의 아들로 입적된 뒤에도 모세는 계속 어머니와 교류했을 것입니다. 형식적으로 공주의 아들이었지만, 실질적으로 그는 요게벳의 아들이었습니다. 법적으로 이집트 왕실의 일원이었지만, 영적으로는 히브리 사람이었습니다. 모세를 향한 하나님의 큰 계획을 요게벳이 알 리 없었지만, 그는 모세가 그 계획에 적합한 사람이 되도록 양육했을 것입니다.

모세가 철이 들면서 요게벳은 그에게 하나님의 이야기를 들려주었을 것입니다. 조상들로부터 전해 내려왔던 이야기들 곧 하나님이 천지를 창조하신 이야기, 아담과 하와 이야기, 가인과 아벨 이야기, 노아 이야기를 들려주었을 것입니다. 그는 또한 하나님이 아브라함을 불러내신 이야기, 아브라함의 유랑 이야기, 그 아들 이삭 이야기, 야곱과 열두 아들 이야기, 요셉 이야기를 들려주었을 것입니다. 그리고 어떻게 히브리 사람들이 이집트에 살게 되었는지, 왜 지금 그들이 이렇게 고생하고 있는지 이야기해 주었을 것입니다.

요게벳은 모세에게 "너는 히브리 사람이니 장차 히브리 사람을 위해 살아야 한다"고 주입하거나 강제하지 않았을 것입니다. 그러면 오히려 반발심만 생기게 마련입니다. 요게벳은 다만 그의 뿌리가 되는 조상들의 이야기를 들려주었을 것이고, 모세는 그 이야기 속에서 자라가며 자신이 누구이고 무엇을 위해 어떻게 살아야 하는지 스스로 생각했을 것입니다. 이야기가 가진 힘은 이처럼 놀랍습니다. 우리는 우리와 관련된 이야기를 통해 자신의 정체성과 삶의 목적과 방향을 깨닫게 됩니다. 그래서 어릴 때부터 자신의 정체성을 찾아가는 데 도움이 되는 좋은 이야기들을 들려주는 것이 중요합니다. 그중에서도 하나님의 구원 이야기는 가장 중요합니다.

모세는 왕궁에서의 안락하고 호사스러운 생활에 깊이 빠지지 않았고, 박해받는 동족에 대한 빚진 마음을 가지고 살았습니다. 빚진 마음은 스스로 느끼는 것이지 누가 주입할 수 있는 것이 아닙니다. 그는 동족이 당하고 있던 운명으로부터 자신이 벗어나 있다는 사실을 다행으로 여기지 않았습니다. 그는 할 수 있는 대로 무엇인가를 하고 싶었습니다. 불행하게도 그가 할 수 있는 일은 아무것도 없었습니다. 그러한 좌절감이 우발적으로 표출되어 살인을 하게 되고 그로 인해 도피자가 되었던 것입니다.

여기까지만 보면 어머니 요게벳이 모세의 안락하고 호화스러운 생활을 망친 것처럼 보입니다. 하지만 그는 광야에서 사십 년을 보낸 뒤 하나님의 부르심을 받습니다. 사용하기에 충분한 그릇으로 준비될 때까지 하나님이 그를 광야에 두신 것입니다. 모두가 은퇴하고 노년을 맞을 즈음, 모세는 하나님의 부르심을 받아 이스라엘을 이집트에서의 노예살이로부터 해방시키는 위업을 이룹니다.

창조의 공간

이렇게 보면, 모세를 통해 이스라엘을 이집트에서 해방시키신 하나님의 계획은 요게벳의 품에서부터 시작되었다고 볼 수 있습니다. 모세의 어머니 요게벳을 생각할 때 우리는 갈대 상자만을 생각합니다. 하지만 성경에 기록되어 있지 않은 수많은 이야기들을 상상해야 합니다. 모세의 육신을 품었던 그의 모태와 젖을 먹였던 그의 품만이 아니라, 모세의 정신과 영혼까지 품고 키웠던 그의 품을 생각해야 합니다. 그 품은 하나님의 계획을 이루어 나가도록 모세를 준비시켰습니다.

앞에서도 언급했지만, 요게벳은 하나님의 거대한 계획을 알지 못했습니다. 앞으로 무슨 일이 일어날지 몰랐습니다. 다만 그는 주어진 시간에 자신이 어머니로서 할 수 있는 모든 일을 했을 것입니다. 태중에 있었을 때나, 태어난 뒤 석 달 동안 숨겨 키웠을 때나, 아이를 다시 품에 안았을 때나 아이가 잘 자라도록 정성을 다했을 것입니다. 하나님은 요게벳의 신실함을 통해 모세라는 한 인물을 만들어 내신 것입니다.

해롤드 쿠슈너는 모세의 인생 여정에서 여성들이 중요한 역할을 했다는 사실에 중요한 의미를 둡니다. 앞에서 살펴본 것처럼, 모세는 어머니 요게벳과 이집트 공주 그리고 누나 미리암을 통해 살아남을 수 있었습니다. 쿠슈너는 이러한 경험이 모세가 세상을 보는 시각에 영향을 주었을 것으로 추측합니다. 위험이 산재한 이 세상에서 안전한 가정이 얼마나 중요한지 알게 했을 것이고, 하나님을 부성적이면서도 모성적인 분으로 경험하게 만들어 주었을 것으로 추측합니다.

그 사람 모세

그뿐 아니라, 모세의 성품 안에 부성적인 요소와 모성적인 요소가 겸비된 이유도 여기서 찾습니다.[6]

저는 쿠슈너의 추측에 전적으로 동의합니다. 저 역시 세계관 형성에 어머니의 영향을 많이 받았기 때문입니다. 그런 까닭에 저는 안전한 가정의 중요성을 강조해 왔고, 제가 경험한 하나님은 모성성이 강한 분이었습니다. 그것이 그동안 저의 글과 설교에 그대로 반영되었습니다. 제가 헨리 나우웬의 『탕자의 귀향』을 애정하는 이유도 여기에 있습니다. 이 책에서 헨리 나우웬은 렘브란트의 명화 「탕자의 귀향」을 바탕으로 하나님의 모성을 감동적으로 소개합니다. 예수께서 전하신 하나님은 어머니 같은 하나님이십니다. 그것이 저의 성품에도 영향을 미쳤습니다. 저에게는 부성적인 강함과 단호함이 있지만 모성적인 부드러움도 있습니다. 어머니는 저의 몸만 낳으신 것이 아니라 저의 세상을 낳아 주셨습니다.

어머니의 자궁은 마치 창조 이전의 모습과 유사합니다. 창조되기 전의 상황에 대해 창세기는 이렇게 묘사하고 있습니다.

태초에 하나님이 천지를 창조하셨다. 땅이 혼돈하고 공허하며, 어둠이 깊은 위에 있고, 하나님의 영은 물 위에 움직이고 계셨다(창 1:1-2).

우리는 이것이 어떤 상태를 묘사하는지 정확히 알지 못합니다. 하늘과 땅이 창조되기 이전, 시간도 공간도 없는 상태를 시간과 공간의 한계 안에 있는 우리가 어떻게 알겠습니까? 하지만 그 상태는 생명이 잉태되기 이전 자궁의 모습과 닮았습니다. 자궁은 하나의 작은 우주입니다. 하나님의 거대한 창조 사역이 자궁 안에서 가장 작은 스케일로 일어나는 것입니다. 하나님은 그렇게 한 생명 한 생명을 창조하십니다.

또한 하나님은 어머니의 품을 통해 태어난 생명을 키워 가십니다. 알고 보면 인간만큼 태어난 이후에 오래도록 무력한 존재가 없습니다. 어릴 때 시골에서 염소 새끼가 태어나는 광경을 목격한 적이 있습니다. 어미의 태에 있던 아기 염소가 아기집과 함께 땅에 뚝 떨어지더니 꿈틀대면서 일어납니다. 이후 비틀거리며 몇 번 움직이더니 불과 한 시간도 안 되어 뛰어다닙니다. 그에 비하면 인간은 제 발로 걸으려면 적어도 여덟 달 정도는 지나야 합니다. 그 기간 동안, 아니 그 이상의 기간 동안 인간은 어머니의 품을 필요로 합니다. 그것은 젖을 먹이는 품만이 아니라 아기를 따뜻하게 품고 사랑과 화평과 안식을 맛보게 하는 품입니다. 젖을 떼고 난 이후에도 인간에게는 어머니의 품이 필요합니다. 그래야만 정신과 영혼이 성장할 수 있습니다. 다 장성한 뒤에도 우리는 누구나 어머니의 품을 그리워합니다. 세상 모두가 자신을 비난해도 자신을 있는 그대로 받아 줄 사람이 바로 어머니이기 때문입니다. 그래서 어머니가 돌아가신 뒤에도 여전히 우리는 어머니를 간절히 생각합니다. 나를 낳고 길러 준 그 품을 그리워하는 것입니다.

이렇게 모든 어머니에게는 위대한 창조 동역자로서의 사명이 주어졌는데, 모든 어머니가 요게벳처럼 그 사명을 신실하게 수행하는 것은 아닙니다. 불행하게도 자신에게 찾아온 생명이 얼마나 귀한 존재인지 인식하지 못하고 자식에게 품을 넉넉하게 내어 주지 못하는 사람들이 너무도 많습니다. 개인의 권리와 자유를 보다 우선시하는 우리 시대에는 더욱 그렇습니다. 최근 뉴스에 보도된 유아 학대와 살인 사건은 우리 사회의 현실을 뼈아프게 자각시켜 줍니다.

요즘에는 어머니가 되는 것조차 특별한 일이 되어 버렸습니다. 결혼을 선택 가능한 것으로 여기는 인식이 점점 늘어나고 있기 때문입니다. 청년들의 실업 문제로 결혼이 늦어지고 비혼주의자 또한 늘어나고 있습니다. 결혼을 했다 해도 여러 가지 이유로 인한 불임 현상이 전보다 심해졌습니다. 불임을 치료하는 의학 기술이 발전하는 속도가 불임 현상의 증가 속도를 따라잡지 못합니다. 결혼은 하지만 아이는 낳지 않겠다는 사람도 점점 많아지고 있습니다. 그런 결정을 하는 사람들에게는 그들 나름의 이유가 있고, 그 결정은 존중받아 마땅합니다. 하지만 일단 생명을 받아 키우기로 마음을 먹었다면 그 사명을 진지하게 대해야 합니다. 한 생명을 받아 안는 것은 하나의 우주를 받아 안는 것과 같은 일이기 때문입니다.

따뜻하고 넉넉한 품

저는 지금 어머니와 여성만을 염두에 두고 이 말씀을 드리는 것이 아닙니다. 하나님이 우리 가운데 시작하신 창조와 구원의 역사가 지속되기 위해서는 거룩한 출산과 양육의 역사가 지속되어야 합니다. 그러기 위해 가장 필요한 것은 출산과 양육을 가능하게 하는 따뜻하고 넉넉한 품입니다. 그 품을 만드는 것은 여성들만의 책임이 아닙니다.

어머니 위치에 있지 않은 여성들도 출산과 양육의 사명을 귀하게 받아들이고 행할 수 있어야 합니다. 여러 가지 이유로 아이를 갖지 못하는 것은 인간적으로 보면 불행이라 할지도 모릅니다. 하지만 하나님을 믿는 사람들은 그것조차 하나님의 큰 다스림 아래 있다고 보아야 합니다. 그것은 어머니 역할을 하지 못하게 하는 장애가 아니라, 어머니 역할을 다른 방식으로 하라는 뜻일 수 있습니다.

남성들도 마찬가지입니다. 과거의 아버지들처럼 무작정 아이를 낳아 놓고 바깥으로 떠도는 것은 무책임한 일입니다. 오늘의 젊은 아버지들은 더 이상 그렇게 하지 않지만, 아버지가 된 이들은 자녀 양육을 마지못해 하는 일이 아니라 거룩한 책임으로 받아들여 기쁨으로 행해야 합니다. 성품과 기질에 따라 따뜻하고 넉넉한 품을 만드는 데 남편이 아내보다 더 능숙한 경우가 적지 않습니다.

혹시 아이를 낳고 기르는 일과 무관한 삶을 살아가는 이들은 '나와는 상관없는 이야기네'라고 생각하실지 모르겠습니다. 하지만 그렇지 않습니다. 한 가정에서 생명이 잉태되고 태어나 자라가는 데 따뜻하고 넉넉한 품이 필요한 것처럼, 우리가 사는 이 세상에서 우리 모두가 살아가는 데 가장 필요한 것은 따뜻하고 넉넉한 공동체를 만드는 것입니다. 먼저 우리의 가정에 서로를 품어 주고 참아 주고 견뎌 주고 기다려 주는 품이 있어야 하지만, 그 품이 우리가 사는 이 세상에 넉넉하게 만들어져야 합니다.

요즈음 이것을 '집단 모성' 혹은 '사회적 모성'이라는 말로 표현합니다.[7] 지금 우리 사회는 여전히 부성성이 강합니다. 그로 인해 여러 가지 병적 증상들이 깊어지고 있습니다. 사회학자들은 우리 사회를 진단하면서 '피로 사회', '분노 사회', '파편 사회', '우울 사회' 같은 용어들을 사용하고 있습니다. 우리 사회의 병적 증상이 이렇게 깊어진 데에는 여러 가지 이유가 있겠지만, '집단 부성' 혹은 '사회적 부성'은 더욱 강해지고 심해지는 데 비해 '집단 모성' 혹은 '사회적 모성'은 더욱 약해져 가는 것이 중요한 이유라고 할 수 있습니다. 무한경쟁과 각자도생의 풍조가 깊어지면서 품고 견디고 기다리고 다독여 주는 넉넉한 품이 사라진 것입니다.

이 점에서 교회는 특별히 중요합니다. 하나님이 교회를 세우신 이유를 여러 가지로 말할 수 있지만, 그중에서 가장 중요한 이유는 우리가 사는 세상에 어머니의 품 같은 공동체가 필요하기 때문이라 할 수 있습니다.

한번 생각해 보십시오. 이 세상에 우리를 있는 그대로 받아 주고 참고 견디고 기다려 주는 공동체가 있습니까? 학교에서는 점수에 따라서 평가하고 서로 끝없이 경쟁하게 만듭니다. 직장에서도 경쟁과 평가에 항상 노출되어 있고 낙오하면 언제든지 조직에서 밀려납니다. 집단 모성의 모판이라 할 수 있는 가정도 입시경쟁과 성공경쟁의 분위기로 인해 부성성만 강화되었습니다. 이런 상황에서 교회는 모두를 있는 그대로 받아 주고 참고 견디고 기다려 주는 모성적 공동체가 되기 위해 노력해야 합니다. 그래서 고대로부터 교회는 '어머니'로 비유되었습니다.

사도 바울은 갈라디아 교인들에게 편지를 쓰면서 교회가 어떠해야 하는지에 대해 암시한 적이 있습니다.

나의 자녀 여러분, 나는 여러분 속에 그리스도의 형상이 이루어지기까지 다시 해산의 고통을 겪습니다(갈 4:19).

교회는 새 생명을 출산하고 양육하는 가정과 같아야 합니다. 서로의 구원과 성장을 위해 해산의 수고를 기꺼이 감당하는 곳이 교회입니다. 새로 태어난 생명이 충만한 사랑 안에서 자랄 수 있도록 따뜻하고 넉넉한 품을 만들어 주는 것은 수고로운 일입니다. 받아 주고 참고 견디고 기다려 주어야 하기 때문입니다. 그런 수고를 기꺼이 감당하는 사람들이 많을수록 그 믿음의 공동체에서는 더 많은 출산과 양육이 이루어집니다.

불행하게도 한국 교회는 모성적이기보다 부성적인 성격이 강합니다. 은혜의 공동체이기보다 서로 감시하고 감독하고 지적하고 평가하는 율법적 분위기가 강합니다. 따뜻하고 넉넉한 어머니의 품보다는 냉담하고 무심한 아버지의 눈초리가 더 자주 느껴지는 곳입니다.

또한 교회는 믿음의 조상들과 하나님의 이야기가 끊임없이 들려지는 곳이어야 합니다. 모세는 왕궁에서 이집트 사람들이 좋아하던 수많은 이야기들을 들었을 것입니다. 하지만 그는 어머니 품에서 들었던 하나님의 이야기에 귀를 기울였고, 그 이야기를 통해 자신의 정체를 깨닫고 사명을 발견했습니다. 그와 마찬가지로, 오늘 우리는 이 세상에서 수많은 다양한 이야기들을 듣고 살아갑니다. 하지만 믿음의 사람들은 성경을 통해 듣는 하나님의 이야기를 마음에 품습니다. 그 이야기 안에서 우리가 누구이며 어떻게 살아야 하는지를 발견합니다.

육신의 자녀를 낳고 잘 양육하는 것은 귀한 일입니다. 하지만 그

보다 더 귀하고 중요한 일은 영적인 자녀 곧 믿음의 자녀를 두는 일입니다. 육신의 자녀를 둔 분들은 자녀가 믿음의 자녀가 될 수 있도록 힘써야 할 것입니다. 육신의 자녀를 가지지 않은 분들은 믿음의 자녀를 둘 수 있도록 힘써야 합니다. 육신의 자녀를 두는 것은 누구에게나 허락되는 일이 아니지만, 믿음의 자녀를 두는 것은 누구나 할 수 있는 일입니다. 그 일을 위해 교회가 존재합니다. 교회는 곧 확대된 가정입니다.

이 세상에서는 육신의 자녀를 얼마나 훌륭하게 키웠는지가 자랑거리입니다. 자녀가 좋은 대학에 가고, 좋은 직업을 구하고, 많은 돈을 벌고, 높은 직위에 오르고, 좋은 집에 사는 것이 이 세상에서는 자랑거리입니다. 하지만 하나님 앞에서는 그 어느 것도 자랑거리가 되지 못합니다. 하나님이 우리에게 찾으시는 것은 육신의 자녀가 아니라 믿음의 자녀입니다. 믿음의 자녀를 낳고 양육하기 위한 해산의 수고가 얼마나 있었는지를 물으십니다.

그러므로 각자가 믿음의 자녀를 품고 양육하기 위해 따뜻하고 넉넉한 품을 만들어 가기를 소망해야 합니다. 우리가 속한 교회가 서로를 품고 견디고 기다려 주는 공동체가 될 수 있기를 기도하고 노력해야 합니다. 하나님의 거룩한 이야기를 통해 우리가 누구이며 어떻게 살아야 할지를 깨닫고 그러한 삶을 소망할 때, 우리 모두를 통해 하나님의 계획이 이루어질 것이기 때문입니다. 그렇게 할 때 우리는 우리가 속한 공동체와 사회에 어머니 같은 품을 만들 수 있도록 도울 수 있을 것입니다. 오늘의 사람들이 느끼는 피로감과 분노, 우울감과 패배감은 사회적 모성을 통해서 비로소 해결될 수 있습니다. 바로 이

점에서 그리스도인과 교회는 우리 사회에 독특한 공헌을 할 수 있는 자원을 가지고 있는 셈입니다.

| 적용과 나눔을 위한 질문 |

• 지금까지 당신이 형성되는 데 가장 영향을 준 품들을 떠올려 보십시오. 그 품으로 당신에게 어떤 성품이 만들어졌습니까?

• 당신은 지금 어떤 자리에서 누구에게 그런 품이 되어 주고 있습니까? 더 많은 이들에게 의미 있는 품이 되어 주기 위해 당신에게 필요한 것은 무엇입니까?

• 당신이 속한 공동체(가정, 교회, 직장, 사회 등)를 따뜻하고 넉넉한 품으로 만들기 위해 당신이 할 수 있는 일은 무엇입니까?

03
광
야

없어야 보인다
출애굽기 2:15-25

하나님의 마음

앞에서 살펴본 것처럼, 첫 사십 년 동안 모세는 겉으로는 이집트 사람으로, 내면으로는 히브리 사람으로 살았습니다. 히브리 사람이라는 자의식을 가지고 있었을 뿐 아니라, 이집트에서 노예로 살고 있는 동족에 대한 빚진 마음을 가지고 살았습니다.

만일 그가 개인적인 행복만을 추구하는 사람이었다면, 동족이 어떻게 살든 상관하지 않고 그저 왕궁에서 호의호식하면서 살았을 것입니다. 하지만 그의 마음이 그렇게 하도록 내버려 두지 않았습니다. 왕궁에 있어도 마음은 항상 바깥 동족에게 가 있었습니다.

하나님은 바로 이러한 마음을 찾으십니다. 그것은 자신이 처한 조건을 특권으로 여기지 않고, 자신보다 못한 처지에 있는 사람들에게 눈을 돌리고 손길을 내미는 마음입니다. "나만 아니면 된다"는 생각은 하나님을 믿는 사람에게 어울리지 않습니다. 그것은 사탄이 불어넣는 생각입니다. 하나님을 알고 믿는 사람이라면, 다른 사람에게 없는 나의 평안과 안정과 넉넉함을 빚으로 여기게 되어 있습니다. 하나님의 마음이 그러하기 때문입니다.

> 세월이 많이 흘러서, 이집트의 왕이 죽었다. 이스라엘 자손이 고된 일 때문에 탄식하며 부르짖으니, 고된 일 때문에 부르짖는 소리가 하나님께 이르렀다. 하나님이 그들의 탄식하는 소리를 들으시고, 아브라함과 이삭과 야곱에게 세우신 언약을 기억하시고, 이스라엘 자손의 종살이를 보시고, 그들의 처지를 생각하셨다(출 2:23-25).

이 말씀에서 저자는 네 개의 동사로 하나님의 마음을 묘사합니다. "들으시고", "기억하시고", "보시고", "생각하셨다." 하나님이 마치 부모가 자식의 고통을 대하듯 이스라엘 백성의 고통을 대하셨다는 뜻입니다.

사실 하나님으로서는 그러실 이유가 없습니다. 이스라엘 백성이 그렇게 살고 있었던 것은 그들이 선택한 결과이고, 하나님은 그저 그분의 자리에서 지켜보기만 하셔도 됩니다. 하지만 하나님은 그렇게 하지 않으셨습니다. 이스라엘 백성의 고통을 마치 자신의 고통처럼 느끼고 아파하셨습니다.

그러한 하나님의 마음은 시간이 흘러 결국 성육신 사건으로 이어집니다. 죄의 노예가 되어 죄 가운데 살다가 죄 속에서 죽어 영원한 멸망에 이를 인류에 대한 지극한 관심과 사랑 때문에 하나님의 아들께서 육신을 입고 우리 가운데 오신 것입니다. 사도 바울은 예수 그리스도의 마음에 대해 이렇게 노래합니다.

그는 하나님의 모습을 지니셨으나, 하나님과 동등함을 당연하게 생각하지 않으시고, 오히려 자기를 비워서 종의 모습을 취하시고, 사람과 같이 되셨습니다. 그는 사람의 모양으로 나타나셔서, 자기를 낮추시고, 죽기까지 순종하셨으니, 곧 십자가에 죽기까지 하셨습니다(빌 2:6-8).

여기서 "하나님과 동등함을 당연하게 생각하지 않으시고"라는 구절을 달리 번역하면 "하나님과 동등함을 누릴 것으로 여기지 않으시고"라고 할 수 있습니다.[1] 하나님의 아들로서는 인류가 죄 가운데 멸망하는 것에 대해 신경 쓰지 않아도 되었습니다. 그것은 인류의 선택에 대한 정당한 대가이기 때문입니다. 그분은 그저 하나님의 자리에서 누려도 되셨습니다. 하지만 하나님의 마음이 그렇게 내버려 두지 않았습니다. 고통받는 인간에 대한 지극한 관심과 사랑 때문에 그분은 결국 인간의 몸을 입고 오셨고, 십자가에서 죽기까지 희생하신 것입니다.

하나님이 모세를 쓰시기 위해서 가장 필요한 것이 그러한 하나님의 마음을 품는 것이었습니다. 상관하지 않아도 될 다른 사람의 고통을 나의 고통으로 받아들이고 아파할 줄 아는 마음이 하나님의 사람에게 가장 필요했습니다. 그 마음이 이집트의 왕자로 자라던 모세 안에서 서서히 형성되고 있었습니다.

하지만 그 마음이 왕궁에서 누리고 있는 특권을 포기하게 만들

정도로 자라는 데는 더 많은 시간이 필요했습니다. 아직 모세에게는 왕족으로서 자신에게 주어진 기득권을 포기할 용기가 없었습니다. 지금 누리고 있는 것들을 그대로 누리고 싶었습니다. 그러나 다른 한편으로 동족이 당하고 있는 고난을 외면할 수 없었습니다. 두 세계 사이에서 이러지도 저러지도 못하는 동안 그의 내면에는 좌절감과 무력감이 쌓여 갔습니다.

마흔 살 되던 해에 일어난 모세의 살인은 그의 내면에 엉켜 있던 좌절감과 무력감과 분노가 폭발된 사건이라 할 수 있습니다. 그 일로 모세는 이집트 왕의 표적이 되었고, 살아남기 위해 바로의 손이 닿지 않는 곳으로 피해야 했습니다.

나그네의 삶

모세가 피난처로 선택한 미디안 광야는 지금의 사우디아라비아가 있는 지역입니다. 그곳에는 목초지를 찾아다니며 양을 치는 베두인이 살고 있었습니다. 성경의 기록은 마치 모세가 이집트를 떠나자마자 미디안 제사장 르우엘(이드로, 출 3:1)의[2] 딸들을 만나고 그의 집에 정착하게 된 것 같은 인상을 줍니다. 하지만 르우엘의 집에 정착하기 전에 모세는 마땅한 정착지를 찾아 이리저리 방황했을 것입니다.[3] 그래서 조나단 커시는 "모세가 미디안에 도착하기 전에 광야에서 수년을 보냈으리라는 추측이 얼마든지 가능하다"고 말합니다.[4]

모세가 정착지를 찾아다니다가 미디안 광야에 이르러 한 우물가에 앉아 쉬고 있을 때, 미디안의 제사장 르우엘의 일곱 딸이 양 떼를 이끌고 옵니다. 그때 그 지역에 있던 다른 목자들이 나타나 양 떼에게 물을 먹이는 것을 방해하고 쫓아냅니다. 아마도 그 우물의 소유권을 가지고 있던 사람들이었을 것입니다.

이 광경을 보고 모세의 의협심이 다시 분출됩니다. 당시 그에게는 분노의 불이 활활 타오르고 있었습니다. 동족을 학대하던 이집트 사람들에 대한 분노와 함께 동족의 거부로 인한 분노가 그의 마음속에 들끓고 있었습니다. 정의감과 누적된 분노가 목자들의 행패를 목격하는 가운데 터져 버립니다. 그는 목자들을 쫓아 보내고 르우엘의 딸들이 양 떼에게 물을 먹이도록 도와줍니다.

이 일로 모세는 미디안에 정착하게 되고, 르우엘은 모세를 딸 십보라와 결혼시켜 가족으로 받아들입니다. 얼마 후에 모세는 첫 아들을 얻게 되고 그 이름을 게르솜이라 짓습니다. 게르솜은 '나그네'라는 뜻입니다. 그는 자신의 실존적인 상황을 아들의 이름에 담았습니다.

이것이 모세의 미디안 광야생활 사십 년에 대한 기록의 전부입니다. 그 아들의 이름에서 보듯, 미디안에서의 모세의 삶을 한마디로 정의하면 '나그네의 삶'이었습니다. 다시 말해, 이방인의 삶이라 할 수 있습니다.

나그네나 이방인의 삶은 어떤 삶입니까? 이민생활을 하고 있는 저는 그것을 잘 압니다. 낯선 땅에 마음을 묶고 반백 년을 살아도 문화적·정서적 간극을 완전히 지울 수 없는 것이 나그네의 마음입니다. 그렇게 모든 것을 내려놓기까지 많은 우여곡절을 겪습니다. 그래서 이민자는 부모의 시신을 묻기 전까지 그 땅에 마음을 둘 수 없다고 말합니다.

제가 아는 분 가운데 한국 사람이 없는 곳에서 사십 년 넘게 살면서 미국 문화가 몸과 마음에 속속들이 배인 분이 있습니다. 그는 한국어를 거의 잊어버릴 정도로 미국화되었습니다. 그 스스로도 자신의 피부색이 하얗다고 생각하며 살았습니다. 어느 날 그가 한인 교회에 와서 예배를 드렸습니다. 사십 년 만에 처음으로 우리말로 찬송을 부릅니다. 어릴 적 한국에서 불렀던 그 찬송을 오십 년 만에 다시 부른 것입니다. 그는 영어로 부를 때는 느낄 수 없었던 감정이 마음 깊은 곳에서 일렁이는 것을 주체하지 못하고 눈물을 쏟습니다. 여전히 자신이 이방인이라는 사실을 확인한 것입니다.

모세 또한 미디안 광야에서 그렇게 살았을 것입니다. 자신이 히브리 사람이라는 사실을 잊기 위해 노력했을지도 모릅니다. 그 사실에 대한 의식이 결국 그를 한순간에 왕족에서 나그네로 전락시켰고, 왕궁의 풍요로움에서 광야의 결핍으로 내몰았기 때문입니다. 동족조차도 자신의 마음을 몰라주니 무엇을 더 기대하겠습니까? 이제는 모두 잊고 그저 미디안 사람으로, 베두인의 한 사람으로 살고 싶었는지도 모릅니다. 그래서 엘리 비젤은 미디안에서 모세가 자신의 정체를 숨기고 살았을 것으로 추정합니다.[5]

하지만 그렇게 다짐하고 또 다짐해 보지만, 어린 시절 어머니에게서 들었던 이야기가 그를 놓아주지 않았습니다. 양 떼를 몰고 목초지를 찾아 고된 여행을 하는 동안 혹은 양 떼를 재우고 밤을 지새울 때 과거 조상들의 이야기가 생각났고, 그 이야기 속에서 꿈을 꾸었을 것입니다. 아무리 도리질 쳐도 이집트에서 히브리 사람들이 겪었던 고통의 현장을 잊을 수 없었을 것입니다.

왕궁에 살 때는 기득권을 잃을까 두려워 아무 일도 하지 못했지만, 광야에서는 더 이상 잃을 것이 없습니다. 모든 것을 다 잃었기 때문입니다. 잃을 것이 많을수록 걱정과 염려가 많은 법입니다. 잃을 것이 없는 사람은 무슨 일이든 할 수 있습니다. 이제는 무엇인가 할 수 있는 상황이 되었는데도 그에게 할 수 있는 능력이 없었습니다. 그러니 좌절감은 더욱 깊어졌을 것입니다. 후회도 생겼을 것입니다. 진작 마음먹었더라면 뭐라도 할 수 있었을 텐데, 결국 아무것도 할 수 없는 처지에 떨어지고 만 것입니다.

광야 학교

이집트에서는 만나는 사람들마다 모세를 상전 대하듯 했습니다. 공주의 양아들이라는 이유로 입지가 그리 탄탄하지는 않았겠지만, 말 한마디면 무슨 일이든 척척 이루어지는 정도의 권력은 누렸을 것입니다.

미디안 광야로 도피한 그는 한순간에 세상의 정상에서 바닥으로 추락합니다. 모세가 우물가에서 르우엘의 딸들을 도와주었을 때, 그 딸들은 아버지에게 가서 "어떤 이집트 사람이 목자들의 손에서 우리를 구하여 주었습니다"(출 2:19)라고 그를 소개합니다. '이집트 왕자님'이 한순간에 '이집트 사람'이 된 것입니다.

그의 마음에는 한동안 '내가 누군데?'라는 생각이 꿈틀대고 있었을 것입니다. 누군가가 그의 자존심을 건드리기라도 하면 참고 받아들이기가 어려웠을 것입니다. 하지만 자신의 처지와 자신이 아무것도 아니라는 사실을 시간이 지날수록 자각하고 받아들였을 것입니다. 한없이 부풀어 있던 그의 자존감은 바람 빠진 풍선처럼 쭈그러들었을 것이고, 무시하면 무시하는 대로, 조롱하면 조롱하는 대로, 헐뜯으면 헐뜯는 대로 받아들이는 법을 배웠을 것입니다.

또한 모세는 광야에서의 결핍과 불편을 겪으며 왕궁에서의 안락하고 호화스러운 생활방식에서 벗어났을 것입니다. 낮은 수준에서 높은 수준으로 올라가는 것은 쉽지만, 그 반대가 되면 견디기 어렵습니다. 자기 사업을 하면서 사람을 부리던 사람이 다른 사람 밑에서 일해야 하는 상황이 되면 쓴 나물을 먹는 것 같은 기분을 느낍니다. 넓은 저택에서 부족함 없이 살던 사람이 매일의 끼니를 걱정하고 돈 몇 푼 때문에 노심초사해야 하는 지경에 이르면 참담함을 느낍니다. 미디안 광야에서 모세가 그랬을 것입니다. 처음에는 죽을 맛이었을 것입니다. 하지만 시간이 지나면서 그는 광야생활에 익숙해지고 즐기게 되었을 것입니다. 불편도 익숙해지면 그 나름의 매력이 있습니다. 많은 이들이 끼니마다 맛난 음식을 넉넉히 먹기를 원하지만, 소박한 식탁으로 소식하는 것도 적응이 되면 기쁨이 있습니다. 모든 것이 갖추어진 도시생활도 좋지만, 외진 산골에서 사는 것도 익숙해지면 그 나름의 재미가 있습니다.

또한 모세는 사십 년의 미디안 광야생활을 통해 육체와 정신이 야생마처럼 강인해졌을 것입니다. 몇 년 전 요르단 사막에서 하룻밤을 지내면서 그곳에서 사는 사람들을 본 적이 있습니다. 작열하는 태양볕으로 그들의 피부는 시커멓게 되고 얼굴에는 주름이 깊이 팼습니다. 그 나이를 짐작할 수 없을 정도로 늙어 보였습니다. 하지만 그들의 눈빛이 참으로 빛나고 깊었을 뿐 아니라, 말을 타고 광야를 달리는 모습이 진정 자유롭고 굳세 보였습니다. 모세 또한 그렇게 되었을 것입니다.

그뿐 아니라, 모세는 광야의 지형과 기후에 익숙하게 되고 광야에서 사는 법을 터득하게 되었을 것입니다. 그것은 실제 체험을 통해서만 배울 수 있는 지혜요 지식이었습니다. 훗날 하나님의 부르심을 받을 즈음에 그는 미디안 광야의 지형을 훤히 꿰고 있었을 것이고, 바람의 냄새를 맡아 일기를 분별할 정도가 되었을 것입니다. 그렇게 내면과 외면이 광야생활에 최적화된 상태에 이르렀을 때 하나님이 그를 찾아오십니다.

만일 모세가 왕궁에 있을 때 하나님의 부르심을 받았다면 그는 과연 사십 년의 광야 여정을 이끌 수 있었을까요? 민수기에는 이스라엘 백성이 광야에서의 결핍과 불편을 견디지 못하고 이집트로 다시 돌아가겠다고 불평하며 모세의 권위에 도전하는 장면이 자주 나옵니다(민 14:1-4). 만일 모세가 광야 시기를 거치지 않고 왕궁에서 곧바로 부르심을 받았더라면, 이스라엘 백성보다 먼저 이집트로 돌아가자고 했을지도 모릅니다.

광야생활 동안 모세가 얼마나 자주 백성으로부터 상처를 받습니까? 한 공동체의 지도자가 된다는 것은 온갖 오해와 비난과 모욕에 노출되는 일입니다. 그런 상처를 견디고 극복할 수 있어야 비로소 지도자로서 소임을 다할 수 있습니다. 만일 모세가 왕궁에서 바로 부르심을 받았다면, 백성이 그를 향해 쏟아붓는 비난과 모욕을 견디지 못했을 것입니다. "내가 누군데 감히!" 하면서 제 손으로 백성을 멸했을지도 모릅니다.

이렇게 보면, 광야에서의 사십 년은 모세로 하여금 모세가 되게 하는 데 꼭 필요한 기간이었습니다. 그 자신은 그 시간이 고통스럽고 저주스러웠을지도 모릅니다. 하지만 그 기간 동안 그는 낮아질 대로 낮아졌을 것입니다. 모든 것을 포기하고 그렇게 남은 세월을 보내다가 생을 마감해야겠다고 생각했을지도 모릅니다. 그렇게 여든 살쯤 되었을 때 정신적으로나 육체적으로나 아무것도 할 수 없다고 생각했을 것입니다. 바로 그때 하나님이 광야에서 모세를 찾으십니다.

광야의 역설

인생 여정을 지나다 보면 광야를 지날 때가 있습니다.[6] 지도에 있는 광야를 말하는 것이 아닙니다. 삶의 형편에 결핍과 불편, 고통과 장애가 지속되는 상태를 우리는 광야라고 부릅니다. 경제적 형편이 좋지 않거나, 건강이나 관계에 어려움이 생기거나, 영적인 시험을 당함으로 우리는 사막에 내몰린 것처럼 살아갈 때가 있습니다.

여러분의 지난 생애를 돌아보시기 바랍니다. '아, 저에게는 그때가 광야였습니다'라고 말하고 싶은 기간이 있을 것입니다. 앞으로도 그런 시간이 찾아올 것입니다. 저에게도 지난 시절 몇 번의 광야 기간이 있었습니다. 그중 하나가 2002년 한국에서의 교수직을 내려놓고 뉴저지의 한 마을에서 작은 백인 교회를 섬기던 기간이었습니다. 아이들은 사춘기로 가장 예민할 때였고, 경제적으로는 그동안 모은 돈을 다 까먹어야 했으며, 작은 백인 타운에서 이방인으로 살아야 했습니다. 십 년 동안 교수로 살면서 웬만한 일은 직원과 조교에게 맡기던 자리에 있다가, 교회 예산을 아끼느라 주보도 직접 만들어 접고 필요하면 청소도 했습니다. 제가 속해 있던 세계에서 나름 이름이 있던 저는 한순간에 이름 없는 사람이 되고 만 것입니다.

그때는 여러 가지로 불편하고 결핍되고 고통스러웠습니다. 하지만 나중에 돌아보니 그 기간 동안 하나님은 이후에 이어질 삶의 여정을 위해 저를 빚고 계셨습니다. 그 기간 동안 제가 낮아지고 작아지고 비워졌기에 그 이후로 높아지거나 낮아지거나, 커지거나 작아지거나, 채워지거나 비워지거나 제 보폭을 유지할 수 있었습니다. 경제적으로 단순하고 소박하게 사는 법을 익혔기 때문에 물질적인 욕심을 내지 않고 살 수 있었습니다.

그와 같이 낮아지고 작아지는 경험을 하지 않았더라면, 유서 깊은 전통과 생명력을 가진 한인 교회에 파송받아 섬기는 동안 교만으로 넘겨졌을지도 모릅니다. 또한 시간이 되었을 때 자립하지 못하던 작은 교회에서 새로운 목회를 시작하지 못했을지도 모릅니다. 2016년 버지니아 연회 감독님께 폐교 위기에 처한 지교회로 파송해 달라고 요청했을 때 그분이 하신 말씀이 기억납니다.

"김 목사님이 지교회로 간다고 해서 꼭 교회가 부흥하란 법은 없어요."

그때 저는 이렇게 대답했습니다.

"교회를 부흥시킬 수 있다고 생각해서 요청하는 것이 아닙니다. 끝까지 교회를 지킨 교인들과 함께하고 싶습니다. 교회 문을 닫아야 한다면 제 손으로 닫겠습니다."

뉴저지에서 광야를 경험하지 않았다면 이런 마음을 가질 수 없었을 것입니다. 지금도 하나님이 원하신다면 낮아지고 작아질 준비를 하고 살아갑니다. 아마 여러분도 지나온 광야 기간을 돌아본다면 저와 같은 고백을 하게 될 것입니다.

광야를 지나며 잃은 것도 많고 받은 상처도 많을 것입니다. 저는 버지니아로 내려온 뒤 뉴욕이나 뉴저지를 방문할 때면 전에 목회하던 교회와 동네를 잠시 방문하고 싶은 마음이 듭니다. 그런데 제 아내는 수년 동안 그곳에 가고 싶어 하지 않았습니다. 과거의 그 어두운 시간을 기억하고 싶지 않았기 때문입니다. 광야를 지난다는 건 그런 것입니다. 그런데 나중에 돌아보면, 그 기간이 아니었다면 할 수 없었던 귀한 경험을 했다는 사실을 깨닫게 됩니다. 더 이상 생각하기 싫을 정도로 고통스러웠어도 그 광야 기간이 만들어 준 귀한 축복이 있습니다. 그러므로 광야는 결핍과 불모와 불편의 땅이지만 또한 새로운 기회의 땅이기도 합니다. 하나님이 우리를 새롭게 빚으시는 데 광야는 가장 좋은 환경입니다.

우리가 하나님의 손에 빚어지지 못하는 이유는 우리의 교만 때문입니다. 나 혼자서도 얼마든지 잘할 수 있다는 생각 때문입니다. 이집트 왕궁에 있는 동안 모세는 하나님의 손에 빚어지기에 너무도 높았습니다. 그가 새로 빚어지기 위해서는 낮아지고 또 낮아져야 했습니다. 그래서 하나님은 그분만의 방식으로 그를 광야로 이끌어 내신 것입니다.

모세뿐 아니라 우리 모두가 그렇습니다. 자신이 아무것도 아니라는 사실, 그동안 누리고 있던 것들이 한순간에 사라질 수 있다는 사실, 자신의 생명이 스스로에게 달려 있지 않다는 사실, 자신의 존재가 한낱 풀이나 연기와 같다는 사실을 절감할 때 비로소 하나님의 손에 새로 지어질 수 있습니다.

그 사람 모세

또한 광야로 내몰려 그곳에서 지내다 보면 결핍과 불편이 꼭 나쁜 것만은 아니라는 사실, 간소하게 살아도 얼마든지 행복할 수 있다는 사실, 아무도 알아주지 않아도 괜찮다는 사실, 그저 자신의 모습으로 한 포기 풀처럼 살아도 충분히 행복하다는 사실을 깨닫습니다.

사실 이것은 다시 지어지는 것이 아닙니다. 자기 자신의 참 모습을 발견하는 것입니다. 광야의 땅, 그 불모의 땅에 처할 때 우리는 자신의 참 모습을 들여다봅니다. 광야의 땅에 이르기 전, 많은 사람들이 자신을 치장하며 그것이 우리 자신인 줄 착각합니다. 좋은 집안에서 태어났다는 것, 머리가 좋다는 것, 좋은 학벌을 가졌다는 것, 능력을 인정받았다는 것, 많은 재산을 가졌다는 것 등으로 자신이 대단한 사람이라도 된다는 듯 오해합니다. 반대로 그런 부분이 부족하면 자신은 별 볼 일 없는 사람이라고 생각합니다.

광야에 내몰려 그곳에서 지내다 보면 그동안 자신을 치장했던 모든 것이 아무것도 아님을 알게 됩니다. 다른 사람은 가졌는데 자신은 없는 것에 주눅 들어 살았던 사람은 그것이 얼마나 어리석은 일이었는지를 깨닫습니다. 광야에서 우리는 하나님 앞에 맨몸으로 서 있는 자신을 봅니다. 그 모든 것을 내려놓고 맨몸으로 서 보면, 높아져 있던 사람은 자신이 얼마나 연약하고 덧없는 존재인지 깨닫게 되고, 낮아져 있던 사람은 그동안 스스로를 얼마나 깎아내리고 살았는지 깨닫습니다.

그렇게 자신을 새롭게 발견할 때 하나님은 우리를 새롭게 빚으십니다. 그 과정은 고통스럽습니다. 하지만 그렇게 광야에서 연단되고 나면, 그 무엇도 두려울 것이 없는 강인한 영혼의 소유자가 됩니다.

지금 우리는 모두 광야를 지나고 있습니다. 코로나19 사태가 우리 모두를 원치 않는 광야로 몰아낸 것입니다. 이 광야 기간이 이렇게 오랫동안 지속될지 아무도 몰랐고, 앞으로 이 기간이 언제 끝날지 그 누구도 알 수 없습니다. 불행하게도 이 광야에서 생의 마지막을 맞이하는 사람들도 있습니다. 얼마 전 뉴스를 보니 현재 미국인 세 명 중 한 명은 심리적인 문제를 겪고 있다고 합니다. 어떤 사람은 건강에 문제를 겪고 있고, 어떤 사람은 경제적인 문제를 겪고 있고, 또 어떤 사람은 영적인 문제를 겪고 있습니다.

부디 우리 모두가 이 광야에서 속히 벗어나기를 바랍니다. 그때까지 육체적으로, 정신적으로, 영적으로 견뎌내는 것이 우리의 과제입니다. 지금으로서는 끝을 알 수 없는 시간이지만, 분명한 것은 이 광야를 지나는 동안 하나님이 우리를 그분의 계획대로 빚고 계시다는 사실입니다. 아무것도 없는 것 같았던 모세의 사십 년 광야 기간 동안 하나님의 임재는 늘 가득 차 있었고 그분은 계속해서 일하고 계셨습니다. 지금도 그리고 앞으로도 하나님이 다스리십니다.

그러므로 그분께 우리의 삶을 맡기는 가운데 하루하루 견디고 이겨 내야 합니다. 그리고 광야에서 하나님을 새롭게 만나고 우리 자신을 새롭게 발견하도록 기도해야 합니다. 이 기간 동안 하나님이 낮추시면 낮아지고 깨뜨리시면 깨져야 합니다. 우리에게 '어떤 일'이 일어나는지가 문제가 아닙니다. 우리가 '하나님의 손안'에만 있다면 우리에게 어떤 일이 일어나도 문제없습니다. 그분이 우리를 정금처럼 깨끗하게 하실 것이고 강철처럼 연단하실 것이기 때문입니다.

• 당신의 인생에서 광야를 지났던 시절을 떠올려 보십시오. 그 광야에서 당신은 무엇을 잃었고 무엇을 얻었습니까?

• 그 광야에서 하나님은 어떻게 당신을 만나 주셨고, 그 만남으로 당신은 어떻게 달라졌습니까?

• 지금도 당신은 광야를 찾고 싶은 마음이 있습니까? 왜 그렇습니까? 당신은 어떤 부분에서 하나님이 새롭게 빚으시는 손길을 경험하기 원합니까?

04

연
단

결핍은 기회다

출애굽기 2:15-25

없이 사는 법

앞에서 우리는 모세가 미디안 광야에서 보낸 사십 년에 대해 살펴보았습니다. 광야는 결핍의 땅입니다. 인간이 살아가기 위해서는 물이 가장 중요하고, 음식물이나 적절한 기후, 사회생활이 가능할 정도의 인구, 여러 가지 편의시설 등도 필요합니다. 광야는 이 모든 것이 결핍되어 있는 곳입니다. 그러므로 광야에서 첫 번째로 배우는 것은 '없이 사는 법'입니다. 광야에서 우리는 생존을 위해 최소한의 것으로 살아가는 방법을 찾아야 합니다.

지금도 중동 지방에 가면 양 떼를 데리고 다니며 사는 베두인이 있습니다. 그들은 대를 이어 그곳에서 살아온 사람들로, 우리 기준으로 보면 어떻게 저렇게 살 수 있나 싶을 정도로 결핍된 채 살아갑니다. 하지만 그들은 결핍과 불편에도 불구하고 그 삶을 즐기는 것 같습니다.

　미디안 광야에 비하면 당시 이집트는 오늘날의 미국과 같이 가장 발전되고 풍요로운 나라였습니다. 모세가 그 나라의 왕족으로 사십 년을 지냈으니 아무 부족함 없이 살았을 것입니다. 명령만 내리면 무엇이든 필요한 것을 구할 수 있었을 것입니다.

　그러므로 미디안 광야에서 모세가 '없이 사는 법'을 배우고 익히기까지는 꽤 많은 시간이 걸렸을 것이고, 그 과정은 또한 고통스러웠을 것입니다. 하지만 그 고통스러운 과정을 통해 모세는 세상을 새롭게 보게 되었을 것입니다. 이 세상에 당연하게 주어진 것은 하나도 없다는 사실, 모든 것이 누군가의 노력과 헌신과 희생을 통해 얻어진다는 사실, 자신이 그동안 알고 있던 세상은 현실과 너무도 달랐다는 사실을 깨달았을 것입니다.

　광야에 내몰린 뒤 모세는 당연하게 여기던 모든 것을 박탈당하고 작은 것 하나라도 직접 땀 흘려 일하여 얻어야 했습니다. 그것이 불편하고 고통스러웠지만, 그제야 비로소 그는 한 끼의 식사가 얼마나 귀하고, 어쩌다 내리는 비가 얼마나 고마우며, 무더위 가운데 만나는 나무 그늘이 얼마나 소중한지 깨닫게 되었을 것입니다. 너무도 하찮고 사소해 보이는 것들이 결핍의 땅에서는 큰 의미를 가집니다. 광야에서 그는 작은 것에 감사하고 어떤 존재도 하찮게 보지 않는 사람이 되었을 것입니다.

　미디안 광야에서 사십 년을 지내고 다시 이집트로 돌아갔을 때, 모세는 이집트를 떠나기 전과는 전혀 다른 태도로 생각하고 말하고 행동했을 것입니다. 없이 지내 보았기에 자신에게 주어진 것이 얼마나 귀한 것인지 잊지 않았을 것이고, 그것을 허비하거나 오용하지도 않았을 것입니다. 산해진미가 눈앞에 차려져도 탐닉하지 않았을 것이고, 호화로운 침실에 눕게 되어도 그것을 욕심내지 않았을 것입니다.

그로부터 약 천수백 년 후 사도 바울 역시 이러한 삶의 태도를 배웠습니다. 바울은 당시 가장 번성했던 도시 중 하나인 다소에서 태어나 유복하게 자랐습니다. 청소년기에는 예루살렘으로 유학을 가서 가장 명성 높았던 가말리엘 학파에 들어가 율법교사로 자라고, 결국 최고의 엘리트 교육 과정을 밟아 율법학자의 반열에 오릅니다.

시간이 지나 바울은 예수 그리스도를 만나고 나서 광야로 내몰립니다. 그는 회심한 뒤 삼 년 동안 아라비아에서 지냅니다(갈 1:17-18). 예수 그리스도를 만나고 나서 자신이 그동안 믿고 전하고 지켜온 세상이 와르르 무너지는 경험을 했기에, 아라비아 광야로 나가 무너진 자신의 세상을 다시 세워야 했던 것입니다.[1]

그런 다음 바울은 전도자로 변신하여 여러 도시를 다니면서 복음을 전합니다. 그것은 매일 결핍과 박해와 고난을 당해야 하는 일이었습니다. 그는 자신이 복음을 전하며 어떻게 살아왔는지를 다음과 같이 설명합니다.

나는 수고도 더 많이 하고, 감옥살이도 더 많이 하고, 매도 더 많이 맞고, 여러 번 죽을 뻔하였습니다. 유대 사람들에게서 마흔에서 하나를 뺀 매를 맞은 것이 다섯 번이요, 채찍으로 맞은 것이 세 번이요, 돌로 맞은 것이 한 번이요, 파선을 당한 것이 세 번이요, 밤낮 꼬박 하루를 망망한 바다를 떠다녔습니다. 자주 여행하는 동안에는, 강물의 위험과 강도의 위험과 동족의 위험과 이방 사람의 위험과 도시의 위험과 광야의 위험과 바다의 위험과 거짓 형제의 위험을 당하였습니다. 수고와 고역에 시달리고, 여러 번 밤을 지새우고, 주리고, 목마르고, 여러 번 굶고, 추위에 떨고, 헐벗었습니다(고후 11:23-27).

그러한 경험 가운데 바울은 '없이 사는 법'뿐 아니라 고난과 함께 사는 법을 터득했습니다. 그래서 그는 빌립보 교인들에게 이렇게 전합니다.

나는 어떤 처지에서도 스스로 만족하는 법을 배웠습니다. 나는 비천하게 살 줄도 알고, 풍족하게 살 줄도 압니다. 배부르거나, 굶주리거나, 풍족하거나, 궁핍하거나, 그 어떤 경우에도 적응할 수 있는 비결을 배웠습니다. 나에게 능력을 주시는 분 안에서, 나는 모든 것을 할 수 있습니다(빌 4:11-13).

여기서 바울이 말하는 "어떤 처지에서도 스스로 만족하는 법" 곧 '자족하는 법'은 없이 사는 광야 체험을 거쳐야만 비로소 체득할 수 있는 삶의 기술입니다. 배를 곯아 보아야 비로소 밥 한 수저가 얼마나 귀한지 알게 되고, 그런 경험을 하고 나면 소박한 밥상에도 감사할 줄 압니다. 부족한 듯 살아 보아야 넉넉해져도 낭비하거나 허비하지 않고, 때로 궁핍해도 그로 인해 쪼들리지 않습니다. 모세가 사십 년의 미디안 광야생활을 통해 몸에 습득한 것이 바로 '자족하는 법'이었습니다.

없어야 비로소 보이는 것들

　인간은 없이 살아 보지 않고는 그것이 얼마나 귀한지 알지 못하는 경향이 있습니다. 저는 이것이 인간의 죄성의 증거라고 생각합니다.

　몇 년 전 대학생 아들을 사고로 잃은 한 아버지의 말이 잊히지 않습니다. 그는 아들을 잃은 뒤 가슴에 큰 구멍이 생겼다고 했습니다. 일에 빠져 있으면 잠시 잊지만 틈만 나면 다시 그 구멍이 느껴집니다. 그럴 때마다 마치 시린 바람이 그 구멍으로 부는 것 같아서 아리다고 했습니다. 어느 날, 그가 다음과 같이 자문해 보았다고 합니다. '내가 무엇을 얻으면 이 구멍이 채워질까? 천만 달러가 생긴다고 채워질까? 세상에서 제일 높은 권좌에 오른다고 채워질까?' 하지만 아무리 생각해도 죽은 아들이 다시 살아나는 것 외에는 그 구멍을 채울 만한 것이 없었습니다. 아들이 세상을 떠나고 나서야 그가 온 세상보다 소중한 존재였다는 사실을 새삼 깨닫게 된 것입니다. 혹시 지금 자녀 때문에 괴로움을 겪고 있습니까? 하루에도 몇 번이나 여러분의 속을 뒤집어 놓는 그 아이가 적어도 여러분에게는 온 세상을 준다 해도 바꿀 수 없는 절대적 가치를 지닌 존재입니다.

　건강할 때는 건강이 얼마나 소중한지 제대로 알지 못합니다. 그래서 아무렇게나 먹고 자고 살아갑니다. 그러다가 건강을 잃고 나면 그제야 정신을 차립니다. 자신이 얼마나 몸을 함부로 다루어 왔는지, 닥치는 대로 먹고 산 것이 얼마나 큰 잘못인지, 아침에 상쾌한 기분으로 일어나는 것이 얼마나 감사한 일인지 깨닫습니다. 그래서 건강을 회복하고 나면 먹는 것도 조심하고, 운동을 하려고 시간도 내고, 몸에 해로운 일도 피합니다.

하지만 어느 정도 시간이 지나고 나면 다시 해이해지는 것이 우리의 타락한 본성입니다. 단것을 끊었던 사람이 다시 초콜릿에 손대기 시작하는가 하면, 담배를 끊었던 사람의 마음에 니코틴에 대한 미련이 가물가물 올라옵니다. "한 번쯤은 괜찮겠지" 하고 손에 넣었다가, 그것에 사로잡히고 결국 건강을 다시 잃어버립니다.

얼마 전에 어느 교우와 대화를 나누다가 크게 감동했습니다. 그가 지금 얼마나 재정적으로 어려운 상황인지 알기에 교회에서 도와드려도 좋을지 넌지시 물었습니다. 그러자 그가 대답합니다.

"목사님, 제가 그동안 겪어 온 세월이 얼마인데 이 정도 가지고 어렵다고 하겠습니까? 염려 마십시오. 씩씩하게 잘 살고 있습니다."

저는 그 교우가 그동안 어떻게 살아왔는지 어느 정도 알고 있습니다. 어릴 때는 어머니의 사업 수완이 좋아서 풍요로운 환경에서 자랐습니다. 당시 서울에서 가장 학비가 비싸다는 유치원과 초등학교를 졸업했습니다. 하지만 이민생활을 시작하고 나서 여러 번 넘어지고 고꾸라졌습니다. 처음에는 쉽지 않았을 것입니다. 하지만 광야에 내몰리는 경험을 거듭하면서 그에게는 웬만해서는 꺾이지 않는 강인함이 형성되었습니다. 그것을 영어로 '리질리언스'(resilience)라고 하는데, 우리말로는 보통 '회복 탄력성'이라고 번역합니다. 없이 살아 보았기에 있어도 물질적인 조건으로 타락하거나 교만해지지 않고, 없이 사는 상황에 다시 내몰려도 이겨낼 수 있는 힘이 만들어진 것입니다.

그런 까닭에 시편 저자는 "고난을 당한 것이, 내게는 오히려 유익하게 되었습니다"(시 119:71)라고 고백한 것입니다. 우리 속담에

"젊을 때 고생은 사서라도 한다"는 말이 있습니다. 없이 사는 경험을 통해서만 얻을 수 있는 깨달음과 교훈이 있기 때문입니다. 그런 깨달음과 교훈을 말로 가르치면 잔소리한다고 귓등으로도 듣지 않다가, 결국 자기 스스로 체험해 보고 나서야 그것을 인정합니다.

그런 이유에서 광야 체험에 나서는 사람들이 있습니다. 몇 년 전 유대 광야와 요르단 사막 지방을 방문했을 때 저도 그런 감흥에 젖어 보았습니다. '아, 휴가를 내고 석 달 정도 여기서 지내고 싶다'는 생각이 들었습니다. 한때 크게 유행했던 산티아고 순례길 걷기도 없이 살아 보고 싶은 갈망에서 비롯된 것입니다. 잠시라도 없이 살아 보는 경험을 통해 자신의 정신과 마음과 영혼을 깨쳐 보려는 노력입니다.

광야, 기회인가 위기인가

앞에서 말씀드린 것처럼, 지금 우리는 모두 광야에 내몰려 있습니다. 코로나19 사태로 그동안 당연하게 누리던 것들을 박탈당했으니 광야에 내몰렸다고 비유할 수 있습니다. 가장 큰 결핍은 사람들과의 교제와 사귐입니다. '사회적 거리두기'로 우리는 사람들과 어울려 식사를 하고 차를 마시는 작은 행복이 우리 삶에서 얼마나 중요한지를 절감하고 있습니다. 그와 동시에 그동안 일상적으로 즐기던 많은 것들을 포기하고 지내야 합니다. 여행은커녕 동네 공원에 가는 것조차 조심스럽고, 영화를 좋아하는 사람들은 극장에 갈 수 없습니다. 졸업생들은 일생에 한 번뿐인 졸업식을 집에서 비대면으로 치러야 합니다.

경제적으로는 많은 사람들이 허리띠를 졸라매야 하는 상황에 이르렀습니다. 먹는 것도 줄여야 하고, 사는 것도 줄여야 합니다. 앞으로 경제가 더욱 안 좋아질지 모른다고 하는데, 그게 현실이 된다면 지금보다 더 많이 줄여야 할지도 모릅니다. 휴가철마다 떠나던 가족 여행을 포기해야 할지도 모릅니다. 그동안에는 '조금 더'를 고민하고 궁리했다면, 앞으로는 '조금 덜'을 고민하고 궁리해야 할 상황입니다.

이렇게 광야로 내몰려 있는 동안 우리는 '없이 사는 법'을 배우고 익히는 기회로 삼아야 합니다. 그러면 모든 것이 정상으로 돌아오고 다시 넉넉하고 풍요로운 상황에 이를 때, 허비하고 오용하고 악용하는 잘못을 범하지 않을 것입니다. 작은 것도 감사하고 소중하게 여기는 태도가 우리의 성품으로 자리 잡을 것입니다. 그리고 앞으로 우리 인생에 어려운 시기가 몇 번은 더 찾아올 터인데, 어떤 상황에서도 견디고 다시 회복할 수 있는 힘이 우리 안에 만들어질 것입니다.

신앙생활에서도 마찬가지입니다. 우리는 현재 예배당에 모여 마음껏 찬송하고 예배드리지 못하고 있습니다. 예배당 입구에서 교우들과 정답게 인사를 나누며 정을 주고받던 시절, 예배를 드리고 나서 소그룹으로 모여 함께 다과를 나누며 모임을 가졌던 시절이 그립습니다.

이러한 상황은 앞으로도 한동안 지속될 것입니다. 따라서 우리는 이 시간이 우리의 믿음을 약화시키는 계기가 되지 않도록 해야 합니다. 광야로 내몰렸을 때, '없이 사는 법'을 배우고 익혀 보다 원숙한 인격과 강인한 사람으로 빚어지는 사람이 있는가 하면, 낙심하고 포기하는 사람도 있습니다. 교회에 모여 예배할 수 없는 상황이 어떤 사람에게는 신앙생활을 중단하는 이유가 될 수도 있습니다. 그동안 교회생활이 신앙생활의 모든 것인 양 생각하고 살아온 사람들은 그런 문제를 겪을 수 있습니다.

몇 년 전에 은퇴한 어느 교우가 생각납니다. 그는 의사로 현직에 있을 때 집과 병원과 교회를 중심으로 살았습니다. 이것이 그가 살아가는 세상의 전부였습니다. 한 주에 여러 번 교회에 와서 기도도 하고 성경공부도 하고 봉사도 하였습니다. 그는 스스로를 좋은 신앙인으로 생각했고 교인들 또한 그렇게 여겼습니다. 그러다 세월이 흘러 그가 은퇴하고 버지니아 외곽에 집을 마련하였는데, 교회에 오려면 차로 한 시간 넘게 걸리니 한 주에 고작 주일 예배에 참석하는 것이 전부였습니다. 그마저도 날씨가 궂으면 지킬 수 없었습니다.

그가 어느 날 저에게 찾아와 하소연하였습니다. "목사님, 예전처럼 교회에 나오지 못하니 너무나 허전하고 괴롭습니다." 한 주에도 서너 번씩 교회에 와서 살다시피 하던 사람이 주일에 한 번 올까 말까 하니 믿음이 다 사라져 버린 것 같고 자신이 과연 신앙인인지 의심될 정도라는 것입니다.

그래서 저는 그에게 이렇게 말했습니다. "이제는 교회 중심의 신앙생활이 아니라, 가정에서 매일 스스로 신앙생활을 하는 방법을 배우셔야 합니다."

많은 사람들이 교회생활이 신앙생활의 모든 것이라 생각합니다. 어떤 사람은 주일 예배에 참석하는 것으로 신자로서의 본분을 다했다고 생각합니다. 얼마 전, '사회적 거리두기' 상향 조치로 대면 예배가 금지되었는데도 대면 예배를 고집하는 어느 목사가 "한 사람의 신앙은 주일 낮 예배 참여 여부로 결정된다"고 했습니다. 목회자가 이렇게 가르치니 그렇게 믿고 따르는 사람들이 생겨납니다. 한국 교회의 신학이 얼마나 병들어 있는지 단적으로 증명하는 사례라 할 수 있습니다. 어떤 사람은 교회 예배와 행사에 빠짐없이 참석하는 것이 곧 좋은 신앙이라고 생각합니다.

코로나19 사태로 교회에 모이지 못하게 된 이후 신앙생활 자체가 정지된 이들이 적지 않을 것입니다. 그 상태가 지속된다면 영적 무감각 상태에 이르고, 모든 것이 정상으로 돌아간 뒤에도 교회를 영영 떠나 살게 될지도 모릅니다. 그렇기 때문에 지금 우리가 처한 이 광야 상황은 어떤 이들에게는 신앙적 위기일 수 있습니다.

하지만 이 기간을 신앙적인 기회로 바꿀 수도 있습니다. 이 기간 동안 '없이 사는 법'을 배우고 익힌다면, 우리는 어떤 상황에서도 신앙인으로 살아갈 수 있는 영적 체질을 마련할 수 있습니다. 그렇게 된다면 모든 것이 정상으로 돌아왔을 때 제대로 신앙생활을 할 수 있게 될 것이고, 또다시 교회로 모이지 못하는 상황에 이를 때에도 여전히 신앙인으로 살아갈 수 있을 것입니다.

어떤 상황 속에서도

한때 교회를 떠났던 또 다른 교우의 이야기를 나눕니다. 그는 젊은 시절 교회를 위해 재물과 열정을 쏟았습니다. 교회생활이 그의 삶의 전부였다고 해도 과언이 아닙니다. 그렇게 교회생활에 모든 것을 걸고 살던 그가 어느 시기에 신앙적으로 큰 시험을 당하고, 이후 섬기던 교회를 떠나게 됩니다.

교회에 가지 않는 것이 처음에는 불안하고 뭔가 찜찜했습니다. 무슨 사고가 일어날 것 같은 불길한 예감에 사로잡히기도 했습니다. 하지만 그런 일은 일어나지 않았고, 오히려 시간이 지나면서 점점 편해졌습니다. 교회 일로 채우던 시간을 다른 일로 사용하니 시간적으로나 물질적으로 여유가 생기고 신경 쓸 일도 줄었습니다. 교회의 울타리에서 벗어난 삶이 여러 모로 좋아 보였습니다. 그래서 이후로 그는 교회를 떠나 살게 되었습니다.

그리고 수년 후에 그가 다시 교회를 찾았습니다. 그 이유는 교회 때문도 아니고 목사 때문도 아니었습니다. 그가 만났고 그를 만나 주셨던 하나님 때문이었습니다. 교회를 떠나서 사는 것은 가능했습니다. 목사 없이 사는 것도 가능했습니다. 하지만 하나님 없이 사는 것은 끝내 가능하지 않았습니다. 하나님이 그를 성도들과 함께 예배하고 교제하는 자리로 불러내신 것입니다.

예배의 본질은 하나님과의 관계 곧 그분과의 사귐입니다. 하나님의 옷자락을 한 번이라도 만져 본 사람은 하나님과의 관계 없이는 살아갈 수 없습니다. 그러므로 예배는 필수적입니다. 그는 하나님을 예배하고 그분의 사랑을 맛보고 싶은 갈망을 끝내 외면하지 못했고, 그래서 다시 교회를 찾아 나왔습니다. 우리가 믿는 삼위 하나님은 그분을 알고 믿는 사람들이 교회로 연합하기를 원하시는 분이며, 그러므로 그분을 제대로 믿기 위해서 교회로 모이는 것은 꼭 필요한 일이기 때문입니다. 그가 광야 기간을 끝내고 교회를 다시 찾았을 때, 교회와 신앙에 대한 그의 태도는 과거와 사뭇 달랐습니다.

하나님 없이 교회생활 자체에만 몰두하며 교회 일에 모든 것을 걸다 보면 어느 틈에 하나님을 잃어버립니다. 그것은 우리 중 누구에게나 일어날 수 있는 일입니다. 하나님께 초점을 맞추지 않고 교회 일에만 급급하다 보면 탈진하게 되어 있습니다. 몸은 피곤하고 마음

그 사람 모세

은 바쁜 가운데 쌓이는 것은 자기의밖에 없습니다. 그러다가 어쩔 수 없이 교회에 가지 못하는 상황에 처하게 되면, 자신이 그동안 무엇을 잊고 지냈는지를 깨닫습니다. 왜 믿음의 공동체인 교회가 필요하고, 왜 함께 모이는 예배가 필요하며, 왜 목사가 필요한지를 새롭게 깨닫습니다.

이것이 광야에 내몰려 교회로 모이지 못한 채 신앙생활해야 하는 이 기간에 우리 모두에게 일어나야 할 변화입니다. 하나님을 망각하면 모든 것이 절대가 되어 버립니다. 하나님 아닌 것을 절대로 삼으면 반드시 문제가 생깁니다. 반면에 하나님을 주목하고 보면 모든 것이 제 의미와 크기와 색깔로 보입니다. 그러므로 교회에 다시 모여 예배드릴 때 하나님을 잃어버리지 않습니다. 교회 일을 위해 섬길 때도 그것이 하나님을 향한 예배임을 잊지 않습니다. 선포되는 말씀을 통해 하나님의 음성을 들으려 노력하고, 교우들과 함께 교제할 때도 그들 가운데 일하시는 성령님을 주목합니다. 그 모든 일을 통해 하나님을 주목할 때 영적으로 성장합니다. 그렇게 신앙이 성숙해지면 또다시 광야로 내몰려 교회생활이 불가능해지더라도 신앙생활을 중단하지 않습니다. 예배당에 모여 예배드릴 수 없어도 매일 개인적인 성소에서 예배를 지속합니다. 선포되는 말씀을 듣지 못해도 스스로 말씀을 읽고 묵상하며 생수를 길어 올립니다.

인생의 길에서 우리 모두는 결국 교회에 발걸음하지 못하는 기간을 만납니다. 가령 질병이나 장애, 경제적인 문제를 겪거나 나이 들어 연약해지면 결국 교회로 모여 예배드릴 수 없게 됩니다. 그런 상황에 처할 때가 곧 우리에게 신앙이 가장 필요할 때입니다. 믿음의 능력으로 그 기간을 어떻게 감당하는지가 신앙의 성패를 가름합니다. 이런 상황에서도 계속 신앙인으로 사는 것, 신앙의 능력으로 그 광야를 살아내는 것은 바로 지금처럼 광야를 지날 때 '없이 사는 법'을 배우고 익힐 때 가능한 일입니다.

사도 바울은 생애 마지막에 다음과 같이 고백했습니다.

나는 이미 부어드리는 제물로 피를 흘릴 때가 되었고, 세상을 떠날 때가 되었습니다. 나는 선한 싸움을 다 싸우고, 달려갈 길을 마치고, 믿음을 지켰습니다. 이제는 나를 위하여 의의 면류관이 마련되어 있으므로, 의로운 재판장이신 주님께서 그날에 그것을 나에게 주실 것이며, 나에게만이 아니라 주님께서 나타나시기를 사모하는 모든 사람에게도 주실 것입니다(딤후 4:6-8).

바울은 모든 것이 박탈되고 구속되어 처형될 미래를 내다보았습니다. 그런 상황을 바라보며 그와 같이 고백하고 있는 것입니다. 과연 광야를 수없이 다녀온 사람만이 할 수 있는 고백입니다. 그리고 자신이 소망하고 기도한 대로 바울은 믿음의 사람답게 죽음을 맞이했습니다.

코로나19로 인해 모두가 함께 모여 예배드리는 것이 쉽지 않았던 기간 동안 여러분의 믿음은 어떻게 변했습니까? 스스로 판단해 보시기 바랍니다. 혹시 그나마 있는 줄 알았던 믿음조차 사라진 것 같습니까? 하나님에 대한 마음이 약해진 것은 아닙니까?

인간은 환경에 지배당하는 존재입니다. 그러므로 환경 변화에 어느 정도 영향을 받는 것은 당연하다 할 수 있습니다. 하지만 인간이 인간인 이유는 환경적인 조건에 완전히 무릎을 꿇지 않고 돌파할 길을 찾는다는 데 있기도 합니다.

그러므로 교회로 모이지 못하거나 교회생활이 정상적으로 이루어지지 못하는 지금 이 기간 동안 자신의 믿음을 돌아보아야 합니다. 혹시 교회생활이 신앙생활의 전부가 아니었는지 반성해야 합니다. 만일 그렇다면 다시 교회로 모인다 해도 별 소망이 없기 때문입니다.

또한 이 기간 동안 스스로 영적 생활을 하는 법을 배우고 익혀야 합니다. 매일 개인적으로 시간을 구별하여 기도하고 말씀을 묵상하고 찬송하는 일에 더욱 마음을 쏟아야 합니다(이와 관련한 자세한 사항은 318쪽 '개인 경건 생활 가이드'를 참고하기 바랍니다). 베드로가 말했듯이, 우리 한 사람 한 사람이 제사장입니다. 스스로 하나님 앞에 나아가 예배를 드릴 수 있어야 합니다. 그래서 교회로 모이지 못하는 상황 가운데서도 영적으로 성장할 수 있는 데까지 나아가야 합니다.

저는 종종 교인들에게 이렇게 말하곤 합니다. "교인 모두가 목사가 필요 없는 사람이 되는 것이 저의 목표입니다." 목사의 도움 없이도, 교회의 도움 없이도 신앙생활을 할 수 있는 영적 성숙을 지향한다는 뜻입니다.

"그렇게 되면 목사님은 어떻게 하시려고요?"라고 질문하실 분이 있을 것입니다. 염려하지 마십시오. 그런 사람들은 목사를 동역자로 여기고 목사의 영적 지도력을 더욱 존중해 줍니다. 영적으로 성숙하지 않으면 목사에게 전적으로 의존하거나 목사의 영적 권위를 무시하는 방향으로 흐르게 되어 있습니다. 이것은 영적으로 성장하는 데 가장 위험한 요소 가운데 하나입니다. 우리 교회 교우들이 '목사가 필요 없는 사람들'로 성숙할 때, 저는 비로소 제대로 목회할 수 있고 우리 교회는 성숙한 교회가 될 수 있습니다.

그래서 다시 한번 강조합니다. 모든 것이 차단된 이 기간 동안 한편으로는 모든 성도가 다시 함께 모여 예배드릴 날을 열망하고, 또 다른 한편으로는 하나님의 보좌에서 영원히 지속되고 있는 예배에 참여할 것을 기대하며, 각자의 삶의 현장에서 신앙생활하는 법을 배우고 익혀야 합니다. 그러면 앞으로 상황이 어떠하든지 신앙인으로서 살아갈 수 있을 것입니다. 전천후 신앙인으로서 마지막 순간까지 신앙인으로 살아가는 것, 그것이 우리가 꿈꾸고 기도할 일입니다.

| 적용과 나눔을 위한 질문 |

• 그동안 살아오면서 '없이 살았던 시절'이 있었습니까? 없이 살았던 경험으로 당신이 깨달은 것은 무엇입니까?

• 지금 당신의 삶에서 가장 절실하게 느끼는 결핍은 무엇입니까? 그 결핍을 어떻게 견디고 있습니까? 그 경험이 당신에게 어떤 변화를 만들어 줄 것이라 기대합니까?

• 코로나19로 인해 교회로 모이지 못했던 기간 동안 당신의 영적 생활은 어떠했습니까? 그 경험을 통해 얻은 교훈은 무엇입니까?

• 어떻게 하면 교회 중심의 신앙생활이 아니라 각자의 삶 속에서 매일 스스로 신앙생활을 할 수 있을지 구체적인 방법을 생각해 봅시다.

05
체
험

새 세상에 눈뜨다

출애굽기 3:1-10

마음의 빛

지금 우리는 모세가 이스라엘 백성과 출애굽 여정을 시작하기 전에 어떻게 살고 있었는지 살펴보고 있습니다. 미디안 광야에서의 사십 년이 인간적으로 그에게 고통스러운 기간이었지만, 출애굽과 사십 년 광야 여정을 위해 그를 준비시키는 기간이었다는 사실을 지금까지 확인했습니다.

모세의 사십 년 광야 기간에 대해 한 가지 더 질문하고 넘어가야 할 것이 있습니다. "광야에서 모세의 믿음은 어떠했을까?"라는 질문입니다. 성경에는 이 질문에 대한 이렇다 할 만한 단서가 없습니다. 출애굽기 3장은 이렇게 시작합니다.

모세는 미디안 제사장인 그의 장인 이드로의 양 떼를 치는 목자가 되었다. 그가 양 떼를 몰고 광야를 지나서 하나님의 산 호렙으로 갔을 때에, 거기에서 주님의 천사가 떨기 가운데서 이는 불꽃으로 그에게 나타났다(출 3:1-2).

여기서 저자는 호렙 산을 '하나님의 산'이라고 부릅니다. 이 이름 때문에 모세가 그 이전에도 자주 호렙 산에 가서 하나님을 예배했을 것이라 추측하는 사람들이 많습니다.

호렙 산은 훗날 모세가 이스라엘 백성을 이끌어 머물고 십계명을 받은 시내 산과 같은 산입니다. 그 산이 시내 광야에 위치해 있기에 시내 산이라고도 불린 것입니다. 모세가 거기서 하나님의 강력한 임재를 경험하고 십계명과 율법을 계시받았기에 나중에 그 산이 '하나님의 산'이라는 별명을 가지게 되었다고 보아야 합니다(십계명은 인간에 대한 하나님의 기대를 원론적으로 천명한 것이고, 율법은 십계명의 정신을 실천하도록 마련된 시행 세칙이었습니다). 다시 말해, 모세가 미디안 광야에 있는 동안에는 호렙 산이 '하나님의 산'이라는 별명으로 불리지 않았던 것입니다.[1]

우리는 이집트 왕궁에서 지내던 사십 년 동안 모세가 자신의 동족에 대한 긍휼한 마음과 부채 의식을 가지고 살았을 것이라는 사실을 앞에서 확인했습니다. 그는 어떤 방식으로든 "아브라함의 하나님, 이삭의 하나님, 야곱의 하나님"(출 3:6)을 믿고 예배하고 있었을 것입니다. 그게 아니라면 그가 동족을 학대하는 이집트 사람을 죽인 동기를 설명하기 어렵습니다.

그렇다면 광야생활 사십 년 동안에는 어떠했을까요? 하나님과 동족에 대한 그의 마음에는 변화가 없었다고 보는 것이 가장 합리적인 추론입니다. 그가 머물렀던 집은 미디안 제사장 이드로의 집이었습니다. 미디안족은 사라가 죽은 뒤 아브라함이 후처로 얻은 그두라의 아들 중 하나에게서 나온 민족입니다(창 25:1-4). 그러므로 이드로가 제사장으로 섬기던 미디안 사람들의 신앙은 어느 정도 히브리 사람들의 신앙과 연관성이 있었다고 보아야 할 것입니다.[2] 물론 오백 년 넘게 히브리 신앙과는 별개로 발전했으니 히브리 사람들의 믿음과 많은 점에서 달랐을 것입니다. 하지만 그 뿌리는 아브라함의 믿음에 있었습니다. 지금 우리가 믿는 기독교와 러시아 정교회가 같은 뿌리에서 나왔지만 여러 면에서 다른 것에 비유할 수 있습니다.

모세는 이집트 왕궁에서 살 때보다 광야에서 하나님을 더 자주, 더 절실히 찾았을 가능성이 높습니다. 또한 양 떼를 이끌고 광야를 유랑하면서 하나님을 찾았을 것입니다. 하지만 세월의 흐름과 함께 동족에 대한 부채 의식과 사명 의식은 점점 약화되었을 것입니다. 이집트 왕궁에 있을 때는 그래도 뭔가 해볼 만한 힘이 있었습니다. 하지만 광야에서 목동으로 사는 동안 그에게는 아무것도 없었습니다. 동족이 당하고 있을 고난을 생각하면 마음 아프고 사람들이 모두 희생당할 때 자신만 살아남은 것을 생각하면 이렇게 살아서는 안 될 것 같았지만 아무것도 할 수 없었습니다. 그저 그렇게 광야에서 잊혀 살다가 죽는 것 외에는 다른 길이 없어 보였습니다.

찾아오신 하나님

그렇게 사십 년의 시간이 지나갑니다. 이제 그가 바랄 것은 손주

들 재롱이나 보다가 죽어서 하나님 품에 안기는 것뿐이었습니다. 광야생활 사십 년 동안 그는 작아질 대로 작아졌습니다. 하나님이 지으신 거대한 우주에 비하면, 자신의 인생은 거대한 광야에 흩어져 있는 한낱 모래알과 다를 바 없어 보였습니다.

바로 그때, 하나님은 모세를 찾아오십니다. 호렙 산은 그가 양 떼를 이끌고 자주 찾던 곳이었습니다. 모세는 그날도 여느 때처럼 그곳에서 양 떼를 먹이다가 떠날 예정이었습니다. 그런데 그날, 하나님이 정하신 바로 그날, 모세는 호렙 산 풀숲에서 불이 타오르고 있는 것을 봅니다. 그 지역의 산들은 모두 돌산입니다. 듬성듬성 나 있는 나무들도 사람 허리 정도까지 미치는, 가지만 앙상하고 볼품없는 나무들뿐입니다. 겉으로 보면 죽어 있는 것처럼 메마른 풀숲에 불과합니다. 그런 곳에 뙤약볕이 강렬하게 내리쬘 때면 자연 발화가 일어나곤 했습니다. 흔히 볼 수 있는 일은 아니지만, 그렇다고 드문 일도 아닙니다.

오늘날 우리나라 같은 환경에서 산에 불이 나면 큰일이 아닐 수 없습니다. 산 전체로 불이 번져 나가기 때문입니다. 하지만 호렙 산에서는 그리 신경 쓸 일이 아닙니다. 산과 들에 나무가 드문드문 있어서 한 나무에 불이 붙어도 옮겨붙지 않습니다. 저 혼자 타다가 꺼져 버립니다.

모세는 이번에도 그럴 줄 알았습니다. 그런데 타오르는 불꽃이 좀처럼 시들지 않습니다. 풀숲에 붙은 불은 몇 분 되지 않아 잦아들게 되어 있는데 그 불은 계속 타오르고 있었습니다.

모세는 어찌된 영문인지 확인하고 싶었습니다. 사십 년 광야생활 중 처음 보는 광경이었기 때문입니다. 아마도 그의 심장이 묘한 흥분

감으로 두근거렸을 것입니다. 가까이 다가갈수록 그 모습은 더욱 신비로웠습니다. 일고 있는 불길이 풀숲을 태우지 않았기 때문입니다.

그가 그 불꽃에 가까이 이르렀을 때 어디선가 음성이 들립니다. "모세야, 모세야!"(출 3:4) 히브리 사람들은 애정을 담아 누군가를 부를 때 두 번 부릅니다. 하나님이 모세에게 그분의 애정을 드러내신 것입니다. 여기서 모세는 팔십 년 생애 가운데 처음으로 하나님의 음성을 듣습니다. 그런데 이상하게도 그 음성이 낯설지 않습니다. 오래전부터 알았던 분의 음성처럼 들립니다.

이것은 영적 체험 이야기에서 공통적으로 발견되는 현상입니다. 환상을 통해 누군가를 보거나 어떤 음성을 듣는 경우, 혹은 임사 체험을 통해 누군가를 만나거나 음성을 듣는 경우, 그것이 누구의 음성인지 저절로 알게 된다고 합니다. 생전에 교회에 한 번도 가보지 않은 무신론자도 음성을 듣는 순간, 그것이 예수님의 음성인 것을 알아차리는 것입니다. 참으로 신비한 일입니다.

모세도 그것이 누구의 음성인지 단번에 알아차립니다. 그래서 이렇게 대답합니다.

예, 제가 여기에 있습니다(출 3:4).

이것은 히브리어 '히네니'를 번역한 것으로, 인간이 하나님 앞에 처음 설 때 나오는 응답입니다. 얍복 강에서 하나님이 야곱에게 "야곱아, 야곱아!" 하고 부르셨을 때 야곱이 이렇게 답했으며(창 46:2), 먼 훗날 예언자 이사야가 하나님의 부르심을 받을 때도 이렇게 답했습니다(사 6:8). 이 대답은 절대자이신 하나님 앞에서 피조물이 드릴 수 있는 최선의 대답이며, "제가 여기에 있으니 주님 마음대로 하십시오"라는 뜻입니다.

그러자 하나님이 말씀하십니다.

이리로 가까이 오지 말아라. 네가 서 있는 곳은 거룩한 땅이니, 너는 신을 벗어라(출 3:5).

하나님은 모세에게 자신을 드러내며 가까이 오셨지만 더 이상 가까이 할 수 없는 초월적인 분입니다. 그 경계선을 범하면 인간은 살아남지 못합니다. 피조물인 인간이 창조주이신 하나님의 절대적 거룩성을 감당할 수 없기 때문입니다. 따라서 더 이상 가까이 오지 말라는 명령은 모세를 보호하기 위한 배려입니다.

그러면서 하나님은 모세에게 신을 벗으라고 하십니다. 그가 선 땅이 거룩하기 때문입니다. 이 명령도 겉으로 보면 이해하기 어렵습니다. 모세가 선 땅은 미디안 광야에서 흔히 볼 수 있는 땅입니다. 다른 곳과 질적으로 다른 것이 전혀 없이 메마른 흙과 모래, 돌들이 널려 있는 그곳이 거룩하다는 것입니다.

그 이유는 오직 한 가지, 하나님의 임재 때문입니다. 하나님이 그곳에 함께하시기 때문에 거룩합니다. 앞에서 우리는 호렙 산이 나중에 '하나님의 산'이라는 별명으로 불렸다는 사실을 살펴보았습니다. '호렙'이라는 말은 '광야' 혹은 '황야' 혹은 '못쓸 땅'이라는 뜻입니다. 그 쓸모없어 보였던 산이 나중에 '거룩한 산'을 뜻하는 '하나님의 산'으로 불립니다. 하나님이 그곳에서 그분의 모습을 드러내셨기 때문입니다.

새로운 세계로

그렇다면 왜 하나님은 신을 벗으라고 하셨을까요? 그는 뜨거운 태양볕을 가리기 위해 머리에 수건을 쓰고 있었을 것이고, 밤에는 이불로 사용하는 겉옷도 입고 있었으며, 손에는 지팡이도 들고 있었고, 허리에는 짐승을 쫓을 때 사용할 막대기도 차고 있었습니다. 왜 이 모든 것은 다 놓아두고 신발만 벗으라고 했을까요?

우리가 사용하는 의복과 장신구 중 신발은 특별한 의미를 지닙니다. 우리가 몸에 착용하는 것 가운데 우리의 존재 전체를 담는 것은 신발뿐입니다. 물리적으로 보면 발만 감싸고 있지만, 상징적으로는 존재 전체를 받치고 있는 것입니다. 그래서 벗어 놓은 신발을 보는 것은 다른 옷가지나 장신구를 보는 것과는 전혀 다른 감정을 느끼게 만듭니다. 세상을 떠난 사람에 대한 그리움을 가장 강력하게 소환시키는 것이 그 사람의 신발이라고 합니다.

그렇기 때문에 신발을 신는 행위는 자신의 존재 전체를 담는 행위이며, 신발을 벗는 행위는 자신의 존재 전체를 벗는 행위입니다. 신발을 보면 그 사람의 심리를 알 수 있다고 합니다. 사람이 자신의 존재를 드러내고 싶을 때 신발을 통해 은연중 드러내게 되어 있다는 뜻입니다. 누군가에게 신발을 던지는 것은 최악의 모욕을 의미합니다. 신발이 더러워서가 아니라 자신의 존재 전체로 그 사람을 부정한다는 의미이기 때문입니다.

자살하는 사람들이 신발을 벗어서 가지런히 놓는 경우가 많습니다. 여기에는 두 가지 심리가 있다고 합니다. 첫째, 그것은 자신의 존재를 벗어 놓는 행위입니다. 신발을 벗음으로써 그동안 지키고 보호해 온 자신의 존재 전체를 벗는 것입니다. 둘째, 그것은 새로운 세상으로 들어가는 행위입니다. 집안에 들어오려면 신발부터 벗어 놓는 동양 문화에서는 이런 심리가 분명히 작용할 것입니다. 광야 지방에서는 더욱 그렇습니다. 그곳에서는 주로 샌들을 신는데, 바깥에서 활동하다 보면 땀과 먼지로 범벅이 됩니다. 그러므로 집안으로 들어오면 샌들을 벗고 발을 씻는 것이 첫 번째로 할 일입니다. 이때 손님에게 할 수 있는 최대의 예우는 그의 발을 씻어 주는 일입니다.

그러한 맥락에서 보면 "네가 서 있는 곳은 거룩한 땅이니, 너는 신을 벗어라"(출 3:5)는 말씀이 무슨 뜻인지 어느 정도 짐작이 갑니다. 지금 모세는 새로운 세상의 문지방에 서 있는 것입니다. 그는 그동안 전해 들었던 하나님을 그 순간 처음 대면합니다. 전해 들은 하나님을 믿는 것은 '가설'을 믿는 것이고, 체험한 하나님을 믿는 것은 '현실'을 믿는 것입니다.

물론 모세는 하나님이 계시다고 믿었습니다. 하나님이 조상 아브라함을 부르시고 히브리 민족을 택하셨음을 믿었습니다. 하지만 그것은 그의 일상과는 별로 상관이 없는 일이었습니다. 하나님을 믿는다고 해서 세상을 보는 눈이 딱히 달라질 것도 없고, 따라서 사는 방법에도 차이가 없었습니다. 그 믿음은 하나의 이론이었고 가설이었기 때문입니다.

이제 모세는 호렙 산에서 하나님을 만남으로 새로운 세상 입구에 서게 되었습니다. 그동안 가설로만 여겼던 하나님이 실재가 되어 그 앞에 불꽃으로 나타나셨기 때문입니다. 그 세상으로 들어가기 위해 그는 과거 세상에서 신었던 신발을 벗어 놓아야 합니다. 그동안 하나님 없는 세상에 살면서 스스로 지키고 보호해 왔던 자신, 때로는 위장하고 장식했던 자신을 벗어 놓아야 했습니다. 하나님 없이 스스로 만들어 온 자아상, 하나님 없이 설정했던 삶의 목표를 내려놓아야 했습니다.

호렙 산에서 하나님과의 만남을 끝내고 집으로 돌아갈 때 모세는 그 신발을 다시 신었을까요? 사실 이것은 그리 중요한 문제가 아닙니다. 하나님이 원하신 것은 신발 자체가 아니라 과거의 세상 그리고 과거 자신과의 단절이었기 때문입니다. 그러니 다시 그 신발을 신었다고 해도 문제가 되지 않습니다. 하지만 제 생각에 모세는 그 신발을 그곳에 두고 맨발로 돌아갔을 것 같습니다. 세실 드밀 감독의 영화 「십계」에도 그렇게 묘사되어 있습니다.

맨발로 광야 길을 걷는 모세의 심정을 상상해 봅니다. 그가 밟고 있는 땅은 어제도 그제도 걸었던 땅인데, 그 순간 그는 전혀 다른 땅을 걷는 듯했을 것입니다. 모세의 눈에 들어온 광야는 여전히 메마르고 황량하지만, 마치 비밀의 정원을 걷고 있는 느낌이었을 것입니다. 그러므로 맨발로 걷는 것이 오히려 큰 즐거움이었을 것입니다.

우연처럼 오시는 하나님

앞에서 언급한 것처럼, 인생 여정에서 광야를 지나는 것은 때로 피할 수 없는 일입니다. 광야를 지난다는 말은 고난을 겪는다는 말입니다. 그것을 '눈물 골짜기'라 부르기도 하고, '사망의 음침한 골짜기'

라 부르기도 합니다. 누구나 피하고 싶은 일입니다. 하지만 광야에 처했다 싶으면 그에 따르는 고통을 기꺼이 감당하면서 그것을 기회로 삼도록 힘써야 합니다. 그럴 때 광야를 거치지 않고는 결코 얻을 수 없는 귀한 선물을 발견할 수 있기 때문입니다.

광야에서 찾을 수 있는 선물이 많지만, 그중에서도 가장 귀한 선물은 바로 하나님을 새롭게 만나는 것입니다. 만일 광야를 지나고도 하나님을 새롭게 만나지 못했다면, 광야가 줄 수 있는 가장 귀한 것을 놓친 셈입니다. 광야 체험 중 하나님을 새롭게 만난다면 그 만남은 세상을 보는 눈을 바꾸어 줄 것이며, 그로 인해 인생행로까지 바뀌게 되어 있습니다. 그 체험은 광야에서 겪어야 했던 모든 결핍과 불편과 고난을 상쇄하고도 남을 것입니다.

물론 광야에서 하나님을 체험하는 것이 그리 흔하게 일어나는 일은 아닙니다. 모세의 경우 사십 년이 걸렸습니다. 때로 광야를 모두 지나도록 하나님이 자신을 한 번도 만나 주지 않는 것처럼 느껴질 때도 있습니다. 그것은 우리가 통제할 수 있는 일이 아닙니다. 하나님이 그분의 계획에 따라 정하고 행하시는 일이기 때문입니다. 하지만 한 가지 분명한 것이 있습니다. 이르거나 늦거나, 강력하거나 미미하거나, 하나님은 결국 자신을 찾는 이들을 만나 주신다는 사실입니다.

그러므로 우리는 광야에서 더 깊이 하나님을 만나기를 소망하며 그분의 임재에 자신을 열어 놓고 살아가야 합니다. 그렇게 살다 보면 예기치 않은 때, 예기치 않은 방법으로 하나님은 우리를 찾아오십니다. 때로는 뜨겁게 기도하고 예배드릴 때 찾아오기도 하시고, 모세처럼 모든 것을 포기하고 "하나님, 알아서 하십시오"라는 심정으로 살아갈 때 찾아오기도 하십니다. 우리의 하나님은 우리가 조종하거나 통제할 수 있는 분이 아니기 때문에 그렇습니다. 하지만 우리가 그분을 만나기 원하는 것보다 더 간절히 그분은 우리를 만나기 원하십니다.

하나님은 우리를 만나러 오실 때 특별한 장소로 오시지 않습니다. 우리가 늘 다니던 그곳으로 찾아오십니다. 호렙 산은 모세가 하나님을 만나기 전까지 특별한 장소가 아니었습니다. 시내 광야에서 흔히 볼 수 있는 돌산 중 하나였습니다.

하나님은 또한 휘황찬란한 방법으로 오시지 않습니다. 물론 그러실 때도 있지만, 더 많은 경우 우연처럼 오십니다. "우연은 하나님이 당신을 숨기시는 방법이다"라는 말이 있습니다. 진실로 그렇습니다. 이 세상에 우연은 없습니다. 모든 것이 하나님의 다스림 아래 있습니다.

모세가 본 떨기나무 불꽃은 그리 특별한 일이 아니었습니다. 만일 모세가 주의 깊은 사람이 아니었다면 불타고 있던 풀숲을 보지 못했을 수도 있습니다. 아니면 '저러다 꺼지겠지!' 하면서 그냥 지나쳤을 수도 있습니다. 하지만 그는 우연처럼 보이는 그 현상을 지나치지 않았고, 그것을 통해 하나님을 만나게 된 것입니다.

하나님이 찾아오실 것을 두려워하는 사람들이 적지 않습니다. 하나님을 제대로 만났다가는 지금까지 즐기고 있던 것들을 모두 포기해야 할지도 모른다는 불안감에 사로잡히는 사람이 있는가 하면, 하나님이 직장을 버리고 목사나 선교사가 되라고 하실까 봐 두려움을 느끼는 사람도 있습니다. 그래서 하나님을 믿되 문지방에서 멀찌감치 떨어져 서성댑니다. 하나님이 가까이 다가오시려는 것 같으면,

'하나님, 왜 이러세요. 저는 아직 준비가 되어 있지 않습니다'라고 손사래를 치며 뒷걸음칩니다.

그런 두려움은 하나님의 선의를 믿지 못하기 때문에 생깁니다. 하나님이 자신에게 뭔가 불만을 가지고 계실 것이라고 생각하기 때문입니다. 하나님의 기대에 미치지 못하고 있다는 자의식이 그런 두려움을 만들어 내기도 합니다.

하지만 예수님이 뭐라고 말씀하셨습니까? 하늘 아버지께서는 그분의 자녀에게 좋은 것을 주고 싶어 한다고 하셨습니다(마 7:11). 예수 그리스도 안에서 우리가 하나님의 사랑받는 자녀가 되었다는 사실을 믿으라는 뜻입니다. 그 사랑 때문에 하나님은 우리에게 좋은 것을 주고 싶어 하십니다. 우리 자신만을 생각하면 믿어지지 않지만, 십자가에서 드러난 하나님의 사랑을 생각하면 믿어집니다.

하나님을 제대로 만나면 즐기던 모든 것을 포기하라고 하실지도 모릅니다. 만일 그렇게 말씀하신다면 그것이 우리에게 가장 복된 일이기 때문에 그렇습니다. 그 사실을 믿고 자신을 활짝 열고 하나님을 기다려야 합니다. 이렇게 말하면, "어떻게 하면 하나님을 제대로 체험할 수 있습니까?"라는 묻고 싶을 것입니다. 사실 이것은 목회 여정에서 가장 자주 듣는 질문입니다.

만일 이 질문에 대해 어떤 비법이라도 알고 있는 것처럼 대답하는 사람이 있다면 그 사람을 조심하시기 바랍니다. 그것은 무당이 할 말이지 하나님을 믿는 사람이 할 말은 아닙니다. 잡신들은 특별한 방법으로 끌어올 수 있지만, 창조주 하나님은 그렇지 않습니다. 하나님을 만나기 위해 우리가 할 수 있는 일은 세 가지 뿐입니다.

- 나에 대한 하나님의 선의를 믿는다.
- 하나님이 찾아오시기를 기도하고 기대하고 기다린다.
- 자신의 주변을 주의 깊게 관찰하며 성실하게 살아간다.

하나님은 우리가 가장 오래 머무는 곳에, 우리가 매일 가장 많이 하는 일을 통해, 우리가 가장 자주 만나는 사람을 통해 우리를 찾아오십니다. 모세가 매일 하던 일을, 늘 가던 곳에서, 항상 하던 방식으로 할 때 하나님이 찾아오신 것처럼 말입니다. 그러므로 하나님을 만나기 위해 어떤 특별한 장소로 가야 하는 것이 아니고, 특별한 사람을 만나야 하는 것도 아니며, 특별한 일을 해야 하는 것도 아닙니다. 그저 여러분의 자리에서 여러분이 하던 일을 하면 됩니다.

하나님을 만나고 싶다면, 여러분이 사는 곳에 널려 있는 떨기나무를 주목해 보시기 바랍니다. 어느 날, 그 떨기나무에 불이 타고 있는 모습이 보일 것입니다. 여러분이 매일 행하고 있는 일 가운데 하나님이 찾아오십니다. 하나님이 함께하시는 것을 깨닫는 순간, 눈이 열리고 새 세상을 볼 것입니다. 매일 반복해야 했던 지겨운 일이 거룩해지고, 원수처럼 여겨졌던 사람이 사랑스러워지며, 광야가 아니라 천국을 걷고 있는 것 같은 신비감에 사로잡힐 것입니다.

제가 가장 자주 반복하는 일이 말씀을 준비하는 일입니다. 그렇기 때문에 저는 말씀을 준비하는 과정에서 하나님의 손길을 자주 느낍니다. 어떤 일을 통해 '오늘도 하나님이 말씀을 이끌고 계시구나!' 싶을 때면 경외감에 사로잡힙니다. 제가 하는 일이 거룩하게 느껴집니다. 그럴 때마다 눈을 감고 하나님께 감사드립니다. 그런 전율의 순간이 없다면, 말씀을 준비하는 일은 저에게 가장 고된 일이 될 것입니다.

이렇게 말씀드리면 '하나님의 말씀을 준비하는 일이니 하나님의 손길을 볼 수 있겠지요? 제가 하는 일에는 도저히 그런 일이 일어날 수 없습니다'라고 말할 분이 있을지도 모릅니다. 하지만 그렇지 않습니다. 우리가 하는 모든 일이 성직입니다. 가정과 직장과 학교, 식당과 카페와 병원에서 하나님의 손길을 경험하고 거룩한 전율에 젖는 일은 얼마든지 가능합니다. 한편 목사 혹은 선교사로 일하면서도 하나님 없는 광야를 사는 사람들도 적지 않습니다. 문제는 어떤 일을 하는지가 아니라 어떤 태도로 하는지에 달려 있습니다.

이렇게 각자의 삶의 자리에서 하나님의 손길을 체험할 때 우리는 새 세상으로 들어갑니다. 하나님을 보지 못하는 곳이 광야이며, 하나님을 발견하는 즉시 그곳은 거룩한 땅이 됩니다. 그 체험이 깊을 때면 정말 신발을 벗어 놓고 무릎을 꿇고 싶을 정도입니다. 지금까지의 내 존재를 벗어 놓고 그 세상에 들어가 새로운 존재로 살고 싶기 때문입니다. 실제로 그러한 변화가 일어납니다. 하나님은 이렇게 우리를 만나 주심으로 우리 삶의 방향과 목적을 바꾸십니다. 하던 일을 내려놓고 새로운 일을 하게 하시기도 하고, 하던 일을 계속하게 하시며 그 일을 통해 새로운 일을 행하시기도 합니다.

우리가 걸어가는 인생의 광야에도 모세가 마주했던 호렙 산이 있고 떨기나무가 있습니다. 그러므로 광야를 지나는 동안 우리 각자의 떨기나무에서 주님을 만나는 귀한 은혜를 경험할 수 있기를 바랍니다. 버려진 땅 호렙 산이 '하나님의 산'으로 불린 것처럼, 주님이 함께 계시다는 사실을 발견하는 순간, 우리가 선 광야는 비밀의 정원으로 변모할 것입니다. 벗어 놓은 신발을 다시 신고 싶지 않을 만큼 옛 사람을 벗고 새 사람으로 살아가고 싶어질 것입니다. 그리고 하나님 은 지금 우리가 알 수 없는 그분만 아시는 계획을 이루기 위해 우리를 인도해 주실 것입니다.

| 적용과 나눔을 위한 질문 |

• 당신의 하나님 체험을 생각해 보십시오. 그동안 "하나님을 만났다"고 할 만한 사건 이 있었습니까? 언제 어떤 방식으로 하나님을 만났습니까? 그 만남으로 당신에게 어떤 변화가 일어났습니까?

• 하나님은 당신이 매일 가장 오래 머무는 곳, 가장 많이 하는 일, 가장 자주 만나는 사람을 통해 다가오십니다. '우연인 듯, 우연 아닌, 우연 같은' 하나님과의 만남을 기대하십니까? 하나님과의 더 깊고 진한 만남을 갈망하십니까? 그런 만남을 위해 당신이 할 일은 무엇입니까?

06

소
명

———

삶에는 뜻이 있다

출애굽기 3:11-22

연대 의식

2020년 5월 25일, 미국 미네아폴리스의 한 편의점 직원이 경찰에 신고 전화를 겁니다. 어떤 흑인이 담배를 샀는데, 그가 낸 20달러짜리 지폐가 위조된 것 같다는 내용이었습니다. 미네아폴리스 경찰은 즉시 출동했고, 백인 경찰 데릭 쇼빈이 흑인이자 용의자인 조지 플로이드를 체포하는 과정에서 그를 제압하기 위해 무릎으로 목을 조릅니다. 잠시 후 조지 플로이드는 "저를 죽이지 마세요. 숨을 쉴 수가 없어요!"라고 신음하다가 탄식과 함께 사망합니다.

이 사건이 뉴스로 보도되자 미네아폴리스를 중심으로 시위가 시작되었고 미국 전역으로 확산되었습니다. 제가 사는 지역에서도 시위로 모였는데, 한인 중에는 혹시 자녀가 시위에 참여했다가 다치지는 않을까 걱정하는 분도 있었고, 소중하게 키워 온 사업장이 약탈이나 방화의 표적이 되는 것은 아닐까 노심초사하는 분도 있었으며, 취지에 공감하여 시위에 직접 참여하는 분도 있었습니다.

이런 상황에 처했을 때 먼저 자신과 가족의 안위를 생각하는 것은 당연한 일입니다. 하지만 두려워하고 안으로 움츠러들기만 해서는 안 됩니다. 그리스도인으로서 우리가 이와 같은 현실에 어떻게 대응해야 할지 고민하고 기도해야 합니다. 세상이 어찌 되든 나만 안전하면 된다고 생각하는 사람이 있다면, 그 사람은 하나님을 우상이나 잡신 정도로 취급하는 것입니다.

우리가 믿는 하나님, 모세가 호렙 산에서 만났고 예수 그리스도를 통해 우리에게 오셨던 그 하나님은 한 개인의 회심과 거룩한 삶을 보고 싶어 하실 뿐 아니라, 이 세상에 하나님 나라가 이루어지는 것을 보고 싶어 하십니다. 그 하나님은 예언자 아모스를 통해 "너희는, 다만 공의가 물처럼 흐르게 하고, 정의가 마르지 않는 강처럼 흐르게 하여라"(암 5:24)고 말씀하셨습니다. 그런 하나님을 믿는다면, 이 사회의 정의가 회복되도록 각자 자신이 선 자리에서 할 수 있는 일이 무엇인지 진지하게 물어보아야 합니다.

이미 살펴본 것처럼, 젊은 시절 모세에게는 정의감과 의협심이 충만했습니다. 부당하게 억압받고 착취당하는 동족의 상황을 이집트 왕자로서 모른 체하지 않았고, 결국 개인적 안위와 행복을 포기하고 이집트를 떠나 미디안 광야에서 도피자이자 나그네로 살게 되었습니다.

미디안 광야에서 양치기로 사십 년을 살면서 모세는 매일의 지루하고 권태롭고 고단한 일상 속에서 소소한 행복이나 찾는 노인이 되었을 것입니다. 때로 이집트에서 학대받고 있는 동족 생각이 났겠지만, 남의 일처럼 외면하고 잊으려 노력했을 것입니다. 그가 관심 가질 일도 아니고, 관심 가져 보아야 어찌할 수 있는 일도 아니었습니다. 그렇게 낮아지고 작아져 최저점에 이르렀을 때, 하나님이 호렙 산에서 떨기나무를 통해 모세에게 나타나십니다. 그러고는 이렇게 자신을 소개하십니다.

> 나는 너의 조상의 하나님, 곧 아브라함의 하나님, 이삭의 하나님, 야곱의 하나님이다(출 3:6).

아브라함, 이삭, 야곱! 아, 얼마나 오랜만에 듣는 이름입니까? 어릴 적 어머니에게서 들었던 이름들입니다. 어머니에게서 조상들의 이야기를 처음 들었을 때, 그는 동화처럼 느꼈을 것입니다. 실제로 그 사람들이 이 세상에 살았는지 잘 믿어지지 않았을 것입니다. 그런데 그 이름들을 하나님으로부터 듣습니다. 그 순간, 동화 같고 신화 같던 그 이야기가 현실로 다가옵니다.

하나님은 그렇게 자신을 소개한 뒤 다음과 같이 말씀을 이어 가십니다.

> 나는 이집트에 있는 나의 백성이 고통받는 것을 똑똑히 보았고, 또 억압 때문에 괴로워서 부르짖는 소리를 들었다. 그러므로 나는 그들의 고난을 분명히 안다.……지금도 이스라엘 자손이 부르짖는 소리가 나에게 들린다. 이집트 사람들이 그들을 학대하는 것도 보인다(출 3:7, 9).

여기서 하나님은 모세가 사십 년 동안 잊으려고 몸부림쳤던 현실, 그래서 이제는 잊고 살 만하게 된 그 현실을 모세의 눈앞에 들이밀고 계십니다. 하나님은 백성의 고통을 "내가 보고 들었다"고, "내가 안다"고 말씀하십니다. 그리고 "지금도" 그 고난은 계속되고 있다고 말씀하십니다. 따라서 이 말씀을 통해 하나님이 모세에게 하시려는 말씀은 다음과 같을지도 모릅니다.

네 동족이 이집트에서 어떻게 살고 있는지 너도 잘 알고 있지 않느냐? 그런데 너 혼자 이곳에서 안전하니, 너는 그것으로 행복하냐? 네가 보았던 그 잔인한 차별과 억압과 박해가 이집트에서 계속되고 있는데, 이곳에서 너만 편하면 그만이냐? 너는 정말 그 모든 것을 잊고 행복하게 살 수 있느냐?

그분의 계획

하나님은 이집트에서 이스라엘 백성이 당하고 있던 고난의 현실을 모세의 얼굴 앞에 들이대면서 두 가지 계획을 말씀하십니다.

첫째 계획은 하나님이 이스라엘 백성을 해방시키겠다는 것입니다.

이제 내가 내려가서 이집트 사람의 손아귀에서 그들을 구하여, 이 땅으로부터 저 아름답고 넓은 땅, 젖과 꿀이 흐르는 땅, 곧 가나안 사람과 헷 사람과 아모리 사람과 브리스 사람과 히위 사람과 여부스 사람이 사는 곳으로 데려가려고 한다(출 3:8).

이스라엘 백성에 대한 하나님의 계획은 먼저 이집트 백성을 학대로부터 해방시키는 것입니다. 하지만 그 해방은 새로운 땅에 정착하여 뿌리를 내려야만 완성될 수 있습니다. 그러므로 하나님은 아브라함에게 약속한 대로 그들을 가나안 땅으로 데리고 가서 그곳에 정착하게 하겠다고 하십니다. 그 일을 직접 하겠다고 하십니다.

둘째 계획은 모세를 자신의 대리자로 사용하시겠다는 것입니다. 하나님은 모세에게 이렇게 말씀하십니다.

> 이제 나는 너를 바로에게 보내어, 나의 백성 이스라엘 자손을 이집트에서 이끌어 내게 하겠다(출 3:10).

여기서 우리는 하나님이 일하시는 방법을 봅니다. 하나님은 때로 인간의 도움 없이 그분의 전능한 능력만으로 일을 이루십니다. 하지만 대부분의 경우 하나님은 한 사람 혹은 한 민족을 부르셔서 그분의 계획을 이루십니다. 일하는 것은 사람이지만 그를 통해 이루시는 분은 하나님이십니다.

이 말씀을 듣고 모세는 이렇게 반응합니다.

> 제가 무엇이라고, 감히 바로에게 가서, 이스라엘 자손을 이집트에서 이끌어 내겠습니까?(출 3:11)

이것은 당연한 반응입니다. 바로가 누구입니까? 당시로서는 세계 최강국의 절대 군주였습니다. 그에 비해 모세는 한낱 노년의 양치

그 사람 모세

기에 불과했습니다. 조건을 보면 무엇 하나 '이 정도면 한번 해볼 만하다'고 내세울 점이 없었습니다. 그러므로 모세가 이렇게 반응하는 것은 당연합니다.

그러자 하나님이 대답하십니다.

내가 너와 함께 있겠다. 네가 이 백성을 이집트에서 이끌어 낸 다음에, 너희가 이 산 위에서 하나님을 예배하게 될 때에, 그것이 바로 내가 너를 보냈다는 징표가 될 것이다(출 3:12).

하나님이 어떤 분인지 아는 사람들에게는 이 한 가지 약속이면 충분합니다. 전능하신 하나님이 함께하시면 다른 것은 상관없습니다. 하지만 모세는 아직 하나님이 어떤 분인지 경험한 바가 없습니다. 그러니 "내가 너와 함께 있겠다"는 말은 그에게 공허한 말로 들렸을 것입니다.

그래서 모세는 다음과 같이 핑계를 댑니다.

제가 이스라엘 자손에게 가서 "너희 조상의 하나님께서 나를 너희에게 보내셨다" 하고 말하면, 그들이 저에게 "그의 이름이 무엇이냐?" 하고 물을 터인데, 제가 그들에게 무엇이라고 대답해야 합니까?(출 3:13)

그 당시 이집트는 온갖 신을 모시는 만신전이나 다름없었습니다. 이스라엘 백성 중에는 사백 년 동안 이집트에서 대를 이어 살아오면서 이집트 사람들의 신들을 섬기는 사람들이 많았고, 모세는 그 사정을 누구보다 잘 알고 있었을 것입니다. 모세가 그들에게 가서 신의 명령을 받았다고 말하면, 그들은 그 신이 어떤 신이며 얼마나 강한 신이냐고 물을 것이 분명했습니다. 이렇게 말한 것 역시 하나님의 부르심을 피하기 위한 핑계입니다.

그러자 하나님이 대답하십니다.

나는 곧 나다. 너는 이스라엘 자손에게 이르기를, '나'라고 하는 분이 너를 그들에게 보냈다고 하여라(출 3:14).

"나는 곧 나다"라는 말은 히브리어 '에흐예 아쉐르 에흐예'를 번역한 말입니다. 이 말은 번역하는 것이 쉽지 않습니다. 개역성경은 "나는 스스로 있는 자이니라"고 번역하고, 영어로는 보통 "I Am Who I Am"이라고 번역합니다.

모세는 이집트 사람들이 섬기던 신들, 예를 들어 이시스나 오시리스 혹은 호루스 같은 신의 이름을 생각하면서 하나님의 이름을 알려 달라고 요청했을 것입니다. 이 요청에 대해 하나님은 "나는 곧 나다"라고 대답하십니다. 이것은 그분의 이름을 알려 주신 것이라기보다 이름을 알려 줄 수 없다는 뜻으로 보아야 합니다. 브레바드 차일즈는 "이 어구는 역설적이게도 대답이면서 또한 대답에 대한 거부다"라고 했는데 정확한 지적이라고 생각합니다.[1] 온 우주를 창조하신 하나님, 영원자요 초월자요 절대자요 전능자이신 하나님은 이름을 붙일 수 있는 분이 아닙니다. 그분은 모든 신 위에 뛰어나신 하나님, 모든 왕 위에 높으신 영원하신 왕입니다. 인간이 이름 짓고 부리는 우상이 아니라, 인간에게 이름을 주시고 다스리시는 분입니다.

새롭게 만나는 하나님

호렙 산에서의 첫 만남에서 하나님은 이스라엘의 해방을 위해 모세를 부르십니다. 그를 불러 자신의 계획을 이루기 위해 하나님은 먼저 자신이 어떤 하나님인지를 그에게 보여주셔야 했습니다. 이 만남에서 모세는 하나님에 대한 세 가지 중요한 진실을 알게 됩니다.

첫째, 떨기나무에 붙은 불을 통해 드러내신 그 하나님은 온 세상에 한 분뿐이신 창조자요 영원자요 초월자요 절대자요 전능자시라는 사실입니다. 그분은 피조물인 인간으로서는 다 알 수 없고, 인간의 언어로 정의할 수 없으며, 어떤 이름으로도 담아낼 수 없는 분입니다. 우리 인간은 그분 앞에서 다만 입을 다물고 고개를 숙이고 엎드릴 뿐입니다. 그분은 이집트 사람들이 섬기는 우상과 같지 않고, 영매들이 사술로 부리는 잡신과도 같지 않습니다.

호렙 산에서의 하나님 체험 이전까지 모세는 다른 히브리 사람들처럼 '아브라함의 하나님'을 그들의 부족 신이라고 생각했을 것입니다. 그래서 그가 미디안의 제사장인 이드로의 집에서 사는 것에 문제가 없었습니다. 미디안 족은 그들의 부족 신을 섬기고 자신은 자신의 부족 신을 섬기면 된다고 생각했습니다.

하지만 호렙 산에서 모세는 자신이 하나님에 대해 오해하고 있었다는 사실을 깨닫습니다. '아브라함의 하나님'은 이스라엘뿐 아니라 모든 인류의 하나님이요 온 우주의 하나님이라는 사실을 깨달은 것입니다. 그런 하나님은 오직 한 분뿐일 수밖에 없습니다. 그 하나님은 처음부터 계셨고 또한 영원히 계실 분이십니다. 그래서 자신을 '나는 곧 나다'라고 소개하신 것입니다.

둘째, 온 우주와 그 안에 있는 모든 만물을 창조하신 하나님은 인류의 역사 속에 개입하여 그 역사를 만들어 가시는 분이라는 사실입니다. 하나님이 "나는 너의 조상의 하나님, 곧 아브라함의 하나님, 이삭의 하나님, 야곱의 하나님이다"(출 3:6)라고 자신을 소개하신 것은 수백 년 전 조상들의 삶 속에서 활동하신 분이라는 뜻입니다. 영원자요 초월자요 절대자요 전능자이신 하나님이 그분의 전능하신 능력으로 인류의 역사 속에 들어와 일하고 계셨다는 뜻입니다.

과거 한때 하나님을 '시계공'에 비유한 적이 있습니다.[2] 창조주 하나님이 온 우주를 창조하신 것은 맞지만 창조 이후에는 손을 떼고 지켜보기만 하신다는 생각이 그 비유에 담겨 있습니다. 이 믿음에 따르면, 인간의 이성과 자연법칙은 창조자의 개입이 필요 없을 만큼 정교하고 정확하게 작동하고 있습니다. 하나님이 개입하신다면, 스스로 자신의 창조의 결함을 인정하는 것입니다. 창조주가 완전무결하신 분이라면 우주의 운행과 인류의 역사에도 개입할 필요가 없어야 합니다.

이러한 믿음을 '이신론'(deism)이라고 부르는데, 겉으로 보면 매우 그럴듯하게 보입니다. 하지만 이것은 소위 기계론적 우주관과 인간관이 만들어 낸 오해입니다. 최근 과학 연구를 통해 밝혀진 것처럼, 자연 세계와 인간은 기계가 아니라 하나의 생명체입니다. 인류 역사의 흐름도 하나의 생명체와 같습니다. 따라서 하나님은 시계공이 아니라 농부 혹은 목자와 같은 분입니다. 모든 생명체와 계속 소통하면서 키워 가십니다. 이런 뜻에서 하나님은 우주의 운행과 인류의 역사 안에서 계속 일하신다고 말하는 것입니다.

셋째, 역사 안에서 활동하시는 전능자 하나님은 억압받고 학대받고 고통받는 사람들의 아픔을 몸소 겪고 계시다는 사실입니다. 앞에서 본 것처럼, 하나님은 모세에게 이스라엘 백성이 이집트에서 고통받고 있는 것을 똑똑히 보았고, 그들이 괴로워서 부르짖는 소리를 들었으며, 그들의 고난을 분명히 안다고 하십니다. 히브리어에서 '알다'라는 말은 '체험하여 알다'라는 뜻입니다. 하나님이 이스라엘 백성의 고난을 지켜보시는 것으로 끝나지 않고 그들과 함께 고통당해 왔다는 뜻입니다.

이 말씀을 통해 모세는 그동안 자신을 괴롭혔던 하나님에 관한 의문이 풀리는 경험을 했을 것입니다. 다른 히브리 사람들도 그랬겠지만, 모세 역시 히브리 사람들이 계속해서 고난받는 것을 보면서 하나님에 대해 원망하고 회의하고 의심했을 것입니다. 이런 회의가 지속될 때 우리는 세 가지 결론에 이릅니다.

- 하나님은 존재하지 않을지도 모른다.
- 존재한다면 그 악을 바로잡을 능력이 없을지도 모른다.
- 하나님이 존재하고 전능하다면 악을 바로잡을 관심이 없을지도 모른다.[3]

이와 같은 회의와 의심이 이집트에서 노예생활을 하는 히브리 사람들에게도 있었고, 아우슈비츠 수용소에서 죽어간 사람들에게도 있었으며, 미국에서 노예로 살던 흑인들에게도 있었습니다. 우리 역시 개인적인 고난 속에서 오래도록 고통을 당할 때면 이런 의문에 빠져들게 마련입니다. 모세 역시 때로 이런 회의와 의심에 사로잡혔을 것입니다.

호렙 산에서 하나님은 이와 같은 세 가지 질문에 대답하십니다. 이름을 알려 달라는 모세의 요청에 대답하면서 첫 번째 질문에 대한 답을 주십니다. 그분은 영원에서 영원까지 계신 분입니다. 그분이 존재하기에 다른 모든 것도 존재합니다. 또한 세 번째 질문에 대해서도 답을 주십니다. 그분은 이집트 사람들의 악행을 똑똑히 보았고 히브리 사람들의 고난을 함께 겪어 왔다고 하십니다. 그래서 그 악을 바로잡으시겠다는 것입니다. 그리고 이어지는 대화 속에서 하나님은 그분의 전능하심을 보여주십니다. 두 번째 질문에 대한 답은 나중에 주어집니다.

함께 아파하시는 하나님

이렇게 보면 호렙 산에서 모세가 하나님으로부터 계시를 받은 사건은 인류 종교사에서 천지개벽과 같은 일이었습니다. 이 계시 앞에서 모세는 무척 놀랐을 것입니다. 그동안 자신이 알고 생각했던 하나님과는 너무도 달랐기 때문입니다. 히브리 부족의 신으로 알았던 하나님이 온 우주의 창조주시라는 사실에 대해서 놀랐고, 절대자이자 초월자이신 그분이 조상들을 통해 역사하셨다는 사실에 대해서도 놀랐을 것입니다. 하지만 무엇보다, 그 하나님이 이스라엘 백성과 함께 아파하셨고 그 아픔이 얼마나 큰지 아셨다는 사실에 놀랐을 것입니다.

그 사람 모세

호렙 산에서 모세에게 나타나 자신이 어떤 하나님인지 드러내신 그분은, 예수 그리스도를 통해 우리에게 자신을 드러내신 그 하나님이십니다. 하나님은 영원 전부터 계신 분이며 영원 후까지 계실 분입니다. 사실 '영원 전'도 '영원 후'도 모두 말이 안 되는 표현입니다. 모순어법으로 그분의 영원하심을 강조하려는 것입니다.

그분이 계시기에 모든 것이 생겨났습니다. 우리가 아는 것 중에서 정말 존재한다고 말할 수 있는 것은 오직 하나님뿐입니다. 다른 모든 것은 잠시 존재하는 것 같지만 결국 사라집니다. 그러니 정말 존재한다고 말할 수 없습니다.

그 영원하신 하나님, 모든 것을 초월하시는 분, 전지전능하신 분, 온 우주와 모든 생명을 창조하고 운행하시는 그 하나님은 그저 시계공처럼 멀리서 팔짱 끼고 관망만 하시지 않습니다. 그분은 계획을 가지고 우주의 운행과 인류의 역사에 참여하십니다. 그뿐 아니라, 개인의 삶 속에 참여하여 함께 동고동락하십니다.

그분은 특별히 이 땅에서 밀려나고 차별당하고 무시당하고 외면당하는 사람들에게 마음을 쓰십니다. 고통받는 자녀가 부모에게 가장 마음 쓰이는 것처럼, 전능하신 하나님도 이 땅의 고통받는 사람들에게 가장 마음 쓰십니다. 그리고 그 고난을 제거하기 위해 손을 뻗으십니다.

그것이 이천 년 전 하나님이 자신의 아들을 보내신 이유입니다. 그분이 오셨을 때, 부강한 모든 나라를 외면하고 가장 작고 연약한 나라를 택하셨습니다. 그분이 태어나셨을 때, 유력하고 부유하고 유명한 가문을 모두 제쳐 두고 가장 가난한 부부를 택하셨습니다. 그렇게 가장 낮고 가난하고 연약한 모습으로 오셔서 가난한 목수(혹은 석공)로 지내다가 짧은 공생애를 비극적인 죽음으로 끝내셨습니다.

예수님이 오시기 전까지 유대인들은 모세를 통해 하나님이 어떤 분인지를 배웠습니다. 예수님이 오신 이후에 우리는 예수 그리스도의 삶과 죽음을 통해 하나님이 어떤 분인지를 배웁니다. 모세에게 자신의 성품을 드러내신 하나님은 예수 그리스도를 통해 그 성품을 직접 살아 보이셨습니다. 그리고 십자가를 통해 자신의 마음을 가장 분명한 모습으로 보여주셨습니다. 십자가는 하나님이 우리를 위해 마음 쓰시다가 자신의 전부를 쏟아부은 사랑의 징표입니다.

우리는 이 사랑으로 구원받습니다. 십자가에서 드러난 그 사랑이 자신을 위한 것임을 진실로 믿는 사람은 그 사랑 안에서 창조자요 영원자요 절대자요 초월자요 전능자이신 하나님을 만납니다. 존재한다고 말할 수조차 없는 덧없는 인생이 그분의 사랑을 입을 때 비로소 존재한다고 할 수 있는 차원으로 옮겨집니다. 그 사랑을 맛보고 그 사랑 안에 거하는 것이 곧 구원입니다. 그 사랑 안에 거할 때, 우리도 그분의 마음으로 이 세상과 사람들을 보게 됩니다.

우리의 믿음이 이런 것이고 우리가 믿는 하나님이 이런 하나님이기에, 우리는 다른 사람들이 고난당할 때 개인적인 안위를 지키는 것에 만족할 수 없습니다. 십자가를 통해 드러난 하나님의 마음을 알면, 그 마음은 우리로 하여금 혼자 안전하고 건강하고 편안한 것에 만족하게 놓아두지 않습니다. 안전을 잃은 사람들, 건강을 잃은 사람들, 먹을 것을 잃은 사람들, 생명을 잃은 사람들에게 마음 쓰게 되어 있습니다. 마음을 쓰다 보면 또한 행동하게 되어 있습니다.

사적 신앙과 공적 신앙

하나님의 마음은 또한 희생자들을 만들어 내는 불의한 사회 구조와 제도를 고치기 위해 목소리를 내고 연대하고 참여하게 만듭니다. 위험한 낭떠러지가 있어서 사람들이 계속 떨어져 다치거나 목숨을 잃을 때, 우리는 그 낭떠러지 밑에서 떨어진 사람들을 보살피는 것에 만족할 수 없습니다. 사람들이 그 낭떠러지로 접근하지 않도록 혹은 떨어지지 않도록 조치를 취해야 합니다. 우리가 직접 할 수 없으면 할 수 있는 사람에게 말해야 합니다. 조치를 취하도록 압력을 가해야 합니다.

미국에서 사는 이민자들은 지금 그런 상황을 마주하고 있습니다. 조지 플로이드 사건은 미국의 원죄라 할 수 있는 인종 차별 문제의 심각성을 충격적으로 일깨워 주었습니다(이 문제에 관해서는 9장에서 보다 자세히 살펴보겠습니다). 하나님은 과거에 신음하던 이스라엘 백성의 고통과 고난을 직접 보고 듣고 아셨던 것처럼, 이 땅에서 많은 사람들이 지금 당하고 있는 희생을 보고 듣고 알고 계십니다. 그러므로 그분을 "아빠 아버지"(갈 4:6, 롬 8:15)라고 부르는 우리도 그분의 마음으로 보고 듣고 알아야 합니다. 먼저 우리 내면을 자세히 들여다보고 차별과 억압과 박해의 뿌리를 뽑아내도록 힘써야 합니다. 또한 주변을 돌아보며 밀려나고 뒤처진 사람들, 불의한 제도에 희생당한 사람들을 도와주어야 합니다. 그리고 끊임없이 희생자들을 만들어 내는 불의한 제도를 바로잡는 데 힘을 보태야 합니다.

우리의 궁극적인 목표는 십자가에서 드러난 하나님의 사랑을 모든 사람이 알게 하는 것입니다. 영원한 하나님 나라를 알게 하고 영원한 생명을 얻도록 인도하는 것이 우리의 궁극적 목표입니다. 그러기 위해 지금 목이 졸려 죽어 가는 사람을 살려야 합니다. 지금 굶고 있는 사람의 허기를 채워 주어야 합니다. 인간 대접을 받지 못하는 사람이 인간다운 대접을 받을 수 있도록 도와주어야 합니다. 그래야 그 사람에게 복음이 전해질 수 있습니다.

우리 모두가 하나님의 마음으로 우리 자신을 보고 이웃을 보고 우리 사회를 볼 수 있기를 기도합시다. 그리고 그 마음이 우리를 흔들 때 목소리를 내고 손을 뻗고 발걸음을 내딛을 수 있는 용기와 담력이 우리 모두에게 있기를 기도합시다. 하나님이 이집트 사람들의 학대로부터 이스라엘 백성을 구하기 위해 모세를 쓰신 것처럼, 그런 사람들을 통해 우리 사회를 바꾸실 것이기 때문입니다. 우리가, 아니 내가 그 사람들 중에 있기를 소망하고 결단합시다.

| 적용과 나눔을 위한 질문 |

• 당신의 마음과 기도에 누가 담겨 있습니까? 당신의 관심사에 당신과 당신의 가족 외에 누가 들어 있습니까?

• 하나님의 눈길이 닿는 곳에 당신의 눈길이 향하고 있습니까? 하나님의 눈물이 있는 곳에 당신의 눈물도 있습니까? 구체적으로 당신은 어떤 행동으로 그 마음을 표현하고 있습니까?

• 하나님의 마음으로 공적 관심사에 관심을 두고 행동할 마음의 준비가 되어 있습니까? 그렇게 살기 위해 당신에게는 어떤 변화가 필요하다고 생각합니까?

07

순
종

흔들리며 자란다

출애굽기 4:1-17

부르심 앞에서

모세라는 인물을 상상할 때면 많은 분들이 세실 드밀 감독의 「십계」의 장면들을 떠올릴 것입니다. 젊은 세대에게는 생소하겠지만, 컴퓨터 그래픽 기술이 등장하기 전인 1950년대에 그런 대작을 만들어 냈다는 것은 참으로 놀라운 일입니다. 이 영화를 본 사람들은 모세 역을 맡았던 당대 최고의 미남 배우 찰톤 헤스톤의 모습을 기억할 것입니다. 한 손에 지팡이를 들고 포효하는 모습이 참으로 인상적입니다. 실제 모세의 모습도 그러했을 듯합니다. 하지만 호렙 산에서 처음 하나님을 대면했을 때의 모세는 그런 모습과 상당히 거리가 있었습니다.

앞에서 살펴본 대로, 모세는 사십 년 동안의 광야생활을 통해 자존감이 낮아질 대로 낮아졌을 것입니다. 그런 상황에서 하나님이 그를 찾으십니다. 그러고는 바로에게 가서 이집트로부터 이스라엘 백성을 해방시키라고 명령하십니다.

어떻게 보면 정말 밑도 끝도 없는 말씀입니다. 모세는 하나님의 말씀에 자신의 귀를 의심했을 것입니다. 혹시 무언가에 홀린 것은 아닌지 생각했을지도 모릅니다. 그는 사십 년 동안 이집트 왕궁에서 살았기에 이집트 왕들이 얼마나 잔인무도하고 이집트 군대가 얼마나 강한지 누구보다 잘 알고 있었습니다. 이름 없는 양치기 주제에 바로와 맞선다는 것이 그로서는 말이 되지 않았습니다. 게다가 그는 사십 년 전 동족으로부터 뼈아픈 배신을 겪었습니다.

그래서 모세는 하나님의 부르심을 피할 구실을 찾아 두 번이나 핑계를 댔지만, 하나님은 그때마다 "내가 너와 함께 있겠다", "나는 곧 나다"라고 말씀하시며 모세가 할 일을 보다 구체적으로 알려 주십니다(출 3:11-14).

모세는 점점 코너에 몰리고 있는 자신을 발견했을 것입니다. 그래서 세 번째로 하나님께 이렇게 말씀드립니다.

그들이 저를 믿지 않고, 저의 말을 듣지 않고, "주님께서 너에게 나타나지 않으셨다" 하면 어찌합니까?(출 4:1)

이 역시 하나님의 부르심을 회피하려는 핑계였지만 일리가 있는 말입니다. 모세에게는 하나님이 자신에게 나타나셨고 자신을 보내셨다는 물증이 필요했습니다. 그렇지 않으면 그를 믿고 따라나설 사람이 없을 것이기 때문입니다.

그러자 하나님은 모세의 손에 있던 지팡이를 땅에 던져 보라고 하십니다. 모세가 하나님의 말씀대로 지팡이를 던지니 그것이 뱀으로 변합니다. 모세가 놀라서 재빨리 뒤로 물러서자 하나님이 다시 말씀하십니다.

"너의 손을 내밀어서 그 꼬리를 잡아라"(출 4:4).

미디안 광야에서 모세는 뱀을 자주 만났을 것입니다. 맨손으로 뱀 잡는 일에 선수가 되었을 것입니다. 그런데 하나님은 그에게 뱀의 꼬리를 잡으라고 말씀하십니다. 뱀을 잡으려면 머리를 공략해야 합니다. 꼬리를 잡으면 뱀에게 물리게 되고, 혹시 뱀에게 독이라도 있다면 죽을 수도 있습니다. 잠시 주저하던 모세가 조심스럽게 손을 뻗어 뱀의 꼬리를 잡으니, 뱀이 다시 지팡이로 변합니다.

그것만으로 충분하지 않다고 생각하셨는지 하나님은 또 하나의 이적을 보여주십니다. 그분은 모세에게 손을 품에 넣어 보라고 하십니다. 모세가 하나님의 말씀대로 손을 품에 넣었다가 꺼내 보니, 그 손에 악성 피부병이 생겨 하얗게 변해 있었습니다. 모세는 그 모습에 몹시 당황했을 것입니다. 어안이 벙벙해 있는 모세에게 하나님은 그 손을 다시 품에 넣어 보라고 하십니다. 그 또한 주저되는 일입니다. 손에 생긴 피부병이 온몸으로 퍼질 수도 있기 때문입니다. 모세가 조심스럽게 손을 품에 넣었다가 꺼내 보니, 손이 전처럼 말끔해져 있었습니다.

하나님은 이스라엘 백성이 그의 말을 믿지 않으면 첫 번째 이적의 표징을 보여주고, 그 또한 믿지 않으면 두 번째 이적의 표징을 보여주고, 그래도 믿지 않으면 나일 강에서 물을 퍼다가 마른 땅에 부으라고 하십니다. 그러면 나일 강에서 퍼온 물이 마른 땅에서 피가 되게 하시겠다는 것입니다.

상황이 이쯤 되니 더 이상 피할 도리가 없어 보였습니다. 자신에게 나타나신 하나님이 진짜인 것 같고, 그분에게 신기한 능력이 있다는 것도 알겠습니다. 하지만 여전히 용기가 나지 않습니다. 그런 능력만 믿고 절대 제국의 황제에게 맞선다는 것은 가망 없는 일처럼 보였습니다.

그때 모세에게 또 다른 핑계가 떠올랐습니다. 이스라엘 백성을 인도하기 위해서는 뛰어난 구변 능력이 필요한데, 그는 말주변이 좋지 않았습니다. 그래서 네 번째로 하나님께 이렇게 말씀드립니다.

주님, 죄송합니다. 저는 본래 말재주가 없는 사람입니다. 전에도 그랬고, 주님께서 이 종에게 말씀을 하고 계시는 지금도 그러합니다. 저는 입이 둔하고 혀가 무딘 사람입니다(출 4:10).

이 대답 때문에 모세에게 언어 장애가 있었다고 추측하는 사람들도 있습니다. 아마도 이 말은 말주변이 신통치 않다는 뜻이었을 것입니다.[1] 뒤이어 나오는 하나님의 말씀을 보면 하나님도 그 사실을 인정하십니다. 한 민족의 지도자에게 대중을 설득하고 움직일 수 있는 능력은 필수적입니다. 그러니 그에게 그럴듯한 핑계처럼 생각되었습니다.

그러자 하나님은 모세에게 "누가 사람의 입을 지었느냐?"(출 4:11)고 물으시며 창조주인 자신이 할 말을 직접 가르쳐 주겠다고 하십니다. 진정한 감화력은 말재간에서 나오는 것이 아닙니다. 하나님이 영감과 감화력을 주시면 어눌한 사람도 회중을 감동시킬 수 있습니다.

할 말을 잃은 모세는 더 이상 물러설 곳이 없음을 깨닫습니다. 꼼짝달싹할 수 없을 정도로 궁지에 몰린 것입니다. 그제야 모세가 본심을 드러냅니다.

주님, 죄송합니다. 제발 보낼 만한 사람을 보내시기 바랍니다(출 4:13).

이것은 아무리 생각해도 자신은 도저히 안 되겠다는 뜻입니다. 모세의 말에 하나님은 크게 노하십니다. 그러면서 말을 잘하는 그의 형 아론을 그에게 붙여 주겠다고 말씀하십니다. 그런 다음 지팡이를 들고 가라고 하시며 그의 등을 떠미십니다.

그가 너를 대신하여 백성에게 말을 할 것이다. 그는 너의 말을 대신 전달할 것이요, 너는 그에게 하나님 같이 될 것이다. 너는 이 지팡이를 손에 잡아라. 그리고 이것으로 이적을 행하여라(출 4:16-17).

핑계는 핑계를 낳고

모세는 이스라엘 역사상 가장 위대한 인물 중 한 사람입니다. 인류 종교사에서도 그는 아주 중요한 역할을 했습니다. 그런 위대한 인물이 호렙 산에서는 그저 한 사람의 초라한 노인이었습니다. 이집트에서 노예생활을 하는 이스라엘 백성을 해방시키라는 하나님의 부르심을 받고는 거듭 핑계를 대면서 회피하다가, 마지막에는 "내 배를 째십시오"라는 식으로 거부했습니다. 과연 모세가 여기서 드러낸 비겁함과 소심함을 비난할 사람이 있을까요?

저는 철이 들면서 이 대목을 읽을 때마다 위로를 받았습니다. 하나님 앞에서 이런저런 핑계를 대면서 하나님의 부르심을 회피하려는 모세의 몸부림에서 저 자신을 보았기 때문입니다. 모세 같은 위대한 인물이 한때 비겁하고 소심하고 겁 많고 잔머리 굴리는 사람이었다는 것이 큰 위로가 되었습니다.

그동안 살아오면서 저 자신도 모세가 호렙 산에서 겪었던 씨름을 자주 겪어 왔습니다. 하나님의 부르심 앞에서 망설이고 주저하고 핑계 대고 회피하려는 제 욕망과의 씨름이라 할 수 있습니다. 하나님을 보다 깊이 알아갈수록 이 씨름은 더욱 빈번해지고 깊어집니다.

젊은 시절, 저는 목회로의 부르심에 응답하기까지 많은 시간을 씨름해야 했습니다. 중학교 2학년 때부터 목회자가 되겠다는 소명감이 제 안에서 자라기 시작했지만, 아버지의 반대로 고등학교에서 곧바로 신학교로 가지 못하고 일반 대학에 진학했습니다.

사 년간의 대학생활 가운데도 저는 자주 이 문제로 고민했습니다. 목회에 대한 소명은 저를 놓아주지 않았고, 제 마음속에서는 목회자로 살지 않아도 될 이유를 끊임없이 만들어 냈습니다. "믿음 좋은 평신도로 사는 게 훨씬 더 중요한 일이 아닙니까?", "직장인으로 살면서도 목사처럼 살면 되지 않습니까?"

그렇게 평계를 댈 때마다 하나님은 제 마음을 통해 이렇게 말씀하셨습니다. "네 말이 맞아. 직장인으로서 나를 기쁘게 하는 것도 중요해. 좋은 목사도 필요하지만 좋은 평신도도 필요하지. 그렇지만 너에게 맡겨진 사명은 목회자가 되는 거란다." 이런 내적 번민을 수없이 거친 끝에 결국 부르심에 순종하게 되었습니다.

저의 이야기를 듣고 하나님의 부르심을 목사나 선교사로의 부르심에 국한하여 생각하지 마시기 바랍니다. 하나님의 부르심은 진실하게 믿기 원하는 사람이면 누구에게나 주어지는 것입니다. 또한 인생의 중요한 순간에만 하나님의 부르심을 느끼는 것이 아니라, 매일의 사소한 일상을 통해서도 느낍니다.

내게 상처를 준 사람을 용서하라는 부르심을 느낄 때, 우리 마음은 그래서는 안 될 여러 가지 이유를 만들어 냅니다. "아니야, 이번에는 혼 좀 나 봐야 해" 혹은 "누군가는 악역을 맡아야 해" 같은 생각이 용서하는 것을 가로막습니다. 누군가를 도와주라는 부르심을 느낄 때, 우리 마음은 이기심과 인색함을 포장할 평계를 찾습니다.

우리가 마주하는 광야에서 떨기나무를 보고 그 나무에 붙은 불을 통해 하나님을 만나는 것은 참으로 귀한 일입니다. 인생 여정에서 꼭 일어나야 하는 일입니다. 그 만남은 우리로 하여금 새로운 세상을 보게 하고 그 세상에서 살아가게 만듭니다. 그리고 우리를 그동안 머물렀던 자리에서 불러냅니다. 나 자신만을 위해 살아가던 자리, 이기심의 자리, 나와 내 가족만을 위해 살던 자리, 잘 먹고 잘 사는 것을 생의 목적으로 두고 살던 자리, 욕망을 따라 살던 자리, 자신이 주인이 되어 살던 자리에서 떠나라고 우리를 흔드십니다. 하나님을 알아가는 깊이가 더해질수록 내면에서 느끼는 그 부름은 점점 강해져 갑니다.

오늘 우리는 모세처럼 "얼굴과 얼굴을 마주 대고"(신 34:10) 하나님과 대화하지 못합니다. 하지만 하나님을 만난 사람들, 하나님과의 관계 안에서 사는 사람들은 내면에서 그분의 음성을 듣습니다.[2] 그분은 우리의 마음의 소리를 통해 끊임없이 우리를 부르십니다.

많은 사람들이 하나님이 자신의 사적인 행복을 지켜 주는 수호신이 되기를 기대합니다. 하지만 그것은 하나님을 우상이나 잡신으로 전락시키는 일입니다. 살아 계신 하나님, 영원자요 초월자요 절대자요 전능자이신 하나님은 우리의 수호신이 아닙니다. 그분은 우리의 왕이시며 주이십니다. 우리를 위해 하나님이 존재하시는 것이 아니라, 그분을 위해 우리가 존재합니다. 살아 계신 하나님, "나는 곧 나다"라고 말씀하시는 그 하나님이 우리 존재의 이유이며 목적입니다.

그러므로 우리가 하나님을 인격적으로 만나게 되면 그분은 우리를 새로운 삶으로 불러내십니다. 하나님이 우리를 불러 하라고 하시는 일들은 자주 우리의 이기심과 마찰을 일으키고, 개인적인 행복을 포기하게 만들며, 양보와 희생과 고난을 요구합니다. 그렇기 때문에 하나님을 제대로 만나고 나면 전에는 겪지 못한 갈등과 번민을 마주하곤 합니다. 그리고 우리는 자주 이런저런 핑계를 대면서 하나님의 부르심을 외면하려 합니다.

오래전의 일이 생각납니다. 몇몇 교우들이 모여 성경공부를 하던 중에 참석자들이 하나님의 뜻을 분별하는 것이 너무도 어렵다는 고충을 털어놓았습니다. 하나님의 뜻이 무엇인지 분명하게 알았으면 좋겠다고 했습니다. 그러던 중 아무 말 없이 듣고 있던 한 자매가 좌중을 침묵시키는 말을 던집니다. 기억을 되살린다면 대략 이런 고백이었습니다.

여러분은 하나님의 뜻을 분별하지 못해서 문제인가요? 저는 하나님의 뜻이 너무나 분명한데 그 뜻에 순종하지 못해서 문제입니다. 순간순간 하나님이 저에게 기대하고 요구하시는 것이 너무도 분명해요. 그런데 저의 이기심이 저로 하여금 그 뜻에 순종하지 못하게 만들어요. 그래서 무척 괴로워요.

그 말에 모두가 침묵한 이유가 무엇일까요? 그의 말을 들으며 참석자들은 하나님의 뜻을 분별하기 어렵다는 자신들의 넋두리가 실은 하나님의 뜻을 회피하려는 핑계였다는 사실을 감지한 것입니다.

그 외에도 하나님의 부르심을 회피하기 위해 우리가 들이대는 핑계는 수없이 많습니다. 칼뱅이 "우리 마음은 우상을 만들어 내는 공장이다"라고 했는데, 저는 "우리 마음은 핑계 공장이다"라고 말하고 싶습니다. 어떤 상황에서도 우리 마음은 그럴듯한 핑계를 만들어 자신을 속이고 하나님을 속이려 합니다.

그러므로 우리는 호렙 산에서 모세가 하나님과 나눈 대화를 통해 우리 자신의 모습을 봅니다. 이기심에 결박된 존재로서 하나님의 부르심으로부터 벗어나기 위해 몸부림치고 있는 모세의 모습에서 우리 자신을 발견합니다. 그리고 그러한 과정에서 우리는 큰 위로와 용기를 얻습니다.

그분의 넉넉한 품 안에서

하나님과 모세의 대화를 읽으면서 위로받고 용기를 얻는 이유가 또 하나 있습니다. 모세의 거듭된 핑계와 회피에 대한 하나님의 반응 때문입니다.

하나님은 중심을 보시는 분입니다. 모세가 핑계를 대고 있다는 사실을 그분이 모르실 리가 없었습니다. 하나님은 모세가 핑계를 댈 때마다 속아 주시고 친절하게 응답하십니다. 모세 입장에서는 자신의 꼼수가 통하는 줄 알았겠지만 하나님이 속아 주신 것입니다. 성질 급한 사람이 이런 상황을 만나면 "하기 싫으면 하지 마!" 하면서 돌아섰을지도 모릅니다. 하지만 하나님은 그러지 않으셨습니다.

여기서 우리는 하나님의 넉넉한 품을 봅니다. 우리가 하나님에 대해 가지고 있던 고정관념과는 다소 차이가 있습니다. 아니, 차이가 큽니다. 많은 사람들이 하나님을 털끝만큼도 여유가 없는 엄격하고 철저하고 냉엄한 분으로 생각하기 때문입니다.

예수님이 말씀하신 '달란트 비유'(마 25:14-30)가 생각납니다. 어떤 사람이 여행을 떠나면서 자신의 세 종에게 큰돈을 맡깁니다. 각 사람의 능력에 따라 한 사람에게는 다섯 달란트를 주고, 또 한 사람에게는 두 달란트를 주고, 또 다른 한 사람에게는 한 달란트를 주고 떠납니다. 한 달란트는 성인 노동자의 십오 년 품삯을 합친 금액입니다. 다시 말해 다섯 달란트는 웬만한 기업을 운영할 수 있는 돈이고, 한 달란트도 큰 사업을 할 수 있는 돈입니다.

오랜 시간이 지난 뒤 주인이 돌아와 종들과 결산을 합니다. 다섯 달란트 받은 사람과 두 달란트 받은 사람은 모두 받은 돈을 두 배로 불립니다. 하지만 한 달란트 받은 사람은 주인에게서 받은 그대로 한 달란트를 가지고 옵니다. 그러면서 이렇게 말합니다.

> 주인님, 나는, 주인이 굳은 분이시라, 심지 않은 데서 거두고, 뿌리지 않은 데서 모으시는 줄로 알고, 무서워하여 물러가서, 그 달란트를 땅에 숨겨 두었습니다. 보십시오. 여기에 그 돈이 있으니, 받으십시오(마 25:24-25).

여기서 "굳은 분"이라는 말은 완고하고 빡빡한 분, 용서 없고 빈틈없는 분이라는 뜻입니다. 유진 피터슨이 『메시지』 성경에서 이 구절을 잘 번역해 놓았습니다.

> 주인님, 제가 알기로 당신은 기준이 높고 실수하는 것을 싫어하며 최선을 요구하고 잘못을 용납하지 않는 분입니다. 저는 당신을 실망시킬까 두려웠습니다.

한 달란트 받은 사람의 말은 당시 많은 유대인들이 하나님에 대해 가지고 있던 믿음을 대변합니다. 하나님은 항상 완벽한 순종을 요구하시며 작은 허물에 대해서도 용서하지 않으신다는 고정관념이 당시 유대교인들에게 널리 퍼져 있었습니다. 그러한 믿음은 영적 숨통을 조이게 되는데, 우리 중에도 그런 경향의 믿음이 있습니다.

그러한 믿음에 예수님은 "우리의 하나님은 그런 분이 아니다!"라고 말씀하십니다. 그분이 "아빠 아버지"(막 14:36)라고 부르신 그 하나님은 우리의 연약함과 허물을 알면서도 참고 기다리시는 분이십니다. 그분은 자신의 뜻을 행하도록 우리를 부르시지만, 우리가 핑계를 대고 벗어나려 할 때 눈감아 주고 속아 주면서 우리가 자라나기를 기대하십니다.

하나님은 우리에게 종교적 슈퍼맨이 되기를 원하지 않으십니다. 그런 변화는 마지막 날 새 하늘과 새 땅에서 예수 그리스도의 부활에 참여할 때 일어날 일입니다. 인간 존재를 속속들이 오염시키고 있는 죄성 때문에 우리 자신의 노력으로는 그렇게 될 수 없습니다. 그렇게 되도록 변화받을 때에만 가능합니다.

이 땅에 육신을 입고 살아가는 동안 우리는 죄성의 한계 안에서 살아갑니다. 그래서 때로 하나님의 부르심 앞에서 주저하고 번민하고 핑계 대고 회피하려 합니다. 하지만 하나님은 우리의 연약함을 아시기에 참고 기다려 주십니다. 그래서 히브리서 저자는 이렇게 말합니다.

> 그러나 우리에게는 하늘에 올라가신 위대한 대제사장이신 하나님의 아들 예수가 계십니다. 그러므로 우리의 신앙 고백을 굳게 지킵시다. 우리의 대제사장은 우리의 연약함을 동정하지 못하시는 분이 아닙니다. 그는 모든 점에서 우리와 마찬가지로 시험을 받으셨지만, 죄는 없으십니다. 그러므로 우리는 담대하게 은혜의 보좌로 나아갑시다. 그리하여 우리가 자비를 받고 은혜를 입어서, 제때에 주시는 도움을 받도록 합시다 (히 4:14-16).

선출직 선거에 나선 후보들이 대중에게 호소하기 위해 노력하는 것 중 하나가 자신이 얼마나 어려운 환경에서 성장했는지 부각시키는 일입니다. 대통령이나 국회위원이 자신의 처지를 체험적으로 알고 있다는 사실은 국민의 입장에서는 믿음이 가는 일입니다. 아무리 탁월한 능력을 가지고 있다 해도 자신의 처지를 알지 못할 것 같으면 신뢰가 가지 않습니다. 히브리서 저자는 초월자요 전능자이신 하나님이 자신의 아들을 통해 우리의 연약함을 직접 경험해 아신다고 말합니다.

그러므로 하나님의 부르심 앞에서 우리가 주저하고 망설이고 때로는 발뺌을 해도 그분은 참고 기다리십니다. 또한 그저 막연하게 아무 계획 없이 기다리시는 것이 아니라, 우리가 자라갈 수 있도록 이끌어 주십니다.

영적으로 성장한다는 말은 그러한 하나님의 넉넉한 품 안에서 자라가는 것입니다. 영적으로 성장하면 하나님의 부르심 앞에서 괴로워하고 갈등하고 주저하는 횟수가 줄어듭니다. 하나님의 뜻에 더 쉽게, 더 자주 순종하게 됩니다. 자신의 욕망을 따라 살기보다 하나님의 뜻을 따라 사는 것에서 더 큰 기쁨을 발견합니다.

공자가 『논어』에서 일흔 살을 가리켜 '종심소욕불유구'(從心所欲不踰矩)라고 했습니다. '마음의 움직임을 따라 행해도 법도에 어긋남이 없다'는 뜻입니다. 일흔 살은 생리적 나이를 가리키는 것이 아니라 완숙한 단계의 인간을 의미합니다. 완숙한 인간은 그 마음이 법도에 온전하게 조율되어 그저 마음이 이끄는 대로 살아도 법도에서 벗어나지 않는다는 뜻입니다.

저는 이 말이 영적 성장의 최고 경지를 가리키는 말처럼 들립니다. '법도'라는 말을 '하나님의 뜻'으로 바꾸어 생각하면 됩니다. 다시 말해, 영적으로 성장한다는 말은 우리의 마음이 하나님의 뜻으로 온전히 조율되어 마음이 이끄는 대로 행해도 하나님의 뜻에서 벗어나지 않는 경지까지 이르는 것을 의미합니다.

영적 성장은 한순간에 이루어지지 않습니다. 모세가 호렙 산에서 경험한 것과 같은 씨름을 지속함으로써 우리 마음이 하나님의 뜻에 조율되어야 합니다. 오랜 기간 지속적인 시행착오를 거쳐야 합니다. 그것을 누구보다 잘 아는 하나님이시기에 때로 우리가 연약하여 핑계를 대고 주저하고 물러서도 품고 기다리십니다.

하나님은 결국 포기하지 않으십니다. 모세가 자신은 안 되겠으니 다른 사람을 보내시라고 말씀드렸을 때 크게 노하며 그의 등을 떠미신 것처럼, 하나님은 끝내 우리를 그분의 길로 이끄십니다. 다만 시간의 문제일 뿐입니다. 우리의 타락한 욕망은 하나님의 뜻에 빨리 순종할수록 손해라고 생각합니다. 그래서 어떤 사람들은 "이 세상에서 하고 싶은 것 다 해보고 늙어 힘이 빠지면 믿겠습니다"라고 말합니다. 하나님을 떠나 사는 것이 행복을 누리는 길이라고 오해하는 것입니다. 하지만 하나님께 돌아오고 나면 하나님으로부터 떠나 사는 것이 불행을 연장시키는 것임을 알게 됩니다.

조율된 마음

예수 그리스도를 주님으로 영접한 사람이라면, 그리고 주님과 동행하기 위해 매일 힘쓰고 사는 사람이라면, 성령께서 그 사람의 마음 안에 거하셔서 역사하십니다. 그래서 사도 바울이 이렇게 말했습니다.

하나님은 여러분 안에서 활동하셔서, 여러분으로 하여금 하나님을 기쁘게 해드릴 것을 염원하게 하시고, 실천하게 하시는 분입니다(빌 2:13).

그러므로 믿음으로 살기를 힘쓰는 사람이라면, 끊임없이 하나님의 부르심과 이기적 욕심 사이에서 갈등하게 되어 있습니다. 속이는 자 사탄은 우리의 이기적 욕망을 이용하여 우리를 속입니다. 하나님의 부르심을 따르면 그만큼 손해를 보게 된다고 속삭입니다. 그래서 우리는 자주 하나님의 뜻을 알면서도 이런저런 핑계를 대며 회피하려 합니다. 가끔 그러는 것이 아니라 매일의 삶 가운데 그런 내적 갈등을 겪습니다. 제대로 믿기를 바라는 사람이라면 누구나 그렇습니다. 모세도, 다윗도, 바울도 마찬가지였습니다.

바울은 하나님의 부르심으로 인한 내적 갈등을 누구보다 예민하게 느꼈고 또 누구보다 치열하게 씨름했던 사람입니다. 물론 영적으로 성장해 가면서 '종심소욕불유구'의 차원으로 나아갔지만, 연약할 때는 하나님의 부르심과 옛 사람의 욕망 사이에서 번번이 후자에 끌렸습니다. 그때의 상황을 그는 이렇게 회상합니다.

나는 속사람으로는 하나님의 법을 즐거워하나, 내 지체에는 다른 법이 있어서 내 마음의 법과 맞서서 싸우며, 내 지체에 있는 죄의 법에 나를 포로로 만드는 것을 봅니다. 아, 나는 비참한 사람입니다. 누가 이 죽음의 몸에서 나를 건져 주겠습니까?(롬 7:22-24)

우리를 우리 자신보다 더 잘 알고 계신 하나님은 우리에게 그런 연약함이 있다는 사실을 잘 아십니다. 그렇기 때문에 빨리 그분의 기준에 맞추라고 윽박지르지 않으십니다. 그분의 뜻을 따르라고 멱살을 잡아끌지 않으십니다. 순순히 복종하라고 목을 조르지도 않으십니다. 왜 그렇게 우유부단하냐고 책망하지도 않으십니다. 핑계를 대고 조건을 달고 협상을 하려 하면 그대로 받아 주십니다. 때로 "차라리 죽이십시오!" 하고 저항해도 받아 주십니다. 그리고 우리 스스로 일어나 그분의 뜻을 따르기까지 다독이고 격려하고 호소하고 도전하면서 기다리십니다.

하나님의 이 넓은 품에서 우리는 영적으로 마음껏 호흡하면서 자라갑니다. 그렇게 영적으로 자라감에 따라 사사건건 하나님의 뜻이 무엇인지 묻지 않고, 그저 마음을 따라 생각하고 말하고 행동하여 하나님의 뜻을 이루게 됩니다. 그것이 하나님의 성품에 참여하고 하나님의 의로 옷 입는 것이며, 이 땅에서 영생을 누리고 하나님 나라를 살아가는 것입니다.

결국 그것은 새 하늘과 새 땅에서 완성되겠지만, 지금 이곳에서 체험할 수 있는 것입니다. 자신의 과거 상태를 생각하며 "죽음의 몸"에 갇혀 있는 것처럼 절규했던 바울은 다른 편지에서 이렇게 고백합니다.

나는 그리스도와 함께 십자가에 못 박혔습니다. 이제 살고 있는 것은 내가 아닙니다. 그리스도께서 내 안에서 살고 계십니다. 내가 지금 육신 안에서 살고 있는 삶은, 나를 사랑하셔서 나를 위하여 자기 몸을 내어 주신 하나님의 아들을 믿는 믿음 안에서 살아가는 것입니다(갈 2:20).

그 사람 모세

부디 하나님의 넉넉한 품 안에서 그분의 뜻에 우리의 마음이 조율되고, 더 자주, 더 신실하게 그분의 뜻에 순종하며 좁은 길을 기뻐 뛰며 걷는 은혜가 있기를 기도합니다. 그래서 마음이 이끄는 대로 살아도 하나님의 뜻을 행하는 단계로 나아가게 되기를 바랍니다.

| 적용과 나눔을 위한 질문 |

• 당신은 하나님의 뜻을 분별하고 따르는 일에 얼마나 관심을 두고 삽니까? 어떤 결정을 할 때 하나님의 뜻을 찾기 위해 어떻게 노력하고 있습니까?

• 하나님의 뜻이라고 분별이 될 때, 당신은 그 뜻에 얼마나 자주 순종하고 있습니까? 순종을 피하는 데 당신이 사용하는 주된 핑계는 무엇입니까?

• 하나님의 뜻에 순종하는 측면에서 당신은 얼마나 성장했습니까? 더 성장하기 위해 당신에게 필요한 것은 무엇이라고 생각합니까?

08

희
생

사명은 비싸다

출애굽기 4:18-26

떠날 준비

호렙 산에서 하나님을 뵙고 이집트 사람의 손아귀에서 이스라엘 백성을 이끌어 내어 가나안 땅으로 인도하라는 사명을 받은 모세는 하나님의 지팡이를 손에 들고 집으로 돌아갑니다. 호렙 산에서 집까지 가는 동안 모세의 마음이 어떠했을지 상상해 봅니다. 아마도 여러 가지 생각으로 복잡했을 것입니다.

한편으로는 새 세상을 걷는 것 같은 신비감이 그의 마음을 채웠을 것입니다. 이야기로 전해 듣기만 했던 "아브라함의 하나님, 이삭의 하나님, 야곱의 하나님"을 직접 만났기 때문입니다. 하나님이라는 존재가 가설이 아니라 현실이었던 것입니다.

하지만 그의 마음 한편에는 하나둘씩 염려가 생겨났을 것입니다. 그는 아직 바로에게 맞서 싸울 준비가 되어 있지 않았습니다. 이

그 사람 모세

집트 왕의 성정을 생각해도 그렇고, 자신을 향한 동족의 태도를 생각해도 그랬습니다. 아무리 하나님이 함께하신다고 해도 자신이 할 수 있는 일이 아닌 것 같았습니다. 지금이라도 물릴 수 있으면 물리고 싶었을 것입니다. 게다가 어떻게 가족을 설득한단 말입니까? 그가 이집트로 떠나려면 장인 이드로와 아내와 자식들의 허락과 동의를 구해야 했습니다.

호렙 산에서 집으로 돌아오는 길이 며칠 걸렸는지 모르지만, 오는 내내 모세는 이 문제로 골몰했을 것입니다. "'우리 조상의 하나님이 저에게 나타나셔서 이집트로부터 제 백성을 해방시키라고 하시니 저는 이제 이집트로 떠나야겠습니다'라고 말하면 가족이 어떻게 생각할까? 뭐라고 말해야 가족을 설득할 수 있을까?'

아무리 생각해도 있는 그대로 말해서는 안 될 것 같았습니다. 조상의 하나님이 자신에게 나타나셨다는 말을 믿지 않을 것이고, 자신의 동족을 해방시키러 간다는 말에 모두 기겁할 것이 분명했습니다. 그렇게 말했다가는 자신의 길을 막아설 것이 분명했습니다. 그것이 얼마나 말도 안 되는 일인지 장인 이드로도 알았기 때문입니다.

집에 도착하여 모세는 여독도 풀 겸 며칠 동안 쉬면서 여러 가지로 생각했을 것입니다. 장인에게 말하기 전에 아내를 설득해야 했습니다. 아내에게 있는 그대로 말했는지 아니면 다른 핑계를 댔는지 알 수 없습니다. 어떻게 말했든지 십보라는 혼란스러웠을 것입니다. 모세와 함께 이집트로 갈 특별한 이유가 그에게는 없었기 때문입니다. 아마도 십보라가 결심하기까지 모세는 며칠 동안 기다려야 했을 것입니다.

마침내 모세는 장인을 찾아가 이렇게 말합니다.

저는 이제 떠나야겠습니다. 이집트에 있는 친족들에게로 돌아가서, 그들이 아직도 살아 있는지를 알아보아야겠습니다(출 4:18).

모세가 장인에게 허락을 구하는 것으로 보아 십보라가 고민 끝에 일단 같이 가기로 결심한 것으로 보입니다. 모세가 영영 이집트로 돌아가겠다고 했는지 아니면 친족들이 어떻게 사는지 보고 돌아오겠다고 했는지는 분명하지 않습니다. 어쨌거나 이드로는 모세의 청을 받아들입니다. 그는 상황이 어떠하든지 모세와의 왕래가 지속될 것으로 기대했을 것입니다.

모세가 장인의 허락을 받고 곧바로 떠나지는 않았을 것입니다. 미디안에서 이집트까지 가기 위해서는 나귀를 이끌고 여러 날 동안 카라반 여행을 해야 했습니다. 그 고되고 긴 여행을 위해서 준비할 것이 만만치 않았습니다. 그뿐 아니라, 이집트에서 네 가족이 한동안 살기 위한 여비도 마련해야 했습니다. 그것을 모두 준비하는 데 시간이 꽤 걸렸을 것입니다. 모세는 그 모든 것을 준비할 수 있는 기간을 산정하여 떠날 날을 정했을 것입니다.

그 과정에서 십보라가 그 모든 것을 이상히 여기고 진짜 이유를 따져 물었을지도 모릅니다. 그랬다면 모세는 이집트로 가는 진짜 이유를 말해 주었을 것이고, 십보라는 그제라도 반대하고 싶은 마음이 들지만 돌이키기에는 이미 늦은 뒤였을 것입니다.

그렇게 준비하고 있을 때, 하나님이 모세에게 다시 나타나셔서

그 사람 모세

그의 목숨을 노리던 사람들이 모두 세상을 떠났다는 사실을 알려 주십니다. 모세로서는 이제 더 이상 지체할 이유가 없었습니다. 그는 아내와 두 아들을 나귀에 태우고 이집트로 향합니다.

영적 사투[1]

이집트로 향해 가던 어느 날 밤의 일입니다. 숙소에 머물러 있던 중에 모세에게 이상한 일이 일어납니다. 성경은 "주님께서 찾아오셔서 모세를 죽이려고 하셨다"(출 4:24)고 기록합니다.[2] 원문상으로는 이 부분이 "그를 죽이려고"라고 되어 있습니다. 그래서 어떤 학자들은 하나님이 죽이려 했던 대상이 모세가 아니라 아들 중 하나라고 생각하기도 합니다. 하지만 대다수의 학자들은 모세가 그 대상이었다고 봅니다.

이 대목에서 우리는 심각한 질문을 마주합니다. 하나님이 호렙 산에서 모세를 부르실 때는 언제고, 이제 와서 그를 죽이려 하셨다니, 이게 무슨 영문일까요? 또한 죽이려 하신 이유는 무엇일까요? 성경 본문은 너무도 투박하게 아무 이유도 설명하지 않고 그저 그렇게만 밝히고 있습니다. 이 본문은 성경 전체에서 가장 설명하기 어려운 본문 중 하나입니다.

어떤 학자들은 모세가 갑자기 중병에 걸렸을 것이라고 추측합니다. 마르틴 부버에 따르면, "주님께서 죽이려고 하셨다"는 말은 병에 걸렸다는 의미의 관용적 표현입니다.[3] 고된 여행길에서 얼마든지 일어날 수 있는 일입니다. 열병에 걸렸을 수도 있고, 치명적인 바이러스에 감염되었을 수도 있습니다. 하나님이 그런 일이 일어나도록 내버려 두셨으니 "주님께서 하셨다"고 표현하는 것입니다.

또 어떤 학자들은 옛날 얍복 강에서 야곱에게 일어났던 사건을 생각하기도 합니다.[4] 야곱이 이십 년의 도피생활을 마치고 형 에서를 만나러 가는 도중 얍복 강 나루터에서 밤을 지낼 때 그와 비슷한 일을 겪습니다. 창세기에는 "어떤 이가 나타나 야곱을 붙잡고 동이 틀 때까지 씨름을 하였다"(창 32:24)고 기록되어 있습니다. 여기서도 하나님의 사자가 야곱을 습격한 것처럼 묘사되어 있습니다.

이 시점에 야곱은 어쩌면 죽을 수도 있는 형과의 대면을 앞두고 있었습니다. 다시 말해, 하나님의 사자가 야곱을 공격한 것같이 묘사된 이 사건은 사실 야곱의 영적 고뇌와 씨름에 대한 묘사일지도 모릅니다. 영적으로 그는 하나님 앞에서 생사를 건 싸움을 하고 있었던 것입니다. 그 싸움에서 야곱은 목숨을 부지할 수 있었지만 엉덩이뼈가 위골되는 부상을 입습니다. 하지만 하나님의 축복을 받는 동시에 형과의 감동적인 해후를 하게 됩니다.

모세에게 일어난 일도 이와 같은 것이었는지도 모릅니다. 이집트 왕을 향해 가는 모세의 마음은 얍복 강의 야곱의 마음과는 비교할 수 없이 비장했을 것입니다. 그날 밤 모세는 다른 날과는 달리 깊은 번민과 고뇌에 빠졌을 것입니다. 밤은 깊어 가는데 정신은 점점 또렷해집니다. 이집트에서 마주해야 할 도전과 위험과 고난들이 영상을 보듯 분명하게 보입니다. 그로 인해 모세는 잠자리에서 몸부림쳤을 것입니다. 엘리 비젤은 그가 죽고 싶었을지도 모른다고 추측합니다.[5] 하나님 앞에서 영적 사투를 벌인 것입니다. 이 사건에 대해 마르틴 부버는 이렇게 말합니다.

여러 종교의 창시자들과 깊은 믿음으로 살았던 사람들의 전기를 보면, 모세가 겪은 것과 같은 '그 밤의 사건'이 있었음을 본다. 새로 얻은 확신이 갑자기 무너져 내리는 순간이 있다. 하나님이 통치하고 있는 세상에 갑자기 악마가 무한정해 보이는 권위를 가지고 압박해 오는 것 같은 순간을 맞는다.[6]

다시 말해, "주님께서 찾아오셔서 모세를 죽이려고 하셨다"(출 4:24)는 말은 그의 아내 십보라의 시각에서 하는 말일 수 있습니다. 하나님을 체험한 적 없는 십보라로서는 얼마든지 그렇게 생각할 수 있었습니다. 한밤중에 악한 영이 사람을 습격한다는 것은 고대에 널리 퍼져 있던 믿음이었습니다.

그 순간 십보라는 남편이 섬기는 신이 남편을 죽이려 하고 있다면 무언가 그 신에게 '하지 말아야 할 일'을 했거나 '해야 할 일'을 하지 않았을 거라 생각했을 것입니다. 그때 십보라에게 떠오른 것이 바로 할례입니다. 생각이 거기까지 이르자, 십보라는 부싯돌 칼을 가져다가 아들의 포피를 자르고 모세의 발에 갖다 대며 "당신은 나에게 피 남편입니다"(출 4:25)라고 말합니다. 그러자 죽을 것처럼 몸부림치던 모세가 안정을 되찾습니다. 그것이 십보라에게는 모세의 신이 그를 놓아주신 것처럼 보였을 것입니다.

그렇다면 이 절체절명의 순간에 십보라는 어떻게 할례를 생각하게 되었을까요? 그것은 지금까지 아들에게 할례를 행하지 않았다는 사실이 십보라의 마음에 큰 짐으로 남아 있었기 때문일 수 있습니다. 모세와 십보라가 결혼을 하고 첫 아들이 태어났을 때 모세는 히브리 사람의 전통에 따라 할례를 행하려 했을 것입니다. 할례는 당시 중동 문화에서 흔한 일이었고, 미디안 종교는 아브라함의 종교에서 나온 것이므로 할례 풍습이 십보라에게 낯설지 않았을 것입니다.[7] "제 아들의 포피를 잘라서"(출 4:25)라고 단수형으로 되어 있는 것을 보면, 큰아들 게르솜에게는 할례를 행했고 둘째 아들에게는 행하지 못했던 것 같습니다. 둘째 아들에게 할례를 행하지 않은 이유에 대해서는 알 수 없습니다. 하지만 정황상 십보라가 반대하여 그렇게 되었을 가능성이 높습니다.

모세의 신이 그를 습격하여 죽이려 한다는 위기감을 느꼈을 때 십보라에게 할례가 떠오른 이유가 어느 정도 납득이 됩니다. 둘째 아들에게 할례를 행하지 않은 일로 모세의 신이 모세를 습격했다고 생각한 것입니다. 그래서 급히 부싯돌 칼로 둘째 아들의 포피를 잘라 모세의 발에 댄 것입니다.

"당신은 나에게 피 남편입니다"(출 4:25)라는 십보라의 말에 대해서는 학자들도 무슨 뜻인지 아직 파악하지 못하고 있습니다. 그 의미를 정확히 알 수 없지만, 저는 이 말에서 십보라의 분노를 느낍니다. 모세가 섬기는 신에 대한 분노 그리고 모세에 대한 분노입니다. 십보라는 "제가 잘못했으니 내 남편을 구원해 주십시오"라는 심정으로 이 말을 했다기보다는 "할례가 그렇게 중요합니까? 그렇다면 여기 있습니다. 제가 졌습니다. 그러니 이 살을 받으시고 내 남편을 놓아주십시오"라는 심정으로 이 말을 했을 것입니다.

침묵의 이유

이 사건 이후로 십보라와 두 아들에 대한 기록은 출애굽기 18장 까지 나오지 않습니다. 출애굽기 18장을 보면, 모세가 이스라엘 백성 을 인도하여 르비딤 광야에 이르렀을 때 장인 이드로가 십보라와 그 의 두 아들을 데리고 찾아옵니다. 이때 저자는 모세가 십보라와 두 아 들을 미디안으로 보냈었다고 말합니다(출 18:2).[8] 이것은 모세와 함께 이집트로 향했던 십보라와 두 아들이 어느새 다시 미디안으로 돌아 가 있었다는 뜻입니다. 왜 그리고 언제 십보라가 두 아들을 데리고 미 디안으로 돌아갔을까요?

모세가 그의 신으로부터 한밤중에 습격을 받던 날 밤, 아이의 포 피를 잘라 모세와 그의 신이 원했던 일을 행한 그 밤이 지나고 모세가 회복되자, 십보라는 모세와 더 이상 같이할 수 없다고 생각했을 가능 성이 매우 높습니다. 애초부터 십보라는 모세를 따라나설 생각이 없 었습니다. 그에게는 히브리 민족에 대한 애정도 없었고, 모세를 불러 낸 하나님에 대한 믿음도 없었습니다. 남편이 원하는 일이어서 주저 하면서 따라나섰는데, 그 밤에 일어난 사건으로 마음이 식어 버렸을 것입니다. 오만 정이 다 떨어졌을지도 모릅니다. 그래서 모세는 아내 와 두 아들을 돌려보냈을 것입니다.[9]

이드로가 르비딤 광야에 있는 모세를 찾아왔을 때에도 딸을 억 지로 데리고 왔을 가능성이 큽니다. 십보라로서는 원치 않는 일이었 을 것입니다. 그때부터 이드로와 십보라와 두 아들은 이 년 가까이 모 세와 함께 광야에서 지냅니다. 하지만 이 기간 동안에도 십보라에 대 한 언급은 전혀 나오지 않습니다.

이 년 후 본격적인 광야 여정을 시작할 때 모세가 이드로에게 이스라엘의 광야 길을 인도해 달라고 간청하지만, 그는 거절하고 미디안으로 돌아갑니다(민 10:29-32).[10] 이때 십보라가 친정아버지를 따라 돌아갔을 가능성이 큽니다.[11] 그렇게 추측하는 이유가 있습니다. 이드로가 떠난 지 얼마 되지 않아 모세가 구스 여인을 아내로 삼습니다(민 12:1). 구스 여인이 십보라를 가리킨다는 해석도 있지만, 다수 의견은 에티오피아 여인을 의미한다고 봅니다. 다시 말해, 후처를 들였다는 뜻입니다(이 문제에 관해서는 15장에서 보다 자세히 살펴보겠습니다).

십보라가 곁에 있는데 후처를 들였을 리는 없습니다. 이드로가 미디안으로 돌아갈 때 십보라가 이드로를 따라 영영 모세 곁을 떠났기 때문에 후처가 필요했을 것입니다. 모세는 율법대로 십보라에게 이혼증서를 써 주고 보냈을 것입니다(신 24:1). 이 일로 미리암과 아론이 모세를 비방하게 되는데(민 12:1), 그것은 후처가 이방 여인이라는 이유 때문이 아니라 전처가 살아 있는데 후처를 들였다는 이유 때문이었을 것입니다.

하나님의 부르심을 받기까지 사십 년 동안 모세와 십보라가 어떤 관계 안에서 살았는지에 대해서는 전혀 알 수 없습니다. 하지만 하나님의 부르심을 받고 나서 일어났던 몇 가지 일들을 생각해 보면, 그들의 부부생활은 결코 행복하지 않았고 모세가 하나님의 부르심에 응답하면서 파국으로 치달았음을 알 수 있습니다.

두 사람이 결별하게 된 근본적인 원인은 그들의 신앙이 서로 달랐다는 데 있습니다. 신앙을 장식품처럼 여기는 사람들은 신앙이 달라도 별 문제가 되지 않습니다. 호렙 산에서 하나님을 만나기 전까지 모세는 아브라함의 하나님을 이스라엘의 부족 신 정도로 알고 있었을 것입니다. 그러므로 자신은 '아브라함의 하나님'을 섬기고 십보라는 '미디안의 신'을 섬기는 것에 큰 문제를 느끼지 못했을 것입니다. 게다가 그는 히브리 동족을 버리고 떠난 사람이어서 미디안 사람처럼 사는 데 아무 문제를 느끼지 못했습니다.

문제는 하나님이 모세를 부르시면서 시작됩니다. 호렙 산에서 하나님을 만나고 나서 모세는 진짜 신앙인이 되었습니다. 하나님을 체험한 사람은 배우자의 신앙에 대해 "나는 나대로 믿으면 되고 당신은 당신대로 믿으면 된다"고 생각할 수 없습니다. 신앙이 장식이 아니라 중심이 되면, 신앙의 차이는 중요한 갈등의 요소가 되어 버립니다. 십보라로서는 모세의 행동을 이해하지도 못하고 동의할 수도 없는 상황에 이르게 되었을 것입니다.

게다가 모세가 하나님의 부르심을 받으면서 십보라는 전혀 준비되지 않은 상황에 내몰립니다. 줄곧 미디안 광야에서만 살던 그로서는 이집트까지 가서 낯선 히브리 민족의 하나로 사는 것에 전혀 준비가 되어 있지 않았습니다. 게다가 이스라엘 백성을 이집트로부터 해방시키라는 명령을 받았다는 모세의 말이 십보라에게는 믿을 수 없는 말처럼 들렸을 것입니다. 그러니 끌려가듯 남편을 따라 이집트로 향했던 것이고, 남편에게 일어난 기묘한 사건 이후에 두 아들을 데리고 집으로 돌아갔을 것입니다. 그리고 나중에 르비딤 광야에서 이 년 동안 지낸 후에 영영 모세 곁을 떠난 것입니다.

이상한 것은 십보라뿐 아니라 모세의 두 아들 게르솜과 엘리에

셀의 활동에 대한 기록도 성경에 전혀 나와 있지 않다는 것입니다. 그들은 십보라와 달리 삼십팔 년 동안 이스라엘의 광야 여정에 동행했음에도 한 번도 언급되지 않습니다. 아론의 아들들이 어떤 역할을 했고 어떤 일이 일어났는지에 대한 기록이 여러 곳에 나오는 것을 감안할 때 주목할 만한 부분입니다. 그 이유가 무엇일까요?

사사기에는 큰아들 게르솜에 대한 언급이 간략히 나오는데, 이 질문에 대한 실마리를 제공해 줍니다.

> 단 지파 자손은 자기들이 섬길 신상을 세웠다. 그리고 모세의 손자이며 게르손의 아들인 요나단과 그의 자손이 단 지파의 제사장이 되어, 그 땅 사람들이 포로로 잡혀갈 때까지 그 일을 맡았다. 그들은, 하나님의 집이 실로에 있는 동안, 내내 미가가 만든 우상을 그대로 두고 섬겼다(삿 18:30-31).

'게르솜'이라는 이름이 여기에는 '게르손'이라고 표기되어 있습니다. 이것은 이스라엘이 가나안에 정착한 뒤에 일어난 일입니다. 단 지파가 자기 지파만의 신상을 세우고 제사장을 따로 세웠는데, 모세의 손자인 요나단이 그 제사장이 되었다는 말입니다. 요나단뿐 아니라 그의 자손이 대를 이어 가며 우상의 제사장 역할을 한 것입니다.

이스라엘의 제사장은 아론의 자손에게 맡겨진 일입니다. 그러므로 모세의 아들들은 제사장이 될 수 없었습니다. 게르솜과 엘리에셀로서는 반감을 느낄 만한 규정입니다. 영적 권위로 보면 아론보다 자기 아버지가 더 높은데, 제사장직이 아론의 자손들에게만 허락되고 자신들에게는 허락되지 않았으니 불만을 가지기에 충분합니다. 그런 까닭에 손자 요나단이 단 지파의 제안을 받았을 때 우상의 제사장직을 받아들였을 것입니다.

이렇게 본다면, 모세의 두 아들 역시 아버지와 좋은 관계를 유지했다고 보기 어렵습니다. 거기에는 어머니의 영향이 컸을 것입니다. 그들이 볼 때, 모세는 자신의 야망을 따라나서느라 조강지처를 버린 못된 아버지로 보였을지도 모릅니다. 또한 그들이 광야 여정에 합세한 이후에 아무런 역할도 부여하지 않은 것 때문에 상처를 받았을지도 모릅니다. 이 문제에 대해 해롤드 쿠슈너는 이렇게 말합니다.

> 모세가 시내 산에서의 계시에 대해 준비하는 일에 몰두해 있었던 나머지 그들을 위해 시간을 내지 못했을 가능성이 크다. 지도자로서의 부담이 그를 완전히 소모시키고 사로잡았기 때문에 그들을 위해 내어줄 만한 마음의 여유가 없었을 것이다.[12]

사명의 대가

이렇게 보면, 모세는 인간적으로 참 불행했던 사람입니다. 특별히 하나님의 부르심을 받고 따라나선 이후 모세는 개인적인 행복을 온전히 포기해야 했습니다. 광야 여정 사십 년 동안, 그는 곁에서 위로하고 안식처가 되어 줄 가정이 없는 채로 살아야 했습니다. 출애굽기와 민수기에 기록된 몇 가지 사건만으로도 모세가 얼마나 자주 심한 마음고생을 했을지 짐작할 수 있습니다. 모세는 그 모든 스트레스를 혼자 감내해야 했습니다.

모든 불행의 뿌리는 모세가 자신이 받은 하나님의 부르심을 따르는 데 아내 십보라의 마음을 얻지 못한 것이었습니다. 십보라는 모세가 만났다는 하나님을 알지 못했고, 그가 받았다는 사명에도 공감할 수 없었습니다. 어찌 보면 십보라 입장에서는 당연한 일입니다. 하지만 부부 사이에도 신앙의 문제는 스스로 선택하고 결정할 문제입니다. 그러므로 십보라를 신앙적으로 감화시키지 못한 것에 대해 모세를 비난할 수는 없습니다.

이 대목에 이르니 제가 아는 두 사람이 떠오릅니다. 한 사람은 삼십대 후반에 극적인 회심 체험을 합니다. 그 이전까지는 온갖 악행을 저지르며 방탕하게 살다가 회심과 함께 하나님의 부르심을 느낍니다. 하지만 그의 아내는 그렇지 않았습니다. 교회는 다녔지만 그다지 믿음에 절실하지 않았습니다. 그러므로 남편이 직장을 그만두고 신학교에 가겠다고 하자 반대했습니다. 하지만 그는 아내의 반대를 무릅쓰고 밀고 나아갑니다. 급격한 회심과 강한 사명감은 때로 이렇게 무리하게 행동하도록 만듭니다. 그때부터 그 부부의 갈등은 깊어졌고, 신학교를 졸업하고 목회를 하는 중에 결국 아내는 남편을 떠나 버립니다.

또 한 사람은 어릴 때부터 아주 신실한 신앙인이었습니다. 그는 대학을 졸업하고 다들 부러워하는 서울의 다국적 은행에서 인정받는 사원으로 살았습니다. 그 역시 삼십대 중반에 하나님의 부르심을 느낍니다. 그 문제를 두고 오래도록 기도하다가 아내에게 털어놓습니다. 은행을 그만두고 신학교에 가고 싶은데 그래도 괜찮은지 조심스럽게 물었을 때, 아내가 이렇게 대답했다고 합니다. "내가 이렇게 편

그 사람 모세

안하게 사는 것에 만족할 줄 알았어요?" 그는 지금 인도네시아에서 목회를 하고 있습니다.

여기서 우리는 부부 혹은 가족이 같은 믿음 위에 서고 같은 사명을 위해 사는 것이 얼마나 중요한 일인지를 확인합니다. 앞에서 말한 것처럼, 믿음이 장식품과 같다면 아무 문제가 없습니다. 호렙 산에서 하나님을 만나기 전까지 모세에게도 믿음은 장식품과 같았습니다. 하지만 호렙 산에서 하나님을 만나고 난 뒤 모세의 삶은 하나님을 중심으로 다시 설정되었습니다. 왜 사는지, 무엇을 위해 사는지, 어떻게 사는지를 포함한 모든 질문이 믿음에 의해 결정되었습니다. 하나님으로부터 받은 사명에 따라 인생행로가 바뀌었습니다. 그러자 가족 사이에 균열이 발생하게 됩니다. 서로 같은 믿음 위에 서 있지 못했기 때문입니다.

결국 모세는 이스라엘 백성을 이집트로부터 해방시켜 가나안 땅에 이르게 하는 사명을 성공적으로 감당하게 되지만, 가족에게는 깊은 상처를 안겨 주었습니다. 이스라엘 백성에게는 존경받고 추앙받았지만, 가족에게는 애증의 대상이 되었습니다. 장손 요나단이 우상을 섬기는 제사장이 되었다는 기록으로 보건대, 큰아들 게르솜이 아버지에게 냉담했거나 거리를 두고 살았을 가능성이 큽니다. 이스라엘 역사와 인류 종교사에 길이 기억될 업적을 남긴 모세는 광야생활 사십 년의 고된 여정 중에 곁에서 위로해 줄 사람 없이 외롭게 살았습니다.

여기서 우리는 사명의 이면을 봅니다. 하나님께 사명을 받는다는 것은 참으로 영예로운 일인데, 그 사명에는 종종 값비싼 대가가 따룹니다. 모세가 아내와 아들들을 감화시켜서 자신의 사명에 참여하게 했다면 좋았을 것입니다. 하지만 그것이 언제나 가능한 일은 아닙니다. 아무리 간절히 설득하고 오래 기다려도 안 되는 경우도 있습니다. 그럴 경우, 믿음의 사람은 하나님께 받은 사명과 자신의 개인적인 행복 사이에서 불가피한 선택을 해야 합니다. 사랑하는 사람들에게 상처가 되는 줄 알면서도 사명을 따라나서야 할 때가 있습니다. 그럴 때 그 사명을 통해 더 많은 사람들이 복된 삶을 누릴 수 있습니다. 사명을 따라 희생을 각오한 그 사람도 사명이 이루어지는 것을 통해 복되고 보람된 인생의 순간들을 경험하게 됩니다.

알고 보면, '행복'은 사명의 반대 개념이 아닙니다. 실제로 진정한 행복은 하나님 안에서 그리고 나에 대한 하나님의 뜻을 이루는 것에서 찾을 수 있습니다. 우리말의 '행복'과 영어의 'happiness'는 모두 만족스러운 내면의 주관적인 '느낌'을 말합니다. '행복하다'(be happy)는 말은 그 사람의 감정에 대한 묘사입니다. 한편 성경에는 행복에 대한 명령도, 가르침도 없습니다. 그 대신 성경은 일관되게 '복되다'(be blessed)는 말을 사용하는데, 이것은 그 사람의 객관적인 '상태' 및 '삶의 자세'를 가리킵니다. 즉 하나님이 돌보시고 인도하시는 상태를 말합니다.

그렇다고 성경이 행복을 부정한다는 말은 아닙니다. 하나님은 태초에 완벽한 행복이 가능하도록 세상을 지으셨습니다. 그렇기 때문에 우리 모두는 기본적으로 행복에 대한 갈망을 가지고 있습니다. 하지만 행복이 목표가 될 수는 없습니다. 행복은 우리가 추구함으로 손에 잡을 수 있는 것이 아니기 때문입니다. 가령 물질적인 풍요가 일

시적인 만족을 가져다주지만 결국 채울수록 더 큰 갈증을 만들어 낼 뿐입니다.

영성 작가 앤소니 드 멜로가 행복을 나비에 비유했습니다. 행복은 나비와 같아서 잡으려 하면 더 멀리 달아납니다. 그러므로 잡으려고 허둥댈 것이 아니라, 가만히 앉아서 찾아오게 해야 합니다. 그러면 어느 순간 나비가 날아와 어깨에 살포시 내려앉을 것입니다.[13] 행복도 이와 같습니다.

그러므로 '행복에의 추구'라는 말은 속이는 말입니다. 우리가 추구할 것은 행복이 아니라 '복된 상태' 곧 하나님과의 관계 안에 머물러 사는 것입니다. 그렇게 살아갈 때 행복이라는 나비는 우리를 찾아와 어깨에 내려앉을 것입니다. 우리가 애써 추구한 것이 아니기에 시간이 지나 날아가도 상관없습니다. 그래서 행복을 추구하는 사람은 물질주의에 빠지기 쉽지만, 복된 삶을 추구하는 사람은 하나님과의 관계에 마음을 쏟습니다.

그런 의미에서 주님은 '팔복 선언'(마 5:1-12)에서 "행복하여라"고 말씀하시지 않고 "복되어라"고 말씀하십니다. 물질적인 충족에서 눈을 돌려 우리 자신의 삶을 살펴보라고 말씀하십니다. 늘 자신의 내면과 삶의 태도를 돌아보아 마음이 바른 방향을 향하고 있는지 살피면서 바르고 진실하고 정직하고 의롭게 살아가는 일에 힘쓰라고 말씀하십니다.

우리가 추구하는 행복은 나 혼자만의 것이 되기 쉽습니다. 행복감을 추구하는 삶은 자주 이기적인 투쟁을 만들어 냅니다. 오늘날 세상이 이처럼 변모되고 있는 것은 모두 자기만의 행복을 추구하고 있는 까닭입니다. 인간은 혼자 살도록 지어진 것이 아니라, 다른 인간 및 생명과 관계하고 더불어 살도록 지어졌습니다. 우리는 이기적인 존재이기 때문에 행복을 목표로 삼으면 결국 혼자만의 행복을 추구하게 되어 있습니다. 행복을 잡은 것 같으면 최대한 움켜쥐려 합니다. 점점 이기적이 되고 다른 사람을 불행하게 하기도 합니다.

한편 복된 삶은 나를 통해 다른 사람에게 유익이 흘러가게 합니다. 하나님은 아브라함을 부르시며 "복의 근원"(창 12:2)이 될 것이라고 말씀하셨습니다. 그것이 '하나님'이 주시는 복의 속성입니다.

'팔복 선언'에서 말하는 사람, 곧 자신의 행복이 아니라 하나님이 주신 소명을 따라 사는 사람에 대해 다음과 같이 묘사할 수 있습니다.

그는 마음이 가난합니다. 영적인 갈망을 최고의 가치로 두고 삽니다.

그는 슬퍼합니다. 자신의 죄와 세상의 죄로 인해 마음 아파합니다.

그는 온유합니다. 자신의 권리를 지키기 위해 싸우지 않고 양보하고 희생합니다.

그는 의에 주리고 목마릅니다. 하나님과 올바른 관계 안에 머물기를 갈망합니다.

그는 자비합니다. 이기심을 내려놓고 이웃을 돌아보며 너그럽게 대합니다.

그는 마음이 깨끗합니다. 하나님께 마음이 집중되어 있기에 거룩한 열망으로 살아갑니다.

그는 평화를 이룹니다. 고난을 만들어 내는 상황을 개선하기 위해 노력합니다.

그는 의를 위하여 박해를 받습니다. 하나님 나라가 이루어지도록 헌신하며 손해와 미움과 배척을 달게 받습니다.

이렇게 보면, 예수님은 우리가 추구하는 것과는 전혀 다른 복을 제시하십니다. '행복에의 추구'가 아니라 '사명에의 추구'를 인생의 목적으로 삼은 사람은 이렇게 살아야 합니다. 사명을 추구하는 삶에는 자주 손해와 오해와 비난과 거부와 박해가 따를 수 있습니다. 하지만 사명을 추구하는 사람은 그러한 상황에서 더욱 기뻐하고 즐거워합니다. 하나님이 우리를 알고 우리가 하나님을 알게 되었다는 것, 그분의 사랑 안에 살게 되었다는 것, 그분의 마음을 품고 그분의 뜻을 품게 되었다는 것, 나 혼자만의 행복이 아니라 하나님 나라를 위해 생각하고 기도하고 헌신하게 되었다는 것이 바로 진정한 복이기 때문입니다.

사명 안에서 발견하는 복

이 대목에서 생각나는 말씀이 있습니다. 예수님은 제자로 살아가는 것에 대해 말씀하시는 중에 이렇게 말씀하십니다.

누구든지 내게로 오는 사람은, 자기 아버지나 어머니나, 아내나 자식이나, 형제나 자매뿐만 아니라, 심지어 자기 목숨까지도 미워하지 않으면, 내 제자가 될 수 없다(눅 14:26).

여기서 예수님은 "미워하지 않으면"이라고 말씀하십니다. 어떤 학자들은 예수님이 사용하신 아람어에 비교급 표현이 없어서 이렇게 표현하셨다고 해석합니다. 다시 말해, 예수님이 하고 싶었던 말씀은 "덜 사랑하지 않으면"이라는 뜻입니다. 일리가 있는 주장이지만, 예수님이 의도적으로 그렇게 말씀하셨을 수도 있습니다. 중요한 말씀을 하실 때 그분은 가끔 충격 어법을 사용하시곤 했기 때문입니다.

아무튼 이 말씀은 예수 그리스도에 대한 믿음이 가장 가까운 가족 관계를 분열시킬 수 있다는 뜻으로 해석할 수 있습니다. 저는 제 자신의 가족사에서 그 진실을 경험했습니다. 믿지 않는 가족이 믿는 가족을 미워하고 박해하는 일은 자주 일어납니다. 믿는 사람이 가족보다 하나님을 더 우선시하기 때문입니다. "미워하지 않으면"이라는 말은 하나님을 우선순위에 두는 것을 의미합니다.

또한 이 말씀은 제자로 살아가려면 개인적인 행복과 가족의 안위보다 하나님의 사명을 우선시해야 한다는 뜻으로 해석할 수 있습니다. 사랑하는 가족과 함께 사명을 행하는 것이 가장 좋은 일입니다. 지금 가지고 있고 누리고 있는 것을 그대로 누리면서 하나님의 사명을 이룰 수 있으면 가장 좋습니다. 하지만 그것이 욕심일 때가 있습니다. 하나님의 사명을 따르려면 개인적인 행복을 포기할 마음의 준비가 필요하고, 그 선택은 때로 가족 혹은 사랑하는 사람에게 상처를 가져다줍니다. 가족이 그 사명에 공감하고 함께한다는 말은 그 고통과 상처를 감수한다는 뜻입니다.

'월드비전'(World Vision)과 '사마리아인의 지갑'(Samaritan's Purse)의 창시자인 밥 피어스 목사는 위에서 인용한 누가복음 말씀을 매우 중요하게 여겼다고 합니다. 그의 전기 『비전의 사람』을 보면,[14] 한국 전쟁 중에 전쟁고아들의 참상을 보고 그는 하나님께 약속을 합니다. 만일 하나님이 자신의 가족을 돌보아 주신다면 자신은 세계를 돌아다니며 고아들을 돌보겠다는 약속입니다. 그는 그 약속을 믿고 일 년 중 열 달 정도를 한국을 비롯한 세계 각지를 다니며 고아들을 위해 사역합니다. 그러니 미국에 있는 아내와 자녀들은 아버지 없이 살아야 했습니다. 집에 돌아와 있는 동안 아내가 그 문제로 하소연할 때마다 그는 이 말씀을 인용하곤 했습니다. 하나님이 자신에게 주신 사명을 이루기 위해서는 때로 가족이 고난을 나누어 져야 한다는 뜻이었습니다.

피어스 목사는 그렇게 하나님의 사명에 전력투구했습니다. 그 과정에서 그는 딸 샤론을 잃는 아픔을 당합니다. 샤론은 여러 가지 문제로 우울증을 겪었는데, 그를 가장 괴롭혔던 것이 아버지의 부재였습니다. 한번은 아버지가 너무 그리워서 중국에 있던 아버지에게 전화를 걸어 잠시라도 와 줄 수 없는지 물었습니다. 하지만 피어스 목사는 베트남 일정이 있다면서 딸의 청을 거절했습니다. 그 일로 충격을 받은 샤론은 칼로 자신의 팔목을 긋습니다. 다행히 미수로 그쳤지만, 얼마 후에 결국 스스로 목숨을 끊고 맙니다.

훗날 피어스 목사는 하나님의 부르심에 전심전력하여 20세기에 가장 위대한 일을 한 인물 중 하나로 인정받게 되지만, 그것은 그 자신의 개인적인 행복과 가족의 안위를 대가로 한 일이었습니다. 저는 개인적으로 '피어스 목사가 가족에게 좀 더 많은 시간을 할애했다면 좋았을 텐데' 하는 아쉬움을 가집니다. 그가 이룬 업적이 실로 놀랍고 그의 사역으로 혜택을 입은 사람들이 헤아릴 수 없이 많지만, 그것이 가족의 희생과 고통을 상쇄한다고 생각하지 않습니다. 가족들을 이렇게 심한 고통 속으로 몰아넣지 않고도 사역할 수 있는 길을 찾아야 했습니다. 사역의 규모를 조금 줄여서라도 가족에게 더 많은 시간을 할애했더라면 좋았을 것입니다. 물론 피어스 목사는 그 나름대로 진실하게 하나님의 뜻을 따라 헌신했습니다.

피어스 목사의 예에서 보듯, 하나님의 사명을 따르는 것은 사명자 개인에게는 불편과 손해와 아픔을 감당하는 일이 될 수 있습니다. 또한 사랑하는 사람들에게 상처를 줄 수 있습니다. 아무리 균형을 잡고 배려를 한다 해도 개인적인 고통과 가족의 희생을 완전히 배제할 수는 없습니다. 만일 그렇게 할 수 있다면 그것에 '헌신'이나 '희생'이라는 이름을 붙일 수 없을 것입니다. 그렇게 감내한 고통은 개인과 가족의 범위를 넘어 수많은 사람들에게 유익을 끼칩니다. 그러므로 사명을 받은 사람들은 사랑하는 사람들이 그 사명에 따르는 고난을 함께 품을 수 있도록 최선을 다해야 합니다.

알고 보면 우리가 지금 살면서 누리는 것들은 대부분 하나님의 사명을 위해 개인적인 행복과 가족의 안위를 뒤로하고 따라나선 사람들로 인한 것입니다. 우리가 복음을 듣고 예수 그리스도를 믿게 된 것은 아펜젤러와 언더우드처럼 하나님의 부르심에 순종한 수많은 믿음의 사람들 때문이며, 이민자들이 미국 땅에서 사람대접을 받고 살아가는 이유도 마틴 루터 킹 목사처럼 하나님의 부르심을 따라 살며 헌신한 사람들 때문입니다. 남아프리카공화국 최초의 흑인 대통령이자 인종 차별을 철폐하는 일에 헌신했던 넬슨 만델라의 딸은 "아버지는 우리 국민 모두의 아버지입니다. 하지만 내 아버지가 되어 줄 시간은 없었습니다"라고 했습니다. 또한 알버트 아인슈타인의 아들은 "우리 아버지가 끝내 포기했던 한 가지 프로젝트가 있는데, 바로 나였습니다"라고 술회했습니다.[15] 그들은 개인적인 행복을 잃고 가족에게 고통을 남겼지만, 오늘날 헤아릴 수 없이 많은 사람들이 그 혜택을 입고 살아가고 있습니다.

모세의 가정사를 돌아보면서 '사명을 따라 사는 사람'을 그리워하게 됩니다. 여성이든 남성이든, 젊은이든 노인이든, 결혼한 사람이든 독신으로 사는 사람이든, 하나님을 참되게 만나고 믿는 사람이라면 사명을 발견하게 되어 있고 그 사명을 따라 살게 되어 있습니다. 하나님의 사명을 따라 살기 위해서는 때로 개인적인 행복을 포기하고 가족 모두가 사명에 따른 고통을 나누어 져야 합니다.

알고 보면 사명을 따라 사는 것이 진정 복된 삶의 길이고 사명을 이루는 것이 결국 자신의 가족에게도 유익을 가져다주는 길이지만, 우리는 시야가 너무 좁아서 그것을 보지 못합니다. 그래서 믿음 좋다는 사람도 자신의 개인적인 행복과 가족의 안위를 위해 하나님의 능력을 구하는 것으로 충분하다고 생각합니다. 그것을 넘어 더 큰 것을 보지 못합니다. 이것이 우리 시대의 문제이며 또한 우리 모두의 아픔입니다.

이 사실 앞에 겸손히 고개 숙입니다. 저 자신이 먼저 저 자신을 고발합니다. 하나님의 부르심 앞에서 적당히 응답하며 모든 것을 다 가지고 모든 것을 다 누리고 싶어 했던 저의 이기심을 고발합니다. 저의 용기 없음을 고발합니다. 하나님의 부르심을 따르기 위해 저의 개인적인 행복을 더 많이 포기할 수 있도록 그리고 사랑하는 사람들과 함께 이 세상을 향한 하나님의 뜻을 이루기 위해 헌신하도록 주께서 힘 주시기를 간구합니다. 그것이 주님의 기쁨이자 저의 복이며 제 가족의 자랑이 될 것이기 때문입니다.

| 적용과 나눔을 위한 질문 |

- 하나님께서 당신에게 맡기신 사명이 있음을 믿으십니까? 그것이 무엇인지 찾아보셨습니까? 당신의 사명은 무엇이며 그것을 이루기 위해 어떻게 하고 있습니까?

- 하나님의 사명은 때로 개인적인 희생과 사랑하는 사람들의 희생을 요구합니다. 그럴 경우 어떻게 하는 것이 하나님의 뜻이라고 생각합니까? 사명이 요구하는 희생으로 고민하고 갈등한 경험이 있다면 나누어 봅시다.

- 사명을 위해 희생하는 것은 고통스럽지만, 신비한 기쁨도 있습니다. 그런 경험이 있다면 나누어 봅시다.

09

정
의

───

하나님은 편드신다

출애굽기 4:27-31, 5:1-19

인생의 중요한 고비에서

앞에서 우리는 이집트로 가는 도중 일어난 사건을 중심으로 모세의 가정사를 살펴보았습니다. 그 과정에서 모세가 하나님의 부르심으로 말년에 가족과 떨어져 매우 외로운 삶을 살아야 했음을 확인했습니다. 또한 하나님의 사명을 따른다는 것은 때로 인간적인 아픔을 수반한다는 사실을 확인했습니다.

그날 밤 일어난 사건 이후 십보라와 두 아들은 미디안으로 돌아가고 모세는 발길을 돌려 호렙 산으로 갑니다. 호렙 산은 모세에게 영적 원점이었습니다. 그곳에서 처음 하나님을 대면하고 나서 몇 달이 지난 시점이었을 것입니다.

체험적인 신앙의 사람들은 영적 원점을 기억합니다. 처음 하나님을 인격적으로 대면했던 장소나 시간을 특별하게 여깁니다. 그 체험의 매개가 되어 준 사람을 특별하게 기억하기도 합니다. 하나님 체험의 매개가 된 사람을 과거에 '영적인 아버지'라 불렀습니다.

그런 체험을 가진 사람들은 인생의 중요한 고비에서 영적 원점을 찾고 싶어 합니다. 처음 하나님을 만났던 장소나 그 매개가 되어 주었던 사람을 찾아가기도 하고, 첫 만남의 시간을 회상하기도 합니다. 영적 원점에 서면 흐려졌던 마음이 맑아지고 갈 길이 분명히 보이기 때문입니다.

아내와 두 아들이 떠나고 나서 모세가 호렙 산을 다시 찾고 싶은 마음이 들었던 것도 그런 이유에서였을 것입니다. 그날 밤 일어난 사건으로 그는 이제 돌아오지 못할 다리를 건넌 셈이었습니다. 아내와 두 아들이 미디안으로 돌아간 것이 어쩌면 잘된 일인지 모른다는 생각도 들었을 것입니다. 그들이 곁에 머물며 자신의 사명을 다하도록 도와주었다면 더 바랄 것이 없었을 것입니다. 하지만 마지못해 따라온다면 사명을 이루는 일에 오히려 방해만 되었을 것입니다. 모세는 이제 홀가분하게 하나님의 부르심에 전념할 수 있게 되었습니다. 그런 상황에서 자신의 영적 원점인 호렙 산으로 가서 잠시 시간을 갖고 싶었을 것입니다.

그때 하나님은 이집트에 살고 있던 아론에게 광야로 가서 동생을 만나라고 명령하십니다. 아론에게도 그 나름의 하나님 이야기가 있었을 것입니다. 하지만 출애굽기 저자는 모세에게 초점을 맞추느라 아론이 어떤 과정을 거쳐 모세가 있는 호렙 산까지 찾아가게 되었는지에 대해 침묵합니다. 오늘의 독자로서는 아쉬운 대목입니다. 아론은 먼 길을 걸어 호렙 산에 도착하고, 그곳에서 사십 년 만에 동생과 감격적인 해후를 하게 됩니다.

두 사람은 그곳에서 며칠을 지내면서 그동안 살아온 이야기를 나누고 하나님이 주신 명령에 대해서도 이야기를 나누었을 것입니다. 또한 자신들에게 주어진 사명의 무게를 느끼고 한마음으로 기도했을 것입니다. 그렇게 하나님의 부르심을 이루기 위한 영적 준비를 충분히 한 다음 호렙 산을 떠나 이집트로 향했을 것입니다.

모세가 사십 년 동안 미디안에서 도피생활을 하는 동안 그의 형 아론이 이집트에서 어떻게 살았는지에 대해서는 아무런 정보가 없습니다. 그저 "말을 잘하는"(출 4:14) 사람이라는 기록밖에 없습니다. 말을 잘한다는 표현은 단순히 말주변을 타고났다는 뜻이라기보다 대중 연설 능력이 뛰어나다는 뜻으로 보아야 합니다.

시대나 문화마다 중요하게 여기는 능력이 있습니다. 그리스-로마 시대에 말하는 능력(수사학)이 가장 중요하게 여겨졌던 것처럼, 고대 이집트 사회에서도 지도적 위치에 오르려면 대중 연설 능력이 중요한 요소로 작용했을 것입니다.

이렇게 볼 때, 아론이 이집트의 이스라엘 백성 사이에서 지도자의 위치에 있었을 것이 분명합니다. 그는 모세를 데리고 이집트로 돌아가, 이스라엘의 모든 장로를 불러 모아 하나님이 모세에게 하신 말씀을 전하고 백성 앞에서 이적을 행하여 보입니다. 결국 이스라엘 백성은 모세와 아론의 말을 듣고 하나님께 경배를 드립니다. 이스라엘 지도자의 백성을 설득하는 데 아론의 지도력이 밑거름이 된 것입니다.

대면과 거절

이스라엘 백성의 지지와 호응을 얻은 모세와 아론은 바로를 찾아갑니다. 모세는 왕족의 자격으로 바로와의 접견을 신청했을 것입니다. 이집트 왕도 모세의 이야기를 들어 알고 있었을 테니 만나보고 싶었을 것입니다. 그들은 바로를 대면하여 이렇게 말합니다.

주 이스라엘의 하나님이 말씀하시기를 "나의 백성을 보내라. 그들이 광야에서 나의 절기를 지켜야 한다" 하셨습니다(출 5:1).

정황상 그들이 말만 했을 리 없습니다. 처음 대면하는 이집트 왕과 모세가 서로 인사를 나누었을 것이고, 이런저런 사적인 이야기도 나누었을 것입니다. 그런 다음 그들은 찾아온 용건을 말합니다.

처음부터 이스라엘 백성의 해방을 요청하는 것은 바로에게 씨가 먹힐 수 없었습니다. 고대 제국들은 모두 노예들의 값싼 노동력에 의존해 성장하고 유지되었습니다. 로마 제국이 멸망한 이유 중 하나도 정복 전쟁이 그치면서 노예 수가 급격히 감소되었기 때문이라고 합니다. 그 당시 이집트 또한 노예로 살고 있던 히브리 민족과 다른 소수 민족들의 노동력으로 유지되고 있었을 것입니다. 그러니 히브리 민족을 순순히 내어놓을 리가 없었습니다. 그러므로 처음에는 이렇게 주의 절기를 지켜야 한다는 작은 요청으로 시작하라고 하신 것입니다.

그러자 바로는 "그 주가 누구인데, 나더러 그의 말을 듣고서, 이스라엘을 보내라는 것이냐?"(출 5:2)라고 반문하면서 그 요청을 거절합니다. 그러자 모세와 아론은 광야로 사흘길을 가서 예배만 드리고 오겠다고 말합니다. 그러면서 들어주지 않으면 "주님께서 무서운 질병이나 칼로 우리를 치실 것입니다"(출 5:3)라고 덧붙입니다. 여기서 그들은 하나님이 이집트 백성을 치실 것이라고 협박하는 게 아니라, 그 일로 자신들이 징벌을 받을 것이라 말하면서 사정하고 있는 것입니다. 하지만 바로는 그들의 요청을 냉담하게 거절합니다.

모세와 아론이 떠난 뒤 바로는 곧바로 조치를 취하여 강제노동 감독관들과 작업반장들에게 이스라엘 백성을 더욱 강력하게 억압할 것을 명령합니다. 여기서 말하는 강제노동 감독관은 이집트 관리를 가리키고, 작업반장은 이스라엘 백성 중에 선발된 사람입니다. 히틀러 치하의 강제수용소에서도 이와 같은 방식으로 수용인들을 다스렸는데, 수용인들 중 일부를 뽑아 동료 수용인들을 감시하고 감독하게하는 방법입니다. 빅터 프랭클의『죽음의 수용소에서』에 따르면, 수용인들이 가장 두려워했던 사람들이 바로 작업반장들이었다고 합니다.[1] 독일군 간수에게 잘 보이기 위해 동료 수용인들을 잔인하게 학대하곤 했기 때문입니다.

이어서 바로가 하는 말을 들어 보십시오.

너희는 벽돌을 만드는 데 쓰는 짚을 더 이상 이전처럼 저 백성에게 대주지 말아라.……그들이 게을러서, 그들의 하나님께 제사를 드리러 가게해달라고 하면서 떠든다(출 5:7-8).

바로는 모세와 아론의 요청이 이스라엘 백성의 게으름에서 비롯된 것이라고 해석합니다. 이스라엘 백성에 대한 이집트 사람들의 편견을 대변하고 있는 것입니다.

강제노동 감독관들은 바로의 명령대로 작업반장들에게 벽돌을 만드는 데 필요한 짚을 더 이상 공급해 주지 않은 상태에서 전과 동일한 수량의 벽돌을 생산하라고 요구합니다. 하지만 이스라엘 백성은 그럴 수 없었습니다. 그러자 강제노동 감독관들은 작업반장들을 학대하고 몰아쳤습니다. 그런 상황이 지속되자 이스라엘 출신 작업반장들이 더 이상 참지 못하고 바로에게 찾아가 호소합니다.

어찌하여 저희 종들을 이렇게 대하십니까? 저희 종들은 짚도 공급받지 못한 채로 벽돌을 만들라고 강요받고 있습니다. 보십시오. 저희 종들이 이처럼 매를 맞았습니다. 잘못은 틀림없이 임금님의 백성에게 있습니다(출 5:15-16).

이것은 이스라엘 백성으로서는 정당한 호소요 이유 있는 항의입니다. 작업량으로 보나 처우로 보나 모두 한계를 한참 넘어섰다는 것입니다.

그러자 바로가 호통을 칩니다.

이 게을러터진 놈들아, 너희가 일하기가 싫으니까, 주께 제사를 드리러 가게 해달라고 떠드는 것이 아니냐!(출 5:17)

새번역이 이 부분을 "이 게을러터진 놈들아"라고 번역해 놓은 반면, 개역개정은 "너희가 게으르다, 게으르다"라고 번역합니다. 히브리어 원문의 강조점을 최대한 살리려고 노력한 것입니다.[2] 앞에서 이스라엘 백성의 게으름을 탓했던 바로가 다시 한번 그들의 게으름에 대해 질책하고 있는 것입니다.

여기서 이스라엘 백성이 당하고 있는 차별과 학대는 이집트 제국의 불의한 정책 때문입니다. 문제의 원인은 이집트 왕과 백성에게 있습니다. 이스라엘 출신 작업반장들의 호소는 정당합니다. 하지만 바로는 문제의 원인이 이스라엘 백성의 게으름에 있다고 비난합니다. 바로는 평소에 이스라엘 백성을 향하여 "저 게을러터진 놈들!"이라는 말을 입버릇처럼 달고 살았습니다. 바로뿐 아니라 이집트 사람들은 이스라엘 백성을 노예로 부리면서도 항상 그들의 게으름을 탓하곤 했습니다.

차별의 논리

이 대목에서 저는 제가 살고 있는 미국에서 흑인과 다른 유색 인종들이 받고 있는 차별과 억압 그리고 그것을 정당화해 온 '차별의 논리'를 생각하게 됩니다.[3] 미국 사회에서 흑인들에게 가지고 있는 대표적인 편견은 그들이 '게으른 사람들'이라는 것입니다. 그 외에도 '똑똑하지 못한 사람들', '폭력적인 사람들', '성욕이 강한 사람들' 등 그 편견의 내용은 다양합니다.

그렇기 때문에 흑인들이 차별을 받고 있다고 주장하면, 사람들은 그것을 자신의 게으름을 위장하는 핑계라고 여깁니다. 문제는 차별적인 법과 제도에 있는 것이 아니라 본인이 노력하지 않는 데 있다고 생각합니다. 이 문제와 관련한 논쟁 과정에서 백인들은 아시아계 이민자들을 예로 사용하곤 했습니다. 동일한 법과 제도 아래에서 아시아계 이민자들이 아메리칸 드림을 성취하는 것을 보라는 것입니다. 그러면서 아시아계 이민자들을 '소수 인종의 모델'(Model Minority)로 추켜세웠습니다.[4]

혹시 이 대목에서 '아니, 그게 왜 편견이야? 흑인들은 정말 게으르고 거친 사람들인데?'라고 생각하는 분들이 있을지 모르겠습니다. 한인 이민자들 중에는 개인 사업을 하면서 흑인들에게 부정적인 경험을 당한 이들이 많습니다. 흑인들이 많이 사는 지역에서 사업을 했던 이들은 흑인들로 인한 트라우마를 몇 개씩은 가지고 있습니다. 권총 강도를 당한 분들도 적지 않습니다. 제가 아는 분은 흑인에게 권총 강도를 두 번 당한 뒤에 피해망상증으로 후반기 인생을 폐인처럼 살고 있습니다. 그런 분들은 흑인들이 게으르고 정직하지 못하며 폭력적이라는 사회적 편견이 옳다고 생각합니다.

우리에게는 자신의 경험에 근거하여 한 집단 전체를 평가하는 경향이 있습니다. 유대인 한 사람에게 호의를 입으면 유대인 전체를 좋은 사람들로 여기는 반면, 유대인 한 사람에게 심하게 당하고 나면 모든 유대인이 그렇다고 여깁니다. 심한 경우에는 '그러니 히틀러가 유대인들을 그렇게 했지'라고 생각하기도 합니다. 흑인들에 대한 편견도 마찬가지입니다. 한 사람의 흑인에게 좋지 않은 경험을 하면, "역시, 흑인들은 다 그래!" 하고 흑인 전체를 부정합니다.

가끔 제가 섬기는 교회 앞 사거리에 홈리스 피플(homeless people) 몇 사람이 서서 도움을 청하곤 합니다. 그들은 모두 백인인데, 그들을 보면서 "저것 봐. 백인들은 역시 게을러!"라고 말하는 사람은 없습니다. 오히려 "아니, 백인이 왜 저래? 영어도 잘할 텐데"라고 생각합니다. 만일 흑인이 그 자리에서 도움을 청하고 있다면, 지나가는 사람들 중에 "역시, 흑인들은 안 돼!"라고 말하는 사람들이 분명히 있을 것입니다. 선입견이나 편견이 작용하는 것입니다.

이와 관련된 구체적인 사례로, 2009년 어느 날 하버드 대학교의 저명한 흑인 학자인 헨리 루이스 게이츠 교수가 자택 현관을 강제로 열려다 체포되었던 일을 들 수 있습니다. 게이츠 교수가 중국 출장을 마치고 매사추세츠 자택으로 돌아왔는데, 현관의 자물쇠에 문제가 생겨서 열쇠가 들어가지 않습니다. 게이츠 교수는 기사와 함께 문을 열기 위해 문 앞에서 온갖 방법을 동원합니다. 그리고 얼마 후 경찰차가 다가오더니 다짜고짜 두 사람을 체포합니다. 주민 한 사람이 911에 전화를 한 것입니다. 게이츠 교수가 자신의 신분을 밝히고 사정을 이야기했지만 소용없었습니다. 그 사람을 신고한 사람과 체포한 경찰은 모두 흑인에 대한 편견에 따라 행동한 것입니다.

이렇게 말하면, '그렇긴 해도 비율로 볼 때 게으르고 정직하지 못하고 폭력적인 확률이 흑인들에게서 훨씬 높지 않습니까?'라고 반문하는 분이 있을 것입니다. 여러 분석을 통해 볼 때 그러한 측면을 엿볼 수 있지만, 그 실상의 배후 곧 흑인들이 그렇게 살 수밖에 없게 된 원인을 살펴보아야 합니다. 흑인들은 원래부터 그런 사람들이 아니라 사백 년이 넘는 세월 동안 노예이자 소수 민족으로 차별과 압박을 받으면서 사고방식과 생활방식이 그렇게 고정된 것입니다.

출애굽기와 민수기를 보면, 이스라엘 백성이 이집트에서 대를 이어 지속적인 압제를 받은 결과 사고방식과 생활방식에 노예근성이 깊숙이 스며들어 있음을 봅니다. 그래서 모세는 광야 유랑 중에 이스라엘 백성으로부터 숱한 괴로움을 당합니다. 하지만 그들의 행동 배후에 있는 어둡고 아픈 역사를 알았기에 그들을 끝까지 품고 견딜 수 있었습니다.

간혹 인종 차별 문제가 신앙의 문제가 아니라고 생각하는 분들이 있는데, 성경을 제대로 읽었고 십자가에서 하나님의 사랑을 제대로 체험했다면 그렇게 생각할 수 없습니다. 하나님의 형상대로 지음받은 고귀한 인간이 피부 색깔 때문에 차별당하고 때로 처참하게 짓밟히는데, 하나님이 그것을 모른 척하시겠습니까? 인종 차별 문제는 소수 인종인 우리 자신의 문제이기도 하지만, 우리가 사랑하는 하나님이 가장 마음 아파하시는 문제이기도 합니다.

우리도 그와 같은 심정으로 흑인들의 아픔을 볼 수 있도록 노력해야 합니다. 우리의 경험과 사회적 편견에 휘둘리지 말고 눈에 보이지 않는 문제의 원인을 보도록 힘써야 합니다. 게으르고 정직하지 못하고 폭력적인 사람을 볼 때면 그 사람이 그렇게 살 수밖에 없게 된 것에 대해 마음 아파해야 하고, 그 사람을 그렇게 만든 세상에 대해 책임을 느껴야 합니다. 그런 마음을 가지지 못하면, 우리는 흑인들에게 가해지는 차별과 억압에 대해 침묵하거나 방조하거나 동참하게 됩니다.

두 종류의 인종 차별

인종 차별에는 크게 두 종류가 있습니다. 하나는 '개인적 인종 차별'(individual racism)입니다. 개인이 개인에게 행하는 차별적인 말이나 행동을 의미합니다. 다른 인종에 대해 평소에 가지고 있던 편견이 언행을 통해 표출되는 것입니다.

다른 인종에 대한 편견은 누구에게나 있습니다. 그 차이는 그러한 편견에 따라 말하고 행동하는지, 아니면 편견을 경계하고 거부하는지에 있습니다. 인종에 대한 부분이 아니더라도 우리 모두는 부지불식간에 편견에 따라 생각하고 말하고 행동합니다. 그로 인해 누군가에게 불쾌감을 주고 때로 상처를 줍니다. 그렇기 때문에 늘 조심하고 주의를 기울여야 합니다.

저도 운전하다가 원숭이라 비하하며("You, Chinese monkey!") 욕하고 지나가는 사람을 만난 적이 있습니다. 또한 백인들과의 만남 중에 표정이나 눈빛 혹은 몸짓으로 느끼는 차별도 자주 경험합니다. 어떤 사람들은 드러내놓고 싫은 내색을 하거나 투명인간 취급을 합니다. 요즘에는 대놓고 네 나라로 돌아가라고("Go back to your country!") 말하는 사람들도 있습니다.

얼마 전, 우리 지역 백인 교회에서 목회하는 후배에게서 연락을 받았습니다. 떨리는 음성으로 인사를 하기에 무슨 일이 있구나 싶었습니다. 아니나 다를까, 교인 한 사람으로부터 심한 차별적인 언사를 듣고 두려움과 분노를 어찌하지 못하여 연락을 한 것이었습니다. 이것은 백인우월주의자들이 들끓는 곳에서 일어난 일이 아니라, 버지니아 안에서도 가장 교양이 높다는 지역에서 일어난 일입니다. 전화로 그 후배를 위해 기도해 주는데 갑자기 울컥하고 눈물이 났습니다. 백인들 사이에서 홀로 고립되어 있는 듯한 그의 처지를 생각하니 안

타까운 심정을 금할 수 없었습니다.

이런 차별을 당하면 참 불편하고 불쾌합니다. 때로는 분해서 잠을 이루지 못하기도 합니다. 하지만 어찌할 도리가 없습니다. 드러내 놓고 증오를 퍼붓는 경우에는 영상을 찍어서 고발할 수 있지만, '은밀한 차별'의 경우에는 항의할 수도 없고 고발할 수도 없습니다. 그저 당하는 수밖에 없습니다. 낯선 땅에 사는 대가라고 하기에는 때로 너무 힘겹습니다.

또 다른 인종 차별은 '구조적·제도적 인종 차별'(systemic racism)입니다. 앞에서 언급한 조지 플로이드 사건 이후에 미국에서 자주 언급되는 말입니다. 사회학자인 앨런 존슨은 미국에서 이러한 인종 차별이 세 가지 방식으로 행해진다고 말합니다.[5] 특권을 누리고 있는 사람들에 의해 법과 제도가 만들어지고, 법과 제도가 그들의 이익을 대변하며, 그들에 의해 법과 제도가 집행됩니다. 그렇기 때문에 도널드 트럼프 전 대통령이 '법과 질서'(law and order)를 강조하는 모습이 겉으로 듣기에 공정하고 정의롭게 하겠다는 말처럼 들리지만, 실제로는 법과 제도가 기득권자들에게 유리하게 작용하게 되어 있기에 귀에 들리는 것만큼 공정하고 정의롭지 않습니다.

조지 워싱턴이나 토머스 제퍼슨 같은 소위 '미국 건국의 아버지들'은 대부분 훌륭한 사람들이었습니다. 하지만 그들은 원주민과 노예를 단순한 소유물로 생각했습니다. 미국의 헌법 전문이 "우리 미 합중국 국민은"("We, the People of the United States")으로 시작하는데, 여기서 "We, the People"은 모든 국민을 말하는 것 같지만 실질적으로는 백인 남성만을 의미했습니다. 그들은 당시로서는 최선의 헌법을 만들었지만, 그 헌법에는 여성과 소수 인종에 대한 배려가 없었습니다.

다행히 지난 수백 년 동안의 지속적인 투쟁의 결과로 여성과 소수 인종에 대한 차별 조항들이 괄목할 정도로 개선되어 왔습니다. 소수 인종 우대 정책(affirmative action)처럼 소수 인종을 배려하고 우대하기 위한 여러 법령들이 마련되어 왔습니다.[6] 지금 미국에 살고 있는 이민자들은 이름을 알지 못하는 수많은 사람들의 헌신과 희생에 빚지고 있습니다.

지금은 구조적·제도적 인종 차별이 존재하지 않는다고 생각하는 사람들이 있습니다. 백인우월주의자들이 대표적입니다. 트럼프 전 대통령의 경제 수석이었던 래리 커들로는 조지 플로이드 사건 이후에 일어난 시위에 대해 묻는 질문에 "나는 미국에 구조적·제도적 인종 차별이 존재한다고 생각하지 않는다"고 답했습니다.[7] 소수 인종들 중에도 그렇게 생각하는 사람들을 가끔 만납니다. 그 사람들은 구조적·제도적 인종 차별이 존재한다고 말하는 것을 좌파의 근거 없는 선동이라고 비난합니다. 그러다 보니 인종 차별 문제가 정파적 이슈가 되어 버렸습니다. 이것은 정파적 이슈가 아니라 인간의 기본권에 대한 문제입니다.

얼마 전에 한 성도를 만났는데, 그는 남편이 뇌출혈로 쓰러져 지난 삼 년 동안 요양원에서 남편을 간호하며 지냈습니다. 남편의 건강 상태가 위중하여 요양원과 병원과 재활 병원을 오가는 생활을 반복하면서 개인적인 인종 차별에 더하여 구조적이고 제도적인 인종 차별을 수없이 겪어야 했습니다. 법과 제도 자체에도 차별적인 요소가 있지만, 법을 집행하는 사람들이 차별적으로 법을 적용하기 때문입니다. 환자가 누려야 할 당연한 권리를 스스로 찾아내서 요구할 때까지 알려 주지 않는 경우도 있습니다. 환자가 불이익을 받고 있다는 사실을 뻔히 알면서도 병원 직원들이 모른 체하고 있었다는 사실을 나중에 알았을 때, 그는 분노가 치밀어 잠을 이룰 수 없었다고 합니다.

이렇듯 구조적·제도적 인종 차별은 미국에서 소수 인종과 경제적 약자들이 매일의 삶 가운데 직면하고 있는 문제입니다. 그와 같은 부류에 속해 있지만 차별당하지 않고 살아가고 있다면 무척 다행스러운 일입니다. 하지만 내가 차별당하지 않는 것으로 만족해서는 안 됩니다. 지금 이 시간에도 소수 인종 혹은 경제적 약자로서 자신의 입장을 제대로 호소할 수 없거나 누구에게도 도움받을 수 없어서 차별당하고 뜨거운 눈물을 흘리는 사람들이 수없이 많기 때문입니다.

편드시는 하나님

이 지점에서 우리는 이집트에서 차별과 학대를 받고 있던 이스라엘 백성에 대하여 하나님이 하신 말씀을 다시 한번 기억할 필요가 있습니다.

나는 이집트에 있는 나의 백성이 고통받는 것을 똑똑히 보았고, 또 억압 때문에 괴로워서 부르짖는 소리를 들었다. 그러므로 나는 그들의 고난을 분명히 안다(출 3:7).

하나님은 이집트 사람들이 이스라엘 백성에게 행하던 차별을 모른 체하지 않으셨습니다. 그들과 함께 고통을 당하며 아파하셨고, 때가 되었을 때 모세를 불러 그들을 그 고통에서 해방시키라고 하셨습니다.

혹시 이 대목에서 "그들이 하나님의 백성이니 그렇게 하신 것이 겠죠. 그 말씀을 오늘날의 흑인이나 다른 소수 인종에게 적용할 수는 없지 않습니까?"라고 질문하는 분이 있을지 모르겠습니다. 이 세상에 하나님의 백성이 아닌 사람이 어디에 있습니까? 하나님의 형상을 입고 태어난 사람은 모두 하나님의 백성입니다. 다만 하나님을 영원한 왕으로 인정하는 사람들이 있고, 그것을 인정하지 않는 사람들이 있을 뿐입니다. 하나님은 자신을 왕으로 인정하지 않는다고 해서 "너희는 내 백성이 아니다"라고 말씀하지 않으십니다. 이 세상의 모든 사람이 하나님을 왕으로 인정하고 돌아오기까지 쉬지 않으시는 분이 우리 하나님이십니다.

하나님은 자신을 왕으로 인정하든 인정하지 않든, 부당하게 차별당하고 억압당하고 외면당하고 고난당하는 사람들과 함께하십니다. 하나님은 모든 사람을 위하십니다. 그래서 "하나님께는 모든 생명이 소중하다"고 말할 수 있습니다. 하나님은 이 땅에 그분의 나라가 임하여 모두가 인간 대접을 받고 자유롭게 살아가게 되기를 원하십니다. 그렇게 되기 위해서는 지금 이 땅에서 소외당하고 차별당하고 압제당하는 사람들이 먼저 회복되어야 합니다.

그래서 하나님은 이집트 사람들이 이스라엘 백성을 차별하고 억압할 때 "히브리 사람들의 생명은 소중하다"고 말씀하신 것입니다. 모세에게도 그렇게 말씀하셨고, 모세를 통해 바로에게도 그렇게 말씀하셨습니다. 당시 바로는 "이집트 사람들의 생명만 소중하다"고 생각하고 있었습니다.

조지 플로이드 사건 이후에 BLM 곧 'Black Lives Matter'('흑인의 생명도 소중하다')라는 구호가 전 세계적으로 울려 퍼졌습니다. 이 구호에 대해 백인우월주의자들은 'All Lives Matter'('모든 생명은 소중하다')라는 구호로 맞섰습니다. 전후 사정을 알지 못하는 사람들은 'All Lives Matter'라는 구호가 더 옳다고 편을 듭니다. 문제는 이 구호가 기득권자들의 기득권을 보호하는 구실로 오용된다는 점에 있습니다. 모든 생명이 소중하니 내 권리도 인정해 달라는 뜻입니다.

'All Lives Matter'는 원론적으로 맞습니다. 그렇기 때문에 '지금' 위태로운 생명, '지금' 고통받고 있는 생명, '지금' 억압받고 있는 생명에 관심을 쏟아야 합니다. 그것이 하나님의 마음이며 예수님의 마음입니다. 그러므로 지금 미국에서는 'Black Lives Matter'라는 구호를 외쳐야 합니다. 흑인들의 생명이 위태로운 지경에 있기 때문입니다. 코로나19가 첫 발병지인 중국 우한에서 출발하여 전 세계로 퍼진 뒤 미국에서는 총기 난사 사건 등 아시아인에 대한 증오 범죄가 폭증하고 있습니다. 그런 까닭에 최근에는 'Asian Lives Matter'라는 구호를 들고 시민들이 거리에 나오고 있습니다. 그동안 대다수의 아시아계 이민자들은 흑인들에 대한 차별과 혐오와 폭력에 대해 남의 일처럼 여기고 살아왔습니다. 하지만 이런 태도에 변화가 일어나고 있습니다. 아시아인에 대한 증오 범죄는 아시아계 미국인들로 하여금 자신을 소수계로 인식하고 다른 소수계 미국인들과 연대하게 만드는 자극제가 되고 있습니다. 아시아계 미국인들에 대한 증오 범죄는 참으로 불행한 일이지만, 그로 인해 차별과 혐오의 문제에 대해 각성하는 계기가 되었으니 다행한 일이기도 합니다.

예수님이 이 땅에 오신 이유는 이 세상에서 구원받은 사람의 영혼을 뽑아 가시기 위함이 아닙니다. 예수님은 한 사람 한 사람이 하나님의 자녀로 회복되어 이 세상이 변화되고 그 변화 속에서 모두가 하나님의 나라를 경험하고 누리기를 원하셨습니다. 모든 생명이 복되게 살게 되기를 원하셨습니다. 예수님께도 "All lives matter" 곧 모든 생명이 소중합니다. 그러므로 그분은 '지금' 고난당하는 사람들에게 먼저 다가가셨습니다.

나사렛 회당에서 설교를 부탁받으셨을 때 예수님은 이사야의 예언을 펼쳐 읽으셨습니다.

> 주님의 영이 내게 내리셨다. 주님께서 내게 기름을 부으셔서, 가난한 사람에게 기쁜 소식을 전하게 하셨다. 주님께서 나를 보내셔서, 포로 된 사람들에게 해방을 선포하고, 눈먼 사람들에게 눈뜸을 선포하고, 억눌린 사람들을 풀어 주고, 주님의 은혜의 해를 선포하게 하셨다(눅 4:18-19).

이 말씀을 읽고 예수님은 자신의 자리에 돌아가 앉으십니다. 사람들이 이상하게 여기고 그분을 주목하자 예수님은 "이 성경말씀이 너희가 듣는 가운데서 오늘 이루어졌다"(눅 4:21)고 덧붙이십니다. 이사야가 예언한 그 사건을 이루는 것이 자신의 사명이라는 뜻입니다.

모든 생명이 복되게 사는 세상을 만들기 위해 '지금' 가난한 사람들, '지금' 포로 된 사람들, '지금' 눈먼 사람들, '지금' 억눌린 사람들에게 먼저 가시겠다는 것입니다. 지금은 가난한 사람들의 생명이 소중하고, 포로 된 사람들의 생명이 소중하며, 눈먼 사람들의 생명이 소중하고, 억눌린 사람들의 생명이 소중하기 때문입니다. 이런 점에서 본다면, 우리가 믿는 하나님은 '편드시는 분'입니다.

그렇다면 우리는 어떻게 해야 하겠습니까? 이것은 단지 미국에 사는 사람들만의 이야기가 아닙니다. 한국의 상황도 크게 다르지 않습니다. 한국 사회에도 소수 인종이 점점 많아지고 있고, 다른 면에서의 사회적 소수자들(미혼모, 비혼주의자, 장애인, 이주민과 난민, 비정규직 노동자, 성소수자 등)도 많습니다. 사회적 소수자에 대한 차별과 혐오가 점점 심해지고 있는 이 시대에 예수 그리스도를 통해 '낮은 데로 임하신 하나님'을 믿는 우리는 어떻게 해야 할까요?

먼저, 자신의 내면을 면밀히 살펴보아야 합니다. 우리 안에 자리 잡고 있는 여러 가지 차별 의식을 겸손히 인정해야 합니다. 지금 우리는 차별 의식을 거침없이 표출하는 것을 자랑으로 여기는 시대에 살고 있습니다. '나에게는 그런 것이 존재하지 않는다'고 생각한다면 스스로를 속이고 있는 것입니다. 정직하게 인정해야 합니다. 그리고 그 차별 의식에 휘둘리지 않기로 결단하고 다짐해야 합니다.

그 마음으로 우리가 만나는 모든 사람을 최대한의 존중과 예의로 대해야 합니다. 모든 생명이 소중합니다. 그러므로 지금 차별당하고 억압당하는 사람들, 소수 인종들, 경제적·신체적·정신적 약자들의 생명을 소중하게 여겨야 합니다. 성소수자들에 대해서도 보다 유연한 태도로 접근할 필요가 있습니다.[8] 어떤 사람도 편견으로 대하지 말고 하나님의 형상을 입고 지어진 절대적인 존재로 대해야 합니다. 차별과 억압으로부터 내가 안전하다는 것에 만족지 말고, 자신의 권리를 주장할 수 없는 사람들이 있다면 그들의 목소리가 되어 주어야 합니다. 우리의 하나님이 '편드시는 분'이므로 우리 또한 '편드는 사람들'이 되어야 합니다.

　거기서 한 걸음 더 나아가, 우리 사회의 구조적·제도적 인종 차별이 개선될 수 있도록 자신이 할 수 있는 일이 없는지 찾아보아야 합니다. 자신이 몸담고 있는 조직에서 차별이 일어나고 있지는 않은지 늘 깨어서 지켜보아야 합니다. 할 수 있다면 힘없는 사람들 편을 들어 주고 그들이 마땅한 권리를 누리도록 도와주어야 합니다. 자신이 몸담고 있는 사회와 국가에서 부당한 차별이 당연하게 여겨지고 있는 것은 아닌지 살펴야 합니다. 그러한 부분이 있다면 하나님의 정의가 실현될 수 있도록 자신이 할 일이 무엇인지 찾아 행하도록 힘써야 합니다.

　여기까지 가야 합니다. 하나님을 믿고 예수 그리스도를 주님으로 따른다면 이런 의식을 가지고 힘써야 합니다. 그럴 때 주님의 뜻이 우리 안에서 우리를 통해 이루어질 것입니다.

| 적용과 나눔을 위한 질문 |

• 당신은 우리 사회의 차별 문제에 관해 얼마나 관심을 가지고 있습니까? 요즈음 문제되고 있는 사안들 중 하나를 택하여 자평해 보십시오.

• 우리 주변에 있는 사회적 소수자들에 대한 당신의 태도는 어떻습니까? '모든 생명이 소중하기에 사회적 소수자들의 생명을 보다 소중하게 여겨야 한다'는 주장에 대해 당신은 어떻게 생각합니까?

• '지금' 가난하고 포로 되고 눈멀고 억눌린 사람들의 안위와 권리를 위해 그동안 노력한 일이 있습니까? 앞으로 보다 힘써야 할 것이 있다면 무엇입니까?

10
역
경

쉬운 부름은 없다

출애굽기 5:20-23, 6:1-13

난관

신앙생활에 진지한 사람들이라면 누구나 '하나님의 뜻' 혹은 '하나님의 계획'을 생각합니다. 하나님을 믿는다는 말은 하나님의 다스림을 믿는다는 것을 의미합니다. 하나님의 다스림을 믿는 사람이라면 그분의 뜻과 계획을 찾게 되어 있습니다. 그리고 그분의 뜻을 따라 살고 그분의 계획이 자신에게서 이루어지기를 바랍니다.

왜 하나님의 뜻을 찾고 그분의 계획을 위해 헌신합니까? 하나님을 제대로 믿는 사람에게는 그분이 절대가 되기 때문입니다. 참된 믿음과 미신적 믿음의 가장 중요한 차이는 그 믿음의 중심이 어디에 가 있는지에 있습니다. 미신적인 믿음은 '자기'가 중심입니다. 자신의 뜻과 욕망과 꿈을 이루는 것이 믿음의 중심에 있습니다. 한편 참된 믿음은 '하나님'이 중심입니다. 그분의 뜻과 계획을 이루는 것이 믿음의

　　　　　그 사람 모세

목표가 됩니다.

모세는 호렙 산에서 하나님을 대면한 이후로 미신적인 신앙에서 참된 믿음으로 이행하기 시작합니다. 믿음은 본래 한순간에 완전해지는 것이 아닙니다. 보이지 않는 하나님을 인정하고 그분의 뜻을 찾고 그분의 계획을 위해 헌신하는 삶은 대개 서서히 형성됩니다.

사실 완전한 믿음에 이르는 것은 불가능한 일입니다. 하나님의 뜻에 온전히 일치되어 그분의 계획을 이루며 사는 것은 새 하늘과 새 땅에서 예수 그리스도의 부활에 참여할 때에나 가능해집니다. 그 이전까지 우리는 완전함에 미치지 못하는 '거리' 혹은 '간극'과 씨름하며 살아야 합니다. 영적 성장이란 그 거리를 좁혀 가는 과정입니다.

모세가 형 아론과 함께 이집트로 돌아갔을 때, 그는 하나님의 뜻과 계획을 위해 헌신하기는 했지만 아직 미숙한 단계에 있었습니다. 하나님의 뜻을 따라 그분의 계획을 이루기 위해 헌신하는 삶이 어떤 것인지, 그 길에 무엇이 놓여 있는지 하나씩 배워가야 할 상태에 있었습니다.

앞에서 살펴보았듯이, 모세와 아론이 이스라엘의 장로들에게 모세가 받은 사명에 대해 말해 주고 백성이 보는 앞에서 하나님이 부여하신 이적을 보여주었을 때 그들의 반응은 기대 이상이었습니다. 그 대목을 성경은 이렇게 기록합니다.

> 그들은, 주님께서 이스라엘 자손을 굽어살피시고 그들이 고통받는 것을 보셨다는 말을 듣고, 엎드려 주님께 경배하였다(출 4:31).

이스라엘 백성이 모세와 아론의 보고를 듣고 감격적인 반응을 보였다는 뜻입니다. 얼마나 오랫동안 기다려 온 소식입니까! 그들은 하나님이 자신들을 영영 잊었거나 버리신 줄 알았습니다. 그러지 않고서야 모진 고난이 끝도 없이 계속될 리가 없다고 생각했습니다. 그런데 하나님이 마침내 침묵을 깨고 구원의 손을 펼치신다는 것입니다. 그 일을 이루기 위해 아론과 모세를 부르셨다고 하니 감격하지 않을 수 없었습니다.

이스라엘 백성의 반응을 보면서 모세는 크게 안심했을 것입니다. 이집트에서 거쳐야 할 첫 관문을 무사히 통과했기 때문입니다. 하지만 바로와의 만남 이후 벌어진 상황은 실로 당황스러웠습니다.

하나님은 이미 모세에게 바로가 순순히 청을 들어주지 않을 것이라는 사실을 예고하셨습니다. 처음 모세를 부르실 때 하나님은 이렇게 말씀하십니다.

> 그러나 내가 이집트 왕을 강한 손으로 치지 않는 동안에는, 그가 너희를 내보내지 않을 것이라는 것을 나는 안다(출 3:19).

하나님의 계획이 이루어지기까지 쉽지 않은 과정이 이어질 것이라는 사실을 예고하신 것입니다. 하나님은 두 번째로 나타나셨을 때에도 그 사실을 알리십니다(출 4:21). 다시 말해, 모세는 하나님의 부르심을 따르는 일에 어느 정도 난관이 따를 것이라는 사실을 염두에 두고 있었을 것입니다. 실제로 바로는 이스라엘 백성을 내보내지 않고 오히려 짚을 제공해 주지 않은 채 벽돌 생산량을 전과 동일하게 채우도록 몰아붙입니다.

그러자 모세와 아론의 보고를 듣고 감격했던 이스라엘 백성도 돌변하여 모세와 아론에게 분노를 퍼붓습니다. 이스라엘 출신 작업 반장들이 바로에게 면박만 당하고 나오다가 그들을 기다리던 모세와 아론을 만나 이렇게 말합니다.

주님께서 당신들을 내려다보시고 벌을 내리시면 좋겠소. 당신들 때문에 바로와 그의 신하들이 우리를 미워하고 있소. 당신들은 그들의 손에 우리를 죽일 수 있는 칼을 쥐어 준 셈이오(출 5:21).

되살아나는 트라우마

이때 모세는 사십 년 전 겪었던 일에 대한 트라우마에 사로잡히는 듯했을 것입니다. 그 당시에도 그는 히브리 동족을 위해 무엇인가를 하고 싶은 마음뿐이었습니다. 그 마음 때문에 히브리 사람을 학대하는 이집트 사람을 살해하기에 이르지만, 정작 히브리 사람들은 자신의 마음을 몰라주었습니다.

당연히 나를 반대할 사람에게서 반대를 받는 것은 그래도 감당할 만합니다. 내 마음을 알아줄 턱이 없는 사람이 마음을 몰라주는 것도 견딜 수 있습니다. 하지만 내 마음을 알아줄 만한 사람이 진심을 몰라주고, 내 뜻에 공감하고 도와줄 줄 알았던 사람에게서 반대를 받는 것은 정말 고통스러운 일입니다. 이럴 때면 샘솟았던 열정이 한순간에 식어 버리고 모두 그만두고 싶어집니다.

이 '배신의 기억'이 사십 년 동안 모세가 이스라엘 백성과 거리를 두게 되고, 하나님이 그를 부르셨을 때 거듭 핑계를 대면서 거부하게 된 이유 중 하나였을 것입니다. 모세는 하나님의 거듭된 부르심과 여러 가지 확증으로 부정적인 감정을 억제하고 이집트로 돌아왔습니다. 그리고 이스라엘 백성의 감격적인 반응을 접하면서 마음이 놓였을 것입니다. 그런데 또다시 이스라엘 백성의 분노어린 항의를 직면하게 된 것입니다. 풀려난 줄 알았던 기억에 다시 사로잡힌 그는 하나님 앞에 나아가 이렇게 호소합니다.

> 주님, 어찌하여 주님께서는 이 백성에게 이렇게 괴로움을 겪게 하십니까? 정말, 왜 저를 이곳에 보내셨습니까? 제가 바로에게 가서 주님의 이름으로 말한 뒤로는, 그가 이 백성을 더욱 괴롭히고 있습니다. 그런데도 주님께서는 주님의 백성을 구하실 생각을 전혀 하지 않고 계십니다(출 5:22-23).

이 기도에서 모세는 하나님에 대한 야속한 마음을 표현합니다. 자신이 그렇게도 오지 않겠다고 했는데도 끝내 끌어내셨으면 이런 일은 겪지 않게 하셔야 했습니다. 자신에게 일을 맡기셨다면, 그 일이 이루어지도록 하나님이 앞서 가면서 해결해 주셔야 했습니다. 그런데 상황이 더욱 꼬이고 있습니다. 사십 년 전과 마찬가지로 그는 이집트 사람들과 이스라엘 사람들 사이에서 고립되어 있습니다. 모세는 하나님이 자신을 고립무원의 지경에 끌어다 놓고 팔짱을 끼고 계신 것처럼 느꼈을 것입니다.

그러자 하나님이 모세에게 말씀하십니다.

　　　　　그 사람 모세

이제 너는, 내가 바로에게 하는 일을 보게 될 것이다. 틀림없이 그는 강한 손에 밀려서, 그들을 내보내게 될 것이다. 강한 손에 밀려서야, 그들을 이 땅에서 내쫓다시피 할 것이다(출 6:1).

이렇게 말씀하시면서 하나님은 아브라함과 이삭과 야곱에게 약속한 대로 이스라엘 백성을 이집트에서 이끌어 내어 젖과 꿀이 흐르는 가나안 땅에 정착하게 하겠다고 하십니다. 지금은 상황이 꼬이기만 하는 것처럼 보여도, 하나님의 신실하심을 믿고 지금 당면한 난관을 극복하면 마침내 하나님이 하시는 일을 보게 되리라는 것입니다.

절망과 낙망 중에 하나님의 임재를 체험하는 것은 한순간에 영혼을 살아나게 하고 잃었던 열정을 회복하게 만들어 줍니다. 그것은 체험해 보지 않고는 알 수 없습니다. 자신이 처한 상황에 아무런 변화가 일어나지 않아도 하나님이 알아주고 함께하고 책임져 주신다는 사실을 자각하는 순간, 바람 빠진 풍선에 공기 압축기로 바람을 넣는 것처럼 존재 전체가 새로운 소망으로 채워집니다.

하나님의 위로와 격려를 통해 회복한 모세는 이스라엘 백성에게 찾아가 하나님의 말씀을 전합니다. 하지만 이미 그들은 회복할 수 없을 정도로 깊이 낙심해 있었습니다. 성경은 그들의 상태에 대해 이렇게 기록합니다.

모세가 이스라엘 자손에게 이와 같이 전하였으나, 그들은 무거운 노동에 지치고 기가 죽어서, 모세의 말을 들으려고 하지 않았다(출 6:9).

이렇게 하나님의 임재를 직접 체험하는 것과 단순히 그에 관해 듣는 것은 엄청난 차이가 있습니다. 모세는 직접 체험했기에 믿음과 열정을 회복했지만, 이스라엘 백성은 그렇지 않았습니다. 그러니 모세의 말이 귀에 들어올 리 없습니다.

고난 없는 사명은 없다

여기서 우리는 하나님이 역사 속에서 일하시는 방법을 봅니다. 하나님은 그분의 뜻을 찾고 그분의 계획에 자신을 드린 사람들을 통해 일하십니다. 물론 기적적인 방법으로 개입하여 일을 이루시는 경우도 있습니다. 하지만 그것은 예외적인 일입니다.

하나님은 자신의 계획을 이루기 위해 모세에게 나타나 그를 부르셨습니다. 모세가 자신은 그런 사명을 감당할 수 없다고 거듭 회피하고 거부할 때, 그분은 인내심을 가지고 그를 설득하셨습니다. 모세가 스스로 선택하고 결심하고 행동하기를 원하셨기 때문입니다. 그러면서 하나님은 그의 마음에 영향을 미치신 것입니다. 모세는 결국 하나님의 부르심을 받아들입니다.

하나님은 이렇게 그분의 뜻을 찾고 그분의 계획에 헌신하는 사람들을 통해 그분의 뜻을 거부하고 그분의 계획을 방해하는 사람들 가운데서 일하십니다. '바로 같은 사람들' 사이에서 '모세 같은 사람들'을 택하여 그분의 일을 하게 하십니다.

이런 까닭에 하나님의 뜻을 찾고 그분의 계획을 이루기 위해 헌신하는 사람들은 그분의 계획이 이루어질 때까지 어려움을 겪을 각오를 해야 합니다. 이 세상에는 하나님을 인정하고 그분의 뜻을 따르

그 사람 모세

는 '모세 같은 사람'보다 그것을 거역하고 반대하고 박해하는 '바로 같은 사람'이 더 많기 때문입니다.

하나님이 자신의 뜻을 따르고 계획을 위해 헌신하는 사람들을 전적으로 도와서 만사형통하게 해주시면 좋을 것 같습니다. 하지만 하나님을 거부하고 반대하는 사람들도 그분의 자녀라는 점에서는 마찬가지입니다. 그렇기 때문에 자신을 거부하고 반대한다고 해서 즉시 권능으로 징계하고 심판하지 않으십니다. 하나님은 자신의 뜻을 따르는 사람들에게 하시는 것과 똑같이 자신의 뜻을 거역하고 반대하는 사람들에게도 사랑과 자비로 행하십니다. 물론 언제까지나 하나님의 사랑과 자비가 계속되는 것은 아닙니다. 그분의 사랑과 자비를 만홀히 여기고 끝내 죄악을 고집할 때 하나님은 그들을 심판에 부치십니다.

'바로 같은 사람들'이 마음을 돌이키기 전까지 하나님의 뜻을 따르고 그분의 계획을 위해 헌신한 사람들은 때로 오해받고, 거부당하고, 미움받으며, 박해당하고, 순교당합니다. 자신을 위해 헌신한 사람들이 이렇게 희생당하는 것을 보면서도 하나님이 참으시는 이유는 그들 중 한 사람이라도 돌이키기를 기다리시기 때문입니다.

이렇게 보면 하나님을 믿는 사람들이 그분의 뜻을 위해 받는 고난은 죄악을 선택한 사람들을 위한 대속적 의미를 가진다고 볼 수 있습니다. 그들 중 한 사람이라도 건지기 위해 하나님이 참고 인내하시는 까닭에 그런 고난을 겪는 것이기 때문입니다.

모세는 아직 이러한 사실을 충분히 알지 못했습니다. 이스라엘 백성을 이끌어 내는 데 난관이 따를 것이라고 미리 말씀해 주셨지만,

하나님이 자신을 불러내셨으니 모든 문제가 일사천리로 풀릴 것이라 생각했을지도 모릅니다. 하지만 그는 보기 좋게 실패합니다. 바로에게는 거부당하고 동족에게는 미움받습니다. 아마도 하나님께 속은 것 같은 기분이었을 것입니다. 그래서 그는 하나님께 분통을 터뜨립니다. "정말, 왜 저를 이곳에 보내셨습니까?"(출 5:22)라는 절규 안에는 하나님에 대한 서운함과 야속함이 가득 담겨 있습니다.

이것은 모세가 거쳐야 할 시험이었습니다. 하나님의 뜻을 따르고 그분의 계획을 위해 헌신한다는 것이 어떤 것인지, 앞으로 가는 길에서 무엇을 기대하고 무엇에 대비되어 있어야 하는지를 겪어 알아야 했습니다. 그것은 직접 겪어야만 알 수 있는 것입니다. 그의 앞길에는 지금 당한 것과는 비교할 수 없는 심한 반대와 배반과 절망이 놓여 있었습니다. 하나님의 뜻을 따르고 그분의 계획을 위해 일한다는 것은 그 모든 것을 감수하고 통과해야 하는 것을 의미합니다.

모세가 바로의 거부와 동족의 분노에 직면하여 하나님 앞에 나아와 호소하고 절규하자 하나님이 그를 다독이십니다. 지금 당한 일로 좌절하거나 낙심하지 말고 앞으로 그분께서 행하실 일을 지켜보라고 하십니다. 수백 년 전 아브라함과 이삭과 야곱에게 하신 약속을 지킨 것처럼, 모세에게 하신 약속도 지키실 것이라고 하십니다. 그 과정에서 당해야 할 고난과 불편이 더 있겠지만 하나님은 반드시 약속을 지키실 것이라고 하십니다.

사명이냐 죽음이냐

클레이본 카슨이 쓴 마틴 루터 킹의 전기 『나에게는 꿈이 있습니다』라는 책에 이와 비슷한 이야기가 나옵니다.' 1955년 12월 1일 오후, 로사 파크스라는 여성이 알라배마 주 몽고메리의 한 시내버스에 올라 백인 전용 좌석 바로 뒷자리에 자리를 잡고 앉습니다. 조금 지나자 버스는 승객으로 가득 찼고, 어느 정류장에서 한 백인 남자가 올라탔을 때는 서 있을 수밖에 없었습니다. 그때 버스 운전사가 고개를 돌려 파크스에게 일어나서 뒤로 가라고 지시합니다. 파크스는 조용하고 침착하고 위엄 있는 태도로 그 자리에서 움직이지 않습니다. 이것은 당시 미국 남부에서 다반사로 일어나고 있던 흑인 차별에 대해 더 이상은 안 된다는 뜻을 세상에 알리는 대담하고 용기 있는 행동이었습니다.

그 사건으로 파크스는 흑백분리법 위반으로 체포되고, 12월 5일에 공판 일정이 잡힙니다. 이 소식이 알려지자 몽고메리의 의식 있는 흑인들이 들고일어났고, 이것은 그 유명한 '버스 보이콧 운동'으로 이어집니다. 몽고메리의 흑인들이 버스 타는 것을 거부함으로 비폭력적 항의를 하기로 한 것입니다.

그 당시는 자가용을 가진 흑인들이 별로 없던 시절이었기에 백인들은 며칠 가지 못하여 스스로 포기하게 될 것이라고 얕잡아 보았습니다. 이 운동을 주도했던 흑인 지도자들도 결실 없이 흐지부지되지는 않을까 노심초사하였습니다. 하지만 백인들의 집요한 방해와 협박 속에서 이 운동은 일 년 동안 지속되었고, 결국 1956년 11월 13일에 연방대법원으로부터 흑백분리법이 위헌이라는 판결을 이끌어 냅니다.

그 중심에 마틴 루터 킹이 있었습니다. 그는 이 운동의 의장으로 세워졌는데, 그 자리는 흑인과 백인 양 진영 모두의 비난을 감수해야 하는 자리였습니다. 한편으로는 백인들이 온갖 위협과 협박을 가해 왔고, 다른 한편으로는 일부 흑인들이 이 운동 때문에 고생이 더 심해 졌다고 불평했습니다. 그는 험악한 살해 협박에 시달리면서 의장으 로서의 역할을 충실히 감당해야 했습니다.

이 운동이 시작되고 한 달쯤 지난 어느 날의 일입니다. 킹 목사는 한밤중에 걸려온 전화를 받고 잠에서 깨어납니다. 전화를 건 사람은 온갖 거친 욕설을 쏟아 내며 몽고메리에 온 것을 후회하게 만들어 주 겠다고 협박을 하고 끊었습니다. 그런 일이 그동안 그에게 자주 있었 는데, 이상하게도 그날은 엄청난 공포에 사로잡혀 잠을 이룰 수 없었 다고 합니다. 그는 부엌에서 차를 끓여 마시면서 사랑하는 아내와 자 녀들을 생각하고 '이제 그만 이 일에서 손을 떼야겠다'고 생각했습니 다. 그는 비겁하다는 비난을 듣지 않으면서 이 일에서 빠져나갈 방법 이 무엇인지 찾기 시작합니다.

그렇게 궁리하고 있는데 마음 깊은 곳에서 어떤 목소리가 들려 옵니다. "지금은 아버지도, 어머니도 도움을 주실 수 없는 때다. 지금 이야말로 아버지가 말씀하셨듯이 길이 없는 곳에서 길을 만드시는 주님의 힘에 의지해야 할 때다"라는 음성입니다. 그 순간, 그는 식탁 위에 머리를 움켜쥐고 엎드려 소리 높여 기도합니다.

주님, 저는 옳은 일을 하기 위해 애를 쓰고 있습니다. 제가 옳은 일을 하 고 있다고 믿으며 저의 믿음이 옳다고 생각합니다. 하지만 주님, 지금 저는 나약해져 있습니다. 용기를 잃고 비틀거리고 있습니다. 두려움에 떨고 있습니다. 이렇게 나약한 모습을 사람들에게 보이고 싶지 않습니다. 나약하고 용기를 잃은 저의 모습을 보게 되면, 그들 또한 약해질 것입니다. 사람들은 저의 지도를 바라고 있습니다. 그런데 제가 힘도 용기도 없는 모습으로 그들 앞에 선다면 그들도 용기를 잃을 것입니다. 제 몸에서 모든 기운이 빠져나가서 저에게는 아무 능력도 남아 있지 않습니다. 지금 저는 저 혼자서는 도저히 버틸 수 없는 지점에 도달한 것 같습니다.[2]

이렇게 한참 동안 소리 높여 기도하고 있는데, 그의 머릿속에서 확신에 찬 조용한 목소리가 들려옵니다.

마틴 루터, 정의를 위해 일어서라. 평등을 위해 일어서라. 진리를 위해 일어서라. 보라, 세상 끝 날까지 내가 너와 함께 있을 것이다.[3]

그때 킹 목사는 난생 처음으로 "주님이 내 곁에 임하신 것"을 경험합니다. 그 순간 그를 사로잡고 있던 불안과 의심이 눈 녹듯 사라지고, 어떤 일이 닥쳐온다 하더라고 의연히 나설 용기를 얻습니다. 그 이후로 그는 열 달 동안의 온갖 비난과 모욕과 투옥과 박해를 견뎌내고 흑백분리법에 대한 위헌 판결을 이끌어 냅니다. 이 사건은 흑인의 권리 투쟁 역사에서 분기점이 되었습니다.

그 이후 킹 목사가 어떻게 살았는지에 대해서는 잘 알려져 있습니다. 그는 이집트에서 이스라엘 백성을 이끌어 낸 모세처럼 미국 땅에서 흑인들을 차별과 억압의 굴레로부터 해방시키는 일에 헌신하다가 1968년 4월 4일 서른아홉 살의 나이로 암살당합니다.

참으로 불행한 죽음을 당했지만, 그는 자신이 그렇게 죽게 되리라는 것을 예감했습니다. 그럼에도 그는 목숨을 지키기 위해 사명을 버리기보다는 사명을 위해 목숨을 내어놓는 편을 택했습니다. 정의와 진리와 공정을 위해 일어서기를 거부한다면, 그 사람은 그 순간에 죽은 것이나 다름없다고 믿었습니다. 암살당하기 다섯 달 전 에버니저 교회에서 한 설교에서 그는 이렇게 말합니다.

주님과 함께 걷고 주님께 의지하여 올바른 일을 하십시오. 그러면 주님은 숨을 거두는 순간까지 당신 곁에 계실 것입니다. 저는 번개를 본 적이 있습니다. 천둥소리도 들었습니다. 범법자들이 위풍당당하게 걸어다니면서 제 영혼을 정복하려 들 때마다 저는 계속해서 싸우라는 주님의 목소리를 들었습니다. 주님은 절대로, 절대로, 저를 혼자 남겨두지 않겠다고 약속하셨습니다. 절대로 혼자가 아닙니다. 우리는 절대로 혼자가 아닙니다.[4]

이집트에서의 노예살이로부터 이스라엘 백성을 인도해 낸 모세, 그리고 백인들로부터의 차별과 학대로부터 흑인들을 인도해 낸 마틴 루터 킹 목사. 거목과 같은 두 사람의 삶의 여정을 보면서 우리는 우리 자신에게 질문하게 됩니다.

'과연 나는 하나님의 부르심을 따름으로 이 세상에서 어떤 불편과 손해와 배척과 박해를 감당하고 있는가?' '아니, 그런 것을 감당할 마음의 준비가 되어 있는가?'

그 사람 모세

이 질문을 마음에 품고 묵상하다 보니, 저의 인생이 참으로 초라하게 느껴집니다. '이렇게 살아도 되는가?' 하는 의문을 피할 수 없습니다. '내가 정말 하나님을 믿는 사람인가?' 싶습니다. '혹시 목사로 부르시는 사명을 따른 것으로 충분하다고 생각하고 있는 것은 아닌가?' 자문해 봅니다.

여러분은 어떻습니까? 지금까지 여러분의 삶의 여정을 이끌어 온 것은 무엇입니까? 혹 하나님의 뜻과 그분의 계획을 추구함으로 인생행로에 일어난 변화가 하나라도 있습니까? 매일 하나님께 올리는 기도에 그분의 뜻을 찾고 자신을 향한 부르심이 무엇인지를 찾는 기도가 있습니까? 그 뜻과 그 부르심을 위해 때로 불편과 손해와 배척과 박해를 견딜 마음의 준비가 되어 있습니까?

물론 우리 모두가 모세와 같고 마틴 루터 킹과 같을 수는 없습니다. 사도 바울이 디모데후서에서 말했듯이, 하나님의 집에는 금그릇과 은그릇도 필요하고 나무그릇과 질그릇도 필요합니다(딤후 2:20). 문제는 얼마나 큰일을 하는지에 있는 것이 아니라, 하루하루 하나님의 뜻을 찾고 그분의 부르심을 찾아 그분의 계획을 이루기 위해 살아가려는 마음이 있는지에 있습니다. 비록 질그릇일지언정 주인의 손에 쓰임받고 있고 그에 따른 고난을 감당할 준비가 되어 있는지에 있습니다.

그렇게 사는 사람이라면, 그 사람은 하나님 앞에서 모세나 마틴 루터 킹과 다를 바가 없습니다. 각각 다섯 달란트와 두 달란트 받아서 두 배로 불린 두 종이 동일한 칭찬을 받은 것처럼(마 25:21, 23), 하나님은 우리가 받은 사명의 크기를 보시는 것이 아니라 맡겨진 부르심에 얼마나 신실했는지를 보시기 때문입니다.

부디, 우리의 인생이 우리 자신 혹은 우리 가족만을 위해 사용되지 않기를 바랍니다. 어떤 모양으로든 하나님의 부르심을 위해 사용되는 인생이 되기를 소망합니다. 부디, 우리가 편안하고 안락하고 아무 문제 없기만을 바라며 살지 않기를 바랍니다. 하나님의 부르심을 이루기 위해 때로 손해와 불편, 좌절과 박해도 겪을 수 있기를 소망합니다. 자랑거리가 많은 인생이 아니라 간증거리가 많은 인생이 되기를 기도합니다.

| 적용과 나눔을 위한 질문 |

- 당신에게는 하나님의 부르심을 따르기 위해 고난을 당해 본 경험이 있다면 나누어 보십시오. 그 경험을 통해 당신이 얻은 교훈은 무엇입니까?

- 고난 중에 하나님께 부르짖어 본 일이 있습니까? 고난 중에 더 가까이 다가오시는 하나님을 경험한 적이 있다면 나누어 봅시다.

11

선
택

마음은 공유지다

출애굽기 6:28-11:10

바로라는 인물

하나님의 위로와 격려로 낙심한 마음을 회복하고 다시 일어선 모세는 하나님의 명령에 따라 바로와의 전면전을 시작합니다.

여기서 잠시 바로에 대해 생각해 보겠습니다. '바로'는 사람의 이름이 아닙니다. 라틴어 '카이사르'(Ceasar)나 러시아어 '차르'(Czar)가 황제를 의미하는 말인 것처럼, '바로'도 왕을 가리키는 이집트어입니다. 다시 말해, 여기서 저자는 왕의 이름을 제시하지 않고 그저 왕이라고만 적어 놓았습니다.

오늘날 학자들은 모세가 활동했던 시기를 특정하는 일에 합의를 보지 못하고 있습니다. 한편에서는 주전 1400년경에 일어난 일이라고 보는데, 그렇게 본다면 모세와 대결했던 왕은 투트모세 3세일 것으로 추정됩니다. 다른 한편에서는 그보다 백 년 정도 늦은 주전 1290년경에 일어난 일이라고 보는데, 그렇다면 모세와 대결했던 왕은 라암 세스 2세일 가능성이 큽니다.' 만일 성경에서 구체적인 이름을 언급 했더라면 이런 논란은 없었을 것입니다.

왜 저자는 모세와 대결했던 이집트 왕의 이름을 명기하지 않고 그저 '바로'라고만 했을까요? 저자의 관심은 모세와 대결했던 왕이 어느 시기에 통치했고 어떤 업적을 남겼는지에 있지 않았기 때문일 것입니다. 그저 그 사람이 하나님과 어떤 관계에서 살았는지에 관심 이 있을 뿐입니다. 유아 학살을 명령한 바로나 모세와 대결했던 바로 나 하나님에 대한 태도에서 별반 다를 바가 없었습니다. 그러므로 두 사람의 이름을 따로 특정하기보다 그저 바로라고 표현한 것입니다. 그로 인해 무심코 읽는 독자들은 유아 학살을 명령한 바로와 모세와 대결한 바로가 같은 사람인 것처럼 느낍니다. 그것이 저자가 의도한 문학적 전략입니다.

출애굽기 7장부터 11장까지는 모세와 바로 사이에 일어난 숨 막 히는 대결을 묘사하고 있습니다. 전체 내용은 금방 읽을 수 있는 분량 이지만, 실제로는 수개월 혹은 일 년 넘게 지속된 사건을 담고 있습니 다. 하나님은 열 가지 재앙을 통해 바로를 코너로 몰아가십니다. 이에 대해 바로는 처음에는 무시하고, 나중에는 발버둥 치며, 결국에는 두 손을 들고 이스라엘 백성을 놓아줍니다. 그 과정에서 바로는 하나님 을 등지고 자신의 욕망을 따라 사는 사람이 어떻게 파국에 이르게 되 는지를 보여줍니다.

완악해진 마음

출애굽기 7장부터 이어지는 모세와 바로의 대결 이야기를 읽다 보면, 주의 깊은 독자라면 놓칠 수 없는 맥락이 하나 있습니다. 모세를 통해 재앙이 일어날 때 바로의 반응에 대해 묘사하면서 "바로가 고집을 부렸다"(출 7:13, 22)는 표현이 노래의 후렴구처럼 사용되고 있다는 점입니다. 새번역의 "바로가 고집을 부렸다"는 번역보다는 개역개정의 "바로의 마음이 완악했다"는 번역이 더 좋습니다. 그런데 이것이 뒤로 가면서 "주님께서 고집을 부리게 하셨다"("여호와께서 바로의 마음을 완악하게 하셨다")는 표현으로 바뀝니다(출 9:12, 10:1, 20, 27, 11:10). 바로의 마음에 일어난 변화를 어떤 때는 바로가 그렇게 한 것으로 표현하고, 또 어떤 때는 하나님이 그렇게 하신 것으로 표현한 것입니다. 왜 그렇게 했을까요?

앞에서 살펴보았듯이, 하나님은 호렙 산에서 모세를 처음 부르실 때부터 바로가 순순히 청을 들어주지 않을 것이라는 사실을 예고하셨습니다. 모세가 이스라엘 백성을 놓아 달라고 요청할 때 바로가 어떻게 나올지는 대단한 예지 능력이 없이도 어느 정도 예상할 수 있습니다. 거대 제국 이집트를 밑바닥에서 떠받치고 있던 값싼 노예 노동력을 한순간에 잃는 것을 어느 권력자가 순순히 허용하겠습니까? 바로가 그렇게 나오는 것은 어쩌면 당연한 일입니다. 그런데 두 번째 나타나셨을 때 하나님은 모세에게 이렇게 말씀하십니다.

내가 너에게 이적을 행할 능력을 주었으니, 너는 이집트로 돌아가거든, 바로의 앞에서 그 모든 이적을 나타내 보여라. 그러나 나는 그가 고집을 부리게 하여 내 백성을 놓아 보내지 않게 하겠다(출 4:21).

그러나 나는, 바로가 고집을 부리게 하여 놓고서, 이집트 땅에서 표징과 이적을 많이 행하겠다. 바로가 너희의 말을 듣지 않을 때에, 나는 손을 들어 큰 재앙으로 이집트를 치고, 나의 군대요 나의 백성인 이스라엘 자손을 이집트 땅에서 인도하여 내겠다(출 7:3-4).

이 말씀을 보면, 하나님이 바로의 마음을 로봇처럼 조종하겠다는 것처럼 보입니다. 여기서 사용된 히브리어는 '강하게 하다', '굳게 하다'라는 뜻입니다.[2] 그러므로 이 말씀은 이미 굳어 있는 바로의 마음을 하나님이 더욱 굳게 하겠다는 뜻으로 보아야 합니다.

하나님이 말씀하신 대로, 모세와 아론이 바로에게 가서 광야에 나가 하나님을 예배하게 해달라고 요청하자 바로는 거부합니다. 이 대목에서 성경은 바로가 "고집을 부리고, 그들의 말을 듣지 않았다"(출 7:13)고 기록합니다. 이후 모세에게 다시 나타나신 하나님은 "바로는 고집이 세서, 백성들을 내보내기를 거절하였다"(출 7:14)고 말씀하십니다.

결국 바로의 굳어진 마음은 하나님의 재앙을 불러 옵니다. 하나님은 우선 물이 피로 변하는 재앙으로 시작하십니다. 하지만 이집트의 마술사들도 자기들의 술법으로 그와 똑같이 하는 것을 보고, 바로는 오히려 마음을 더 굳게 하여 모세의 요청을 거부합니다.

얼마 후에 하나님은 두 번째 재앙으로 바로를 흔드십니다. 이집트 전역이 개구리 떼로 덮여 버린 것입니다. 기겁을 한 바로는 모세와 아론을 불러 개구리가 물러가도록 해주면 청을 들어주겠다고 약속합니다. 하지만 모세가 하나님께 기도하여 개구리 소동이 그치자 바로는 다시 마음을 바꿉니다.

> 바로는 한숨을 돌리게 되자, 주님께서 말씀하신 대로, 또 고집을 부리고 그들의 말을 듣지 않았다(출 8:15).

그러자 하나님은 더 큰 재앙 곧 온 이집트 땅의 먼지가 이로 변하는 재앙을 내리십니다. 이집트 도처에 이가 퍼지지만, 그 정도는 견딜 만했는지 바로는 여전히 마음을 돌이키지 않습니다. 오히려 마음을 더욱 굳게 합니다. 그러자 하나님은 파리 재앙으로 그를 치십니다. 파리로 온 나라가 폐허가 되자, 바로는 모세에게 재앙을 거두어 주면 이스라엘 백성을 내보내서 광야에서 예배드리도록 하겠다며 물러섭니다. 하지만 모세의 기도로 파리 떼가 사라지자 바로는 다시 마음을 바꾸어 더욱 굳게 합니다. 하나님은 다섯 번째로 이집트 사람의 집짐승을 모두 죽여 그를 흔드십니다. 하지만 바로는 여전히 고집을 부리고 이스라엘 백성을 내보내지 않습니다.

이렇게 하나님은 바로가 마음을 돌려 스스로 이스라엘 백성을 놓아주도록 비교적 가벼운 재앙으로부터 시작합니다. 하지만 재앙이 거듭될수록 바로는 마음을 돌이키기는커녕 마음을 점점 굳게 합니다. 처음에는 진흙과 같은 마음이었다면, 재앙이 거듭되면서 흙덩어리가 되고 나중에는 돌멩이처럼 단단해진 것입니다.

마음의 주인

여섯 번째 재앙부터 흥미로운 변화가 일어납니다. 하나님은 피부에 종기가 생기는 악성 전염병을 일으켜서 이집트 백성이 모두 피부병으로 고통받게 하십니다. 하지만 바로는 여전히 마음을 바꾸지 않습니다. 그런데 저자는 그 대목을 다음과 같이 묘사합니다.

그러나 주님께서 바로가 여전히 고집을 부리게 하셨으므로, 주님께서 모세에게 말씀하신 대로, 바로가 그들의 말을 듣지 않았다(출 9:12).

바로가 스스로 마음을 굳게 한 것이 아니라, 하나님이 그의 마음을 완악하게 하셨다는 것입니다. 일곱 번째 재앙으로 하나님이 이집트 땅 위에 큰 우박을 퍼부으셔서 이집트가 쑥대밭이 되자, 바로는 "이제는 내가 죄를 지었다. 내가 너희를 보내겠다"(출 9:27-28) 하고 항복하듯 말합니다. 하지만 모세의 중재를 통해 우박이 그치자 바로는 다시 마음을 완악하게 합니다(출 9:35). 그의 자유의지가 마지막으로 작동하고 멈춘 셈입니다. 말하자면, 여섯 번째 재앙과 일곱 번째 재앙을 거치는 동안 그의 마음의 주도권이 완전히 하나님에게 넘어갔다는 뜻입니다.

하나님은 여덟 번째로 메뚜기 재앙을 내리십니다. 신하들이 "임금님께서는 아직도 이집트가 망한 것을 모르고 계십니까?"(출 10:7)라면서 이제 그만 허락하라고 간청하지만, 바로는 이집트의 생존 위기 앞에서 여전히 고집을 부립니다. 메뚜기 떼가 이집트 땅을 뒤덮어 나무의 열매와 땅의 푸성귀를 모두 먹어 치우자 바로가 하는 수 없이

두 손을 들지만, 모세의 기도로 메뚜기가 사라진 이후에 또다시 변심을 합니다. 그 대목을 성경은 이렇게 묘사합니다.

> 그러나 주님께서는 바로가 여전히 고집을 부리게 하셨으며, 바로는 여전히 이스라엘 자손을 내보내지 않았다(출 10:20).

아홉 번째로 짙은 어둠이 땅을 덮는 재앙이 내렸을 때도 "주님께서 바로가 고집을 부리도록 하셨으므로, 바로는 여전히 그들을 내보내지 않았다"(출 10:27)고 기록되어 있습니다. 결국 바로는 처음 난 생명이 희생당하는 국가적 재앙을 당하고 나서야 최종적으로 항복합니다. 그러나 이스라엘 백성이 떠나고 난 뒤 그는 금세 마음을 바꾸어 병거를 동원하여 이스라엘 백성의 뒤를 쫓습니다. 그 대목을 성경은 이렇게 묘사합니다.

> 주님께서 이집트 왕 바로의 마음을 고집스럽게 하시니, 바로가, 주님의 보호를 받으면서 당당하게 나가고 있는 이스라엘 자손을 뒤쫓았다(출 14:8).

이상에서 본 것처럼, 첫 번째 재앙부터 다섯 번째 재앙까지 바로가 보인 반응에 대한 묘사와 여섯 번째 재앙 이후에 바로가 보인 반응에 대한 묘사가 뚜렷하게 다릅니다. 처음에는 바로가 스스로 마음을 완악하게 합니다. 모세와 아론을 통해 그의 마음에 들려온 하나님의 뜻을 거부하기 위해 마음을 굳게 한 것입니다.

세상은 모두 점령해도 자신의 마음 하나 다스리지 못하는 것이 우리 인간입니다. 마음의 소유권이 온전히 나 자신에게 있지 않기 때문입니다. 내 마음은 나의 사유지가 아니라 하나님과 함께 사용하는 공유지입니다. 내 마음은 내 것이면서 또한 하나님의 것입니다. 그러므로 내 마음에 대한 하나님의 통치권을 인정하고 그분의 다스림 아래에서 살아갈 때 비로소 내 마음을 온전히 다스릴 수 있습니다.

하나님이 열 가지 재앙을 내리신 이야기를 읽으면서 이렇게 질문하는 분이 있습니다. "바로가 그렇게 나올 줄 미리 아셨으면 하나님은 처음부터 마지막 카드를 쓰시지 왜 아홉 번이나 헛수고를 하셨을까요?" 그럴듯해 보이는 반론이지만, 바로 역시 하나님의 사랑받는 자녀라는 사실을 기억해야 합니다. 하나님은 바로에게 조금이라도 돌이킬 여지가 있는 한 기회를 주려 하신 것입니다.

불행히도 바로는 그 기회를 다섯 번이나 차 버립니다. 흙은 적당한 습기가 있어서 보들보들할 때 생명이 피어납니다. 그런 땅에 가뭄이 들어서 말라 버리면 생명이 자라기 어렵습니다. 가뭄이 길어져서 흙이 돌처럼 굳어 버리면 결국 황무지가 되어 버립니다. 마음도 마찬가지입니다. 하나님께 대해 마음을 굳게 하다 보면, 어느 지점에서 돌처럼 되어 버립니다. 그렇게 되기 전까지 하나님은 그 마음의 문을 계속 두드리십니다. 하지만 더 이상 두드려 보아야 소용이 없어지는 순간이 있습니다.

그렇게 되면 하나님은 그를 돌이켜 자신의 뜻을 위해 사용하는 대신, 그가 택한 죄악을 사용하여 자신의 뜻을 이루십니다. 여섯 번째 재앙과 일곱 번째 재앙을 거치면서 바로는 돌아올 수 없는 다리를 건

너갔고, 하나님은 여덟 번째 재앙부터 바로의 굳어진 마음을 더 굳게 하십니다. 더 이상 그의 마음을 돌이킬 수 없기에 그의 악행을 통해 자신의 뜻을 이루기로 작정하신 것입니다.

그렇다면 왜 하나님은 여덟 번째 재앙으로 끝내지 않았을까요? 재앙을 열 번이나 지속하신 것은 또 다른 이유가 있었기 때문입니다. 여덟 번째 재앙부터 하나님은 바로의 돌 같은 마음을 사용하여 모세와 이스라엘 백성에게 자신이 어떤 하나님인지를 드러내십니다. 이것은 저의 추측이 아닙니다. 하나님이 모세에게 직접 하신 말씀입니다.

너는 바로에게 가거라. 그와 그 신하들이 고집을 부르게 한 것은 나다. 이것은 내가, 그들이 보는 앞에서 나의 온갖 이적을 보여주려고 그렇게 한 것이다. 그뿐만 아니라, 내가 이집트 사람들을 어떻게 벌하였는지를, 그리고 내가 그들에게 어떤 이적을 보여주었는지를, 네가 너의 자손에게 알리게 하려고, 또 내가 주님임을 너희에게 가르치려고 그렇게 한 것이다(출 10:1-2).

바로가 하나님과의 관계에서 돌아올 수 없는 다리를 건넜으니, 이제는 자신이 어떤 하나님인지를 이스라엘 백성에게 보여주기 위해 바로의 악행을 사용하시겠다는 뜻입니다. 이것은 씨앗을 심어 키울 수 없는 흙을 불에 구워 벽돌로 사용하는 농부의 심정과 같은 일입니다. 그 말씀대로 바로는 마지막 순간까지 하나님께 저항했고, 그로 인해 모세와 이스라엘 백성은 그들이 섬기는 하나님, 그들을 택하신 하나님이 어떤 분인지를 똑똑히 보게 되었습니다.

자유의지의 속성

인간의 심리에 대한 본격적인 과학적 연구는 지그문트 프로이드와 칼 융의 기념비적인 연구로부터 시작되었습니다. 지금은 심리학이 대학에서 인기 있는 과목이 되었지만, 심리학의 역사는 기껏해야 백 년이 조금 넘은 가장 역사가 짧은 학문입니다. 짧은 역사에도 불구하고 오늘날 심리학은 눈부시게 발전했습니다.

그런 점에서 볼 때, 모세와 대결하는 바로의 마음에 대해 성경이 묘사한 방식은 놀라운 면이 있습니다. 이 내용을 가리켜 '이야기로 풀어낸 인간 심리 이야기'라고 이름 붙일 수 있습니다. 신학에서 가장 어려운 문제 중 하나가 자유의지와 하나님의 주권 사이의 관계인데, 바로의 이야기는 이 문제에 관해서도 심오한 통찰을 담고 있습니다.

몇 년 전 미국에서 새로운 교회 운동을 이끌었던 빌 하이벨스 목사가 성추행 혐의로 자리에서 물러나 많은 이들에게 충격을 주었고, 최근에는 생전에 발달장애인들을 위한 공동체를 설립하여 많은 영향력을 끼쳤던 장 바니에 신부가 같은 일로 큰 실망을 안겨 주었습니다. 또한 '빌리 그레이엄 이후 최고의 전도자'요 'C. S. 루이스를 잇는 변증가'로 명성을 펼쳤던 라비 재커라이어스가 생전 저지른 성추행 사실이 뒤늦게 드러나 많은 이들에게 충격을 주었습니다.

세상에는 그 사람의 이력이나 인상으로 볼 때 '그럴 법한 사람'과 '그럴 법하지 않은 사람'이 있습니다. '그럴 법한 사람'은 숨겨진 민낯이 분명하게 드러나도 별 타격을 입지 않습니다. 주변 사람들도 별로 놀라지 않습니다. 트럼프 전 대통령이 그 예입니다. 다른 사람이라면 정계 은퇴를 했을 법한 일들을 수없이 저지르고도 대통령에 당선되

그 사람 모세

고, 재선에 실패한 뒤에도 여전히 열광적인 추종자들을 가지고 있는 이유는 그가 '그럴 법한 사람'으로 인식되어 있기 때문입니다. 하지만 그 사람의 이력이나 인상으로 볼 때 '그럴 법하지 않은 사람'이 그런 의혹을 받게 되면 심한 타격을 입고 사람들도 충격을 받습니다. 하지만 이 사건들을 통해 우리가 확인하는 인간 본성에 대한 불편한 진실이 하나 있습니다. '그럴 법하지 않은 사람'은 있지만, '그럴 리가 없는 사람'은 없다는 사실입니다. 인간은 누구나 내면과 외면이 속속들이 죄성에 오염되어 있기 때문에 언제라도 조건이 갖추어지면 죄를 범할 수 있다는 사실을 위에서 예로 든 인물들뿐 아니라 우리 주위에서 일어나는 여러 사건들을 통해 확인하게 됩니다.

이 말은 뒤집어도 진실입니다. 처음부터 악한 사람은 없습니다. 또한 악하기만 한 사람도 없습니다. 우리 모두가 '어느 정도' 악하고 '어느 정도' 선합니다. 우리의 과제는 우리 안에 있는 악의 정도를 줄이고 선의 정도를 키우는 것뿐입니다. 그러기 위해 우리는 우리 마음에 대한 하나님의 소유권을 인정하고 마음을 예민하게 하여 그분의 인도하심을 따라 살도록 힘써야 합니다.

바로는 하나님의 뜻을 거부하고 자신의 죄된 욕망을 따라 사는 사람이 그의 자유의지를 어떻게 오용하는지 그리고 그 말로가 어떻게 되는지를 극적으로 보여줍니다. 문학평론가 황현산 교수는, 문학의 기능은 인간의 악한 본성을 자극적인 모습으로 그려냄으로써 독자들이 자신 안에 있는 그 본성을 보게 해주는 데 있다고 말합니다.[3] 그런 점에서 바로는 출애굽기에서 저자가 특별히 정성을 기울인 인물이라 볼 수 있습니다.

하나님은 우주의 운행에는 자연법칙을 부여하고 인간에게는 자유의지를 부여하셨습니다. 스스로 생각하고 판단하고 선택하고 결정하며 살 수 있는 자유를 부여하신 것입니다. 하나님은 인격적인 관계 안에서 인간과 사랑의 교제를 나누기 원하셨기에 거절과 거부의 위험을 감수하고 자유의지를 허락하셨습니다. 그렇기 때문에 자연법칙을 해치지 않고 자유의지를 범하지 않는 범위 내에서 개입하심으로 우주의 운행과 인류의 역사를 이끌어 가십니다.

자유의지를 부여한 뒤에 완전히 손을 떼신 것은 아닙니다. 인간의 자유의지를 침해하지 않으면서 자신의 뜻을 따라 살도록 하나님은 '미세한 음성'과 '부드러운 손길'로 인도하십니다. 하나님은 우리에게 끊임없이 말씀하십니다. 하지만 미세한 음성으로 말씀하시기에 귀 기울여 들어야 합니다. 그분의 음성을 듣기 원하지 않으면 얼마든지 무시할 수 있습니다. 또한 마음을 부드럽게 만들어 그 손길에 예민해지고 자신을 맡기기 위해 힘써야 합니다. 그 손길의 인도를 원하지 않으면 얼마든지 뿌리칠 수 있습니다. 그 손길을 거듭 뿌리치면서 둔감해지면 그 손길이 있다는 사실 자체를 부인하게 됩니다. 그런 사람에게 하나님은 간혹 크게 말씀하기도 하고 강한 손길로 치기도 하십니다. 회개하고 돌아오기를 바라시기 때문입니다. 하지만 그럴 때마다 마음을 더욱 굳게 하여 귀를 틀어막고 손길을 뿌리치는 사람도 있습니다.

이것이 하나님과 바로 사이에 일어난 일입니다. 하나님은 모세뿐 아니라 바로에게도 미세한 음성과 부드러운 손길로 역사하셨습니다. 하나님은 모세의 하나님이기도 하지만 바로의 하나님이기도 합니다. 이스라엘의 하나님이기도 하지만 이집트 사람들의 하나님이기도 합니다. 절대권력의 자리에 앉아 있는 사람에게 하나님을 믿는 것은 거의 불가능한 일입니다. 그런 자리에 앉아 있으면 하나님을 믿을 수도 없고 그분의 뜻을 찾는 것은 더욱 어렵습니다. 하나님은 바로가 어떻게 반응하리라는 것을 아셨습니다. 그럼에도 그에게 돌이킬 수 있는 기회를 주셨습니다.

하지만 바로와 이집트 사람들은 하나님의 다스림을 인정하지 않았습니다. 하나님의 미세한 음성을 무시했고 그분의 부드러운 손길을 뿌리쳤습니다. 그들은 자신들의 자유의지를 따라 죄와 악을 선택했습니다. 하나님은 그들이 고집을 부려 죄와 악을 선택하는 것을 강제로 막지 않으셨습니다. '바로가 마음을 완악하게 했다'는 말은 뒤집으면 '바로의 마음에 돌이킬 여지가 남아 있다'는 뜻입니다. 하지만 그는 굳어진 마음을 더욱 굳게 하는 선택을 합니다. 그러자 하나님은 더욱 강한 재앙으로 그를 흔드셨고 그의 마음은 더욱 굳어졌습니다.

애주가들이 자주 하는 말이 있습니다. "처음에는 사람이 술을 먹고, 나중에는 술이 술을 먹고, 마지막에는 술이 사람을 먹는다"는 말입니다. 그것이 죄성에 물든 인간 본성의 속성입니다. 처음에는 자유의지로 죄를 선택합니다. 그때는 '언제든 멈추면 되겠지'라고 생각합니다. 하지만 같은 선택이 반복될수록 점점 그 죄에 사로잡힙니다. 자유의지가 죄로 인해 구속당하기 때문에 스스로 멈출 수 없게 되고, 마침내 죄의 노예가 되고 맙니다.

사도 바울은 이것을 "하나님의 내버려 두심"이라고 표현합니다. 하나님을 부정하고 자신의 죄된 욕망을 따라 살기로 선택한 사람들에 대해 그는 이렇게 말합니다.

> 사람들이 하나님을 인정하기를 싫어하므로, 하나님께서는 사람들을 타락한 마음 자리에 내버려 두셔서, 해서는 안 될 일을 하도록 놓아두셨습니다(롬 1:28).

여기서 '내버려 두다'에 해당하는 헬라어 '파라디도미'는 무언가를 다른 사람의 손에 넘겨주는 것을 의미합니다. 인간이 거듭 죄악을 선택할 때, 하나님이 죄악의 손에 그를 넘겨주신다는 뜻입니다. 더 이상 돌이킬 여지가 없기 때문입니다. 그러고는 그가 범한 죄악을 사용하여 그분의 뜻을 이루십니다.

인간의 죄된 선택으로 인해 하나님이 손해 볼 일은 없습니다. 하나님은 전능한 능력으로 인간의 실수와 악행까지도 그분의 계획을 위해 사용하시기 때문입니다. 불행은 끝내 마음을 굳게 하여 죄악에 넘겨진 사람이 당할 일입니다.

내 안에 있는 바로

이 이야기를 읽으면서 독자들은 자신 안에 있는 바로를 보아야 합니다. 하나님이 미세한 음성과 부드러운 손길로 이끄시는 것을 알면서도, 무시하고 외면하고 거슬러 가려고 고집 피우는 우리 자신의 모습을 들여다보아야 합니다.

요즘 여러분은 어떤 선택을 하며 살고 있습니까? 여러분에게 주어진 자유의지를 어떻게 사용하고 있습니까? 얼마나 자주 하나님의 미세한 음성을 듣습니까? 하나님의 부드러운 손길을 느낄 만큼 여러분의 마음은 충분히 예민하고 부드럽습니까?

혹시 만나서는 안 될 사람을 만나거나, 탐해서는 안 될 물건을 탐하거나, 해서는 안 될 행동을 계획하고 있는 것은 아닙니까? 그런 일에 마음이 끌릴 때 하나님의 미세한 음성이 들립니다. 하지만 우리는 '한두 번쯤이야 무슨 문제가 되겠어?'라고 생각하고 마음을 굳힙니다. 그런 일에 손을 뻗을 때 하나님의 부드러운 손길이 느껴집니다. 하지만 우리는 '이 정도는 내가 얼마든지 통제할 수 있어' 혹은 '언제든지 내가 원하면 멈출 수 있어'라고 생각하고 그분의 손길을 뿌리칩니다.

그동안 존경받는 자리에 있던 사람이 너무도 허망하게 무너지는 일이 자주 있었습니다. 그런 현상에 대해 심리학자들이 내놓은 분석이 있습니다. 높은 자리에 오래 앉아 있다 보면 자신이 모든 것을 통제할 수 있다는 착각에 빠진다는 것입니다. 그렇기 때문에 해서는 안 되는 일을 하고 싶은 유혹에 이끌린다는 것입니다.

그런 자리에 있지 않다 해도 이런 착각에서 안전하지 않습니다. 우리는 자신이 마음의 온전한 소유권자라고 착각하고 어떤 일이든 자신이 원하면 할 수도 있고 멈출 수도 있다고 생각합니다. 그래서 안전해 보이는 작은 죄부터 시험해 봅니다. 술을 처음 맛보는 사람이 자신이 취하는지 안 취하는지를 관찰하면서 홀짝홀짝 맛보다가 결국 인사불성이 되어 버리는 것과 같습니다.

달라스 윌라드는 그것을 '죄 관리'(sin management)라고 불렀습니다.[4] 자신이 행하고 싶은 죄의 목록을 적어 놓고 안전한 것부터 하나씩 시험하면서 적당히 죄를 즐기려는 유혹을 말합니다. 이것은 죄의 속성도 모르고 인간의 본성도 모르기 때문에 빠지는 잘못입니다. 우리가 죄를 관리하려는 시도는 어린아이가 불을 가지고 노는 것만큼이나 위험한 일입니다.

인생의 목적은 무엇인가를 성취하거나 개인적인 행복을 누리는데 있는 것이 아니라, 하나님의 인도하심을 따라 사랑하고 사랑받으며 살아가는 데 있습니다. 인생의 가장 큰 복은 하나님 안에 머무는 가운데 그분의 뜻이 실현되는 것을 보는 것이며, 인생의 가장 큰 보람도 하나님의 뜻과 계획을 따라 사는 데 있습니다.

그러므로 우리가 매일 힘써야 할 것은 마음을 지키는 것입니다. 하나님의 미세한 음성에 예민해지도록 우리의 마음을 부드럽게 해야합니다. 그분의 부드러운 손길을 놓치지 않도록 잠잠히 온 마음을 그분께 조율하며 살아야 합니다. 그리고 그 음성이 들리고 그 손길이 느껴질 때 순종해야 합니다. 그럴 때 우리는 아무런 방해도 받지 않은채 거룩하고 성결하고 의롭고 선한 일을 선택하며 살아갈 수 있을 것입니다.

하지만 그것조차도 우리의 의지만으로는 지속할 수 없습니다. 매일 위로부터 내리는 성령의 도우심 없이는 우리의 '바람난 마음'은 그 거룩하고 복된 길에서 벗어나기를 탐하게 되어 있습니다. 그러므로 매일, 매 순간 우리 자신을 하나님께 온전히 맡기기를 멈추지 말아야 합니다. 주님의 손안에 머물러 있는 한 안전하기 때문입니다.

그 사람 모세

| 적용과 나눔을 위한 질문 |

• 당신은 바로의 마음에 일어났던 현상을 경험한 적이 있습니까? 죄를 탐하다가 결국 죄에 결박되는 경험을 해본 적이 있습니까? 그 경험을 통해 당신이 깨달은 것은 무엇입니까?

• 자유의지를 온전히 하나님의 뜻을 따르는 일에 사용해 본 적이 있습니까? 자유의지는 오직 하나님과의 관계 안에서만 자유로울 수 있다는 사실을 경험해 보았습니까? 그 경험을 통해 당신이 얻은 교훈은 무엇입니까?

• 매일의 삶 가운데 하나님의 '미세한 음성'을 듣고 '부드러운 손길'을 느끼고 그것에 순종하기 위해 당신이 구해야 할 것은 무엇입니까?

12
갈등

나도 그렇다

출애굽기 6:28-11:10

피할 수 없는 일

살다 보면 때로 어려운 사람을 만납니다. 사람이 모인 자리에는 언제나 그런 사람이 있습니다. 그런 만남으로 고통받다 보면, 깊은 산골에 있는 사찰이나 수도원에 들어가 숨어 살고 싶은 갈망에 사로잡힙니다. 하지만 사찰에도 그런 사람이 있고, 평생 세상과 담 쌓고 살아가는 봉쇄 수도원에도 그런 사람이 있습니다. 그래서 사람들은 우스갯소리로 '또라이 총량 불변의 법칙'을 말합니다. 도무지 이해하기 어려운 사람은 인간 사회 어디를 가든 존재한다는 뜻입니다.

그동안 여러분이 거쳐 온 학교와 직장과 교회에서 만났던 사람들을 생각해 보시기 바랍니다. 여러분을 불편하게 하고 하루하루를 힘겹게 만들었던 사람들이 분명 생각날 것입니다. 가족 중에 그런 사람이 있을 때는 고통이 더욱 심합니다.

그 사람 모세

혹시 그 사람을 피하기 위해 다른 곳으로 옮겨 갔던 적이 있습니까? 우리 속담에 "여우를 피해서 호랑이를 만났다"는 말이 있습니다. 피하여 간 새로운 곳에서 더 지독한 사람을 만나는 경험 때문에 이와 같은 속담이 생겼을 것입니다.

인간관계에서 오는 어느 정도의 갈등과 고통은 살아가기 위해 치러야 하는 값이라고 보아야 합니다. 다른 사람과 어울리지 않으면 우리는 인간답게 살 수 없습니다. 그런데 더불어 살아야 할 사람들 안에는 대부분 상처가 있습니다. 어떤 사람은 그 상처가 깊어서 누군가를 미워하고 공격하는 것을 통해 자신의 존재감을 확인합니다.

따라서 그런 사람을 만나게 되면 속으로 '값을 치를 때가 되었구나!'라고 생각하면 됩니다. 그것을 이상한 일로 여기고 큰 문제로 삼으면 고통은 더욱 커질 뿐입니다. 그러니 누구나 겪는 일이고 겪어 내야만 하는 일이라고 생각해야 합니다. 실제로 그렇기 때문입니다. 그렇게 생각하면 문제를 감당하기가 훨씬 수월해집니다.

그와 더불어 그 사람이 그렇게 하는 것이 그 사람 자신의 문제 때문일 수 있다는 사실을 기억할 필요가 있습니다. 물론 인간관계에 문제가 생겼을 때 가장 먼저 할 일은 하나님 앞에서 자기 자신을 돌아보는 일입니다. 나의 잘못 때문에 그 사람이 그렇게 행동했을 수도 있기 때문입니다. 그렇게 자신을 정직하게 성찰하고 바로잡았는데도 그 사람이 계속 그렇게 행동한다면, 그것은 그 사람의 문제일 수 있습니다.

정신의학과 전문의인 윤대현 교수가 이런 말을 했습니다.

내가 속한 공동체에 열 명이 있다면, 아무리 모든 사람에게 잘하려고 노력해도 그중에 두 명은 무조건 나를 싫어하고, 일곱 명은 나에게 무관심하며, 한 사람은 나를 좋아하게 되어 있다.[1]

다른 사람들의 반응에 지나치게 신경 쓰지 말고 소신대로 살아가되, 때로 어렵게 하는 사람을 만나면 자신이 잘못한 것이 없는지 반성해 보고 큰 문제가 없을 경우 그 사람의 문제라고 생각하라는 뜻입니다. 그러면 인간관계에서 오는 갈등을 감당하는 것이 훨씬 수월해집니다.

문제는 참고 견디지 말아야 할 상황이 있다는 데 있습니다. 나에 대한 누군가의 악행이 정도를 넘어섰다고 판단될 때도 그렇고, 사회정의 차원에서 그 사람의 악행을 중단시켜야 한다는 판단이 설 때도 그렇습니다. 또한 그 사람의 악행을 멈추는 것이 하나님이 원하시는 일이라는 확신이 들 때도 그렇습니다. 그럴 때는 그 사람에게 맞서서 그 악행을 드러내고 그 사람으로부터 시인과 사과를 받아 더 이상 악행이 반복되지 않게 해야 합니다. 미국과 한국 상황에서 각각 인종 차별과 갑질 행위가 그러한 악행의 예입니다.

하지만 누군가와 맞서 싸우는 것 자체가 어렵고 고통스러운 일입니다. 어떤 사람들은 맞서 싸울 때 오히려 엔도르핀이 솟아납니다. 어릴 때부터 투쟁이 삶의 습관이 되었기 때문입니다. 하지만 보통 사람은 누군가와 맞서는 상상만 해도 혈압이 오르고 심박이 빨라집니다. 그뿐 아니라, 맞서야 하는 대상이 나보다 강한 사람일 경우에는 두려움이 밀려옵니다. 요즘 한국에서 문제가 되고 있는 '위계에 의한 성추행 및 성폭력'의 문제가 여기에 있습니다. 자신의 목줄을 쥐고 있

그 사람 모세

는 사람에게 맞서는 것은 사생결단과 같은 용기를 필요로 합니다.

왜 맞서야 하는가

앞 장에서 바로의 마음에 대해 생각해 보았으니, 이번 장에서는 바로에게 맞섰던 모세의 모습을 통해 때로 누군가와 맞서야 할 때 어떻게 해야 할지 생각해 볼까 합니다.

모세가 바로 앞에 나가 맞서는 것은 목숨을 건 모험이었습니다. 그러한 그가 그나마 기댈 수 있는 대상은 노예로 살고 있는 이스라엘 백성밖에 없었습니다. 하지만 이스라엘 백성은 바로에게 아무런 위협도 되지 않았습니다. 바로는 이스라엘 백성을 놓아 달라는 모세를 단칼에 없애 버릴 수도 있었습니다. 그 사실을 모세 또한 모르지 않았습니다. 그래서 호렙 산에서 하나님이 그를 부르실 때 그토록 거부했던 것입니다.

그럼에도 모세는 결국 바로를 찾아가 그와 맞섭니다. 절대권력자 앞에 선 모세가 유일하게 의지할 대상은 바로 하나님이었습니다. 하나님이 자신을 보내셨다는 사실, 그분이 끝까지 함께하실 것이라는 약속, 그리고 그 일이 하나님의 계획이요 고난 중에 있는 이스라엘 백성을 위한 것이라는 믿음 때문에 그는 목숨을 걸고 바로와 맞설 수 있었습니다.

여기서 우리는 누군가와 맞서기로 결심할 때 기억해야 할 매우 중요한 사실을 확인합니다. 하나님을 믿는 사람이라면, 그 사람에게 맞서는 이유를 하나님과의 관계에서 찾아야 한다는 것입니다.

우리가 누군가와 맞서는 가장 흔한 이유는, 그 사람으로 인해 자존심에 상처를 받았거나 어떤 손실이나 상해를 입었을 경우입니다. 이런 경우에는 맞서지 않는 것이 좋습니다. 내가 맞서서 그 사람을 응징했을 때 그 사람이 회개하고 돌아서는 일은 잘 일어나지 않습니다. 나의 복수는 보다 강한 대응을 불러오고 사태는 더욱 악화될 뿐입니다. 응징했다고 해서 분이 풀리는 것도 아닙니다.

그뿐 아니라, 그런 처사는 하나님의 주권을 믿는 사람에게 어울리지 않습니다. 하나님이 모든 것을 알고 계시고 다스리고 계시며 결국 바로잡으실 것을 진실로 믿는다면, 할 수 있는 대로 선대해야 합니다. 사도 바울은 이 문제에 대해 이렇게 말합니다.

아무에게도 악을 악으로 갚지 말고, 모든 사람이 선하다고 생각하는 일을 하려고 애쓰십시오. 여러분 쪽에서 할 수 있는 대로 모든 사람과 더불어 화평하게 지내십시오. 사랑하는 여러분, 여러분은 스스로 원수를 갚지 말고, 그 일은 하나님의 진노하심에 맡기십시오. 성경에도 기록하기를, "'원수 갚은 것은 내가 할 일이니 내가 갚겠다' 주님께서 말씀하신다" 하였습니다. "네 원수가 주리거든 먹을 것을 주고, 그가 목말라 하거든 마실 것을 주어라. 그렇게 하는 것은, 네가 그의 머리 위에다가 숯불을 쌓는 셈이 될 것이다" 하였습니다. 악에게 지지 말고, 선으로 악을 이기십시오(롬 12:17-21).

"머리 위에다가 숯불을 쌓는다"는 말은 수치를 당하게 될 것이라는 뜻입니다.[2] 자신이 누군가에게 지속적으로 악하게 행동했는데 그 사람은 일관되게 자신을 너그럽게 대하고 선대한다고 했을 때, 마지막 심판 때에 하나님 앞에서 그 행동에 대해 얼굴이 화끈거릴 정도로 수치스럽게 느끼게 될 것이라는 뜻입니다. 제대로 된 사람이라면, 하나님의 심판대 앞에 서기 이전에 스스로 정신을 차리고 수치를 느끼게 될 것입니다.

한편 보복하기 위해 누군가와 맞서게 되면, 훗날 하나님 앞에서 수치를 당할 수 있습니다. 자존심에 상처를 받거나 손해를 입으면 분별력을 잃어버립니다. 자신이 범한 잘못에 대해서는 무시하거나 축소하고 상대방의 잘못을 확대 해석합니다. 그렇기 때문에 기를 써서 맞서게 되고 내면에 잠재되어 있던 안 좋은 감정을 모두 끌어올려 퍼붓습니다. 그러고 나서 시간이 지나 정신을 차리면 한없이 부끄러워합니다. 하나님 앞에 서면 더욱 얼굴을 들 수 없습니다.

그러므로 누군가와 맞서고 싶거나 맞서는 것이 옳다고 생각된다면, 행동하기 전에 먼저 하나님 앞에 무릎을 꿇어야 합니다. 맞서야 한다면 왜 맞서야 하는지, 맞서서 싸우는 목적이 무엇인지, 하나님이 그것을 인정하실지, 맞선다면 어떻게 맞설 것인지를 하나님 앞에서 깊이 성찰해야 합니다.

그 행동이 자신의 억울함과 증오심에서 나오는 것이라면, 맞서는 것을 하나님이 허락하지 않으실 것입니다. 누군가와 맞서는 이유가 나의 상한 자존심을 회복하기 위해서가 아니라, 그 사람의 불의를 바로잡고 더 많은 피해를 방지하기 위한 것일 때에만 하나님이 그것을 허락하실 것입니다.

나는 심판자가 아니다

누군가와 맞서야 할 때 하나님 앞에 먼저 찾아가야 하는 또 다른 이유는, 그 문제를 제대로 바로잡을 분은 하나님뿐이기 때문입니다. 그분만이 바르게 판단하고 공정하게 갚아 주실 수 있기 때문입니다. 그래서 앞에서 언급한 말씀에서 하나님은 "원수 갚는 것은 내가 할 일이니 내가 갚겠다"(롬 12:19)고 하십니다.

우리는 사회 질서를 유지하기 위해 일정 수의 사람들에게 재판관이라는 자격을 부여하고 심판하는 일을 하게 합니다. 하지만 공정하게 심판할 자격과 능력은 그 누구에게도 없습니다. 두 사람이 원수 졌을 때 두 사람의 잘잘못을 제대로 알고 공정하게 판단하실 분은 우리의 내면과 외면을 모두 아시는 하나님밖에 없습니다. 다른 사람을 심판하는 것은 하나님의 자리를 차지하는 일입니다.

2020년 7월 9일, 한때 인권 변호사이자 시민 운동가였던 고 박원순 전 서울시장이 스스로 목숨을 끊었다는 보도가 전해졌습니다. 그 죽음이 성추행 혐의로 고발장이 접수된 다음 날 일어났다는 사실 때문에 사람들은 큰 충격을 받았습니다. 그가 시장 임기 중 급작스럽게 세상을 떠난 뒤, 그에 대한 평가 문제를 두고 한동안 떠들썩했습니다. 그의 성추행 의혹을 전면 부인하려는 사람들도 많았습니다. 한편에서는 그의 성추행 의혹이 사실로 확인되더라도 그가 한국 사회에 끼친 공은 인정해야 한다고 주장하고, 다른 한편에서는 그의 성추행이 사실이라면 그가 그동안 행한 업적도 모두 위선이라고 주장합니다. 그렇기 때문에 국민이 낸 세금으로 장례를 치르는 것을 반대하는 사람들이 많았습니다.

그 사람 모세

거의 같은 시점에 세상을 떠난 고 백선엽 장군에 대해서도 논란이 많았습니다. 해방 전에 일본군 장교로 복무하며 독립군을 토벌했던 그의 과오와 한국 전쟁 중 사단장으로서 그가 끼친 공헌을 모두 평가할 때, 어떤 판단을 내려야 할지 사람마다 생각이 다릅니다. 그래서 어떤 사람은 국립 현충원에 안장하는 것을 반대했고, 또 어떤 사람은 현 정부가 전쟁 영웅에 대해 소홀히 예우하고 있다고 비판했습니다.

　만일 한자리에 모여서 이 문제를 두고 끝장 토론을 하자고 한다면 반드시 싸움이 날 것입니다. 한 사람의 일생을 두고 그 공과 과를 모두 따져서 공평한 판단을 내릴 수 있는 사람은 아무도 없습니다. 모두 각자의 편향된 시각에서 보고 판단합니다. 그러므로 내 주장을 절대적인 것으로 내세우지 말아야 합니다. 다른 사람이 내 의견과 다르다고 싸우려 할 이유도 없습니다. 서로의 차이를 인정하고 합의할 수 있는 타협점을 찾아가는 것이 우리가 할 수 있는 최선입니다.

　한 사람의 일생을 두고 정당한 판정을 할 수 있는 분은 오직 하나님뿐입니다. 그분은 겉으로 드러난 공과 과만 보시는 것이 아니라, 마음속 깊은 곳에 숨겨진 생각까지 모두 보십니다. 그리고 그분의 공정한 추에 달아 판단하고 처리하십니다.

　따라서 우리가 누군가와 맞서기 전에 하나님을 찾아야 하는 이유는, 맞서는 행동을 통해 하나님의 정의가 실현되기를 구하기 위함입니다. 내가 그 사람 앞에 맞서는 이유는 하나님의 뜻을 그 사람에게 드러내어 그로 하여금 자신의 악을 보게 하려는 데 있습니다. 오직 그때에만 그 사람이 회개하고 변화될 가능성이 열립니다.

　바로의 이야기에서 살펴보았듯이, 우리가 처음에는 자유의지로 죄악을 선택하지만, 그 선택을 반복하다 보면 자유의지가 점점 침식당하고 나중에는 죄악에 완전히 속박됩니다. 그것을 흔히 "무엇에 씌었다"고 말합니다. 그렇게 되면 하나님도 보이지 않고, 사리분별도 하지 못합니다. 메뚜기 재앙이 내렸을 때 바로의 신하들이 바로에게 한 말을 기억하십니까?

> 언제까지 이 사람이, 우리를 망하게 하는 함정이 되어야 합니까? 이 사람들을 내보내서 그들의 주 하나님을 예배하게 하심이 좋을 듯합니다. 임금님께서는 아직도 이집트가 망한 것을 모르고 계십니까?(출 10:7)

바로가 자신의 욕망과 죄악에 씌어서 분별력을 완전히 잃어버렸다는 사실을 신하들은 알고 있었습니다. 온 백성이 고통당하고 나라가 망해 가고 있는 것을 바로만 알지 못했던 것입니다. 아니, 알면서도 부인하고 있었습니다.

이것이 악하게 행동하는 사람들이 빠지는 전형적인 함정입니다. 심리적 문제 때문이든 성격적 결함 때문이든 다른 어떤 문제 때문이든, 누군가에게 악한 감정을 품고 악하게 행동하기를 반복하다 보면 무언가에 씌인 것처럼 행동합니다. 눈을 질끈 감고 자신의 병든 마음이 만족함을 느낄 때까지 악행을 계속합니다.

우리가 누군가와 맞서야 한다면, 그의 눈과 마음을 덮고 있는 막을 벗겨 주기 위한 것이 되어야 합니다. 우리가 벗겨 주는 것이 아니라 스스로 깨닫고 벗도록 돕는 것입니다. 우리가 그 사람을 막아서는 이유는, 그로 하여금 자신이 얼마나 잘못 나아가고 있는지를 깨닫게 해주려는 것입니다. 누군가 그의 앞을 막아서는 사람이 있을 때에야 비로소 그 사람이 악행을 멈추고 자신을 돌아볼 수 있기 때문입니다.

그렇기 때문에 악한 사람에게 맞서기 원한다면, 먼저 하나님 앞에 무릎을 꿇어야 합니다. 그리고 자신이 행하는 일 가운데 하나님이 일하시기를 구해야 합니다. 내가 심판자가 되고 내가 응징하는 것이 아닙니다. 나는 오직 하나님의 도구로만 사용되어야 합니다. 심판하고 징계해야 한다면 하나님이 하십니다.

모세가 바로에게 처음 맞선 시점부터 이집트를 벗어날 때까지의 이야기를 읽어 보면, 모세는 '바로 앞에 서기'와 '하나님 앞에 엎드리기'를 반복합니다. 7장에서 후렴처럼 반복되는 표현 중 하나는 "모세와 아론은 주님께서 명하신(분부하신) 대로 하였다"는 것입니다(출 7:6, 10, 20). 모세는 하나님이 일하시기만을 기다리면서 그분이 하라는 대로만 행합니다.

바로의 거듭된 거부와 변심과 학대에 모세는 때로 화가 났을 것입니다. 하나님께 "저런 악한 사람을 어찌 이렇게 부드럽게 대하십니까? 이제 그만 끝내시지요?"라고 요구할 법도 했습니다. 하지만 모세는 끝까지 자신의 감정을 개입시키지 않습니다. 마치 "이것은 내 문제가 아니라, 하나님과 바로 사이의 문제야. 나는 하나님의 뜻을 전달하기만 하면 돼"라고 다짐하고 있는 사람처럼 보입니다.

내 안에 있는 두 얼굴

하나님 앞에 나아가 정직하고 진실하게 분별한 결과, 그 사람과 맞서 싸우는 것이 하나님의 뜻이라는 믿음이 생겼다고 해서 다짜고짜

진격해서는 안 됩니다. 사실 믿음 좋다는 사람들이 가장 자주 실수하는 것이 바로 이 지점입니다. 진지한 믿음의 사람이라면 이럴 때 더욱 조심해야 합니다. 이 지점에서 조심하지 않기에 하나님의 이름으로 사람을 죽여 놓고도 아무런 가책을 느끼지 않는 사람들이 나옵니다.

기도하고 분별하는 가운데 누군가와 맞서려 할 때, 우리는 맞서는 그 사람에 대해 두 가지를 항상 기억해야 합니다. 첫째는 그 사람도 하나님의 사랑받는 자녀라는 사실이고, 둘째는 그 사람에게도 선한 면이 있다는 사실입니다.

앞에서 살펴보았듯이, 바로가 비록 하나님을 인정하지 않고 그분의 뜻을 거역하고 있었지만 하나님은 그를 돌이키기 위해 참고 기다리고 인도하십니다. 바로가 돌아올 수 없는 다리를 넘어갈 때까지, 즉 그의 자유의지가 완전히 마비되기 전까지 하나님은 그를 포기하지 않으셨습니다. 모세도 그것을 알았기에 하나님이 말씀하시는 대로만 했습니다.

앞에서도 잠시 언급했지만, 믿는 사람들은 믿지 않는 사람들이 하나님의 자녀인 것을 쉽게 잊는 경향이 있습니다. 자신만이 하나님의 백성이고 하나님의 자녀라고 생각합니다. 그것을 가리켜 '배타적 선민의식'이라 부릅니다. 하나님이 이스라엘을 선민으로 선택한 이유는 그들만이 하나님의 백성이어서가 아닙니다. 모든 민족을 구원하기 위해 한 민족을 선택한 것입니다. 그런데 이스라엘 백성은 그것을 오해하여 하나님은 오직 자신들만의 하나님이라고 생각했습니다.

베드로도 한동안 배타적 선민의식에 빠져 있었습니다. 예수님의 십자가와 부활을 경험하고 성령의 세례를 받고 나서도 그는 여전히 그 오해로부터 벗어나지 못했습니다. 그가 비로소 거기서 벗어난 것은 로마 장교 고넬료와 관련하여 환상을 보고 나서의 일입니다. 베드로는 자신에게 일어난 일들을 묵상하는 중에 그 껍질로부터 깨어납니다. 그래서 고넬료의 집에 초청받아 설교하면서 이렇게 말합니다.

> 나는 참으로, 하나님께서는 사람을 외모로 가리지 아니하시는 분이시고, 하나님을 두려워하며, 의를 행하는 사람은 그가 어느 민족에 속하여 있든지, 다 받아 주신다는 것을 깨달았습니다. 하나님께서는 이스라엘 자손에게 말씀을 보내셨는데, 곧 예수 그리스도를 통하여 평화를 전하셨습니다. 예수 그리스도는 만민의 주님이십니다(행 10:34-36).

예수 그리스도의 복음이 유대교의 한 지류가 아니라 세계 종교로 발전하게 된 것은 배타적 선민의식에서 벗어났기 때문입니다. 그것이 초대 교회가 유대교인들로부터 미움과 배척을 받았던 주요 원인이기도 합니다.

그런데 오늘날 예수 그리스도의 복음을 믿는다는 사람들 중 배타적 선민의식을 가지고 사는 사람들이 적지 않습니다. 다른 종교를 믿는 사람들과 믿음이 없는 사람들은 하나님의 자녀가 아니라고 생각합니다. 하지만 하늘 아버지를 인정하고 그분의 다스림 안에 사느냐 그 다스림을 부정하고 사느냐의 차이만 있을 뿐, 그들도 하나님의 사랑받는 자녀입니다. 자식이 부모를 떠나 산다고 해서 자식이 아닌 것은 아닙니다. 법적으로 다른 사람의 자식으로 입양되었어도 자식이라는 사실에는 변함이 없습니다. 하나님은 집 떠난 자녀들이 돌아오기를 간절히 원하십니다.

어떤 분은 여기서 "그러나 그를 맞아들인 사람들, 곧 그 이름을 믿는 사람들에게는, 하나님의 자녀가 되는 특권을 주셨다"(요 1:12)는 말씀을 떠올릴지도 모릅니다. 이 말씀을 뒤집으면 영접하지 않는 사람들은 모두 하나님의 자녀가 아니라는 뜻이 되기 때문입니다. 하지만 이 말씀은 자녀 신분의 회복을 의미하는 말씀으로 읽어야 합니다. 모두가 하나님의 자녀인데 하나님께 등지고 죄악을 선택함으로 사탄의 종이 되어 버렸습니다. 하나님의 자녀로 지어졌는데 악한 힘에 팔린 것입니다. 그런 상태에서 복음을 듣고 예수 그리스도를 주님으로 영접할 때 하나님의 자녀로 회복되는 것입니다. 그것은 마치 불행한 일로 인해 다른 사람에게 입양되었던 사람이 친부모를 찾고 호적을 되찾는 것과 같다고 할 수 있습니다.

우리가 누군가와 맞서야 할 때마다 이 사실을 반드시 마음에 새겨야 합니다. 그 사람이 믿는 사람이라면 더욱 그렇지만, 믿음이 없거나 다른 종교를 가졌더라도 그 사람이 하나님의 사랑받는 자녀라는 사실을 기억해야 합니다. 그러면 함부로 말하거나 행동하지 않습니다. 감정이 격발하는 것을 막고 최선을 다해 예의를 지킬 수 있습니다. 나중에 두고두고 후회할 일을 하지 않습니다.

그와 더불어, 우리는 내가 맞서야 하는 그 사람에게도 선한 면이 있음을 기억해야 합니다. 어떤 문제로 누군가와 맞서게 되면 그 문제로만 그 사람을 보게 됩니다. 그러면 그 사람이 악의 화신처럼 보입니다. 상한 감정이 분별력을 마비시키기 때문입니다. 한 사람을 악마로 만들고 나면 그 사람에게 어떤 말이나 행동을 해도 된다고 생각합니다.

그 사람이 악하기 때문에 그런 대접을 받아 마땅하다고 생각합니다.

박원순 전 시장 사건이 국민의 여론을 둘로 갈라놓은 이유가 무엇입니까? 한편에서는 그를 철저한 위선자로 봅니다. 평생을 이중적으로 살았던 사람이라 생각하고 그동안 그가 이루어 온 업적에 대해서도 모두 깎아내리려 합니다. 다른 한편에서는 그는 그럴 사람이 아니며 따라서 그를 성추행으로 고소한 세력 배후에 뭔가 정치적인 음모가 있을 것이라고 생각합니다.

양쪽 모두 인간이 여러 겹으로 되어 있다는 사실을 인정하고 싶지 않은 것입니다. 조용히 앉아서 잠시만 돌아보아도 자신 안에 선과 악이 뒤엉켜 있다는 사실을 인정할 것입니다. 사람들이 자신을 선한 사람으로 알고 있다면, 악한 자아를 길들이면서 선한 자아를 키워 왔기 때문입니다. 지금은 숨죽이고 있는 악한 자아는 언제든지 조건만 갖추어지면 튀어나와 추한 짓을 할 것입니다. 그러한 맥락에서 생각하면, 한 인물에 대해서 공은 공대로 인정하고 과는 과대로 책임을 물을 수 있을 것입니다.

바로는 모세와 아론과 이스라엘 백성에게 악의 화신이었습니다. 하지만 그도 누군가에게는 사랑받는 사람이었을 것입니다. 바로가 세상을 떠났을 때, 그의 상실을 애도하며 뜨거운 눈물을 흘리는 사람이 있었을 것입니다.

역사상 악의 화신으로 알려진 사람들이 있습니다. 바벨론의 느부갓네살 왕, 그리스의 안티오쿠스 에피파네스 왕, 로마 제국의 칼리굴라, 조선의 연산군, 일본의 도요토미 히데요시, 대한제국의 이완용, 독일의 아돌프 히틀러, 러시아의 스탈린 등 계속 나열하면 한도 끝도 없을 것입니다. 그들이 행한 악은 너무도 크고 악해서 무슨 말로도 미화할 수 없습니다. 하지만 그들에게도 사랑하는 사람들이 있었고, 그들도 누군가에게 선한 사람으로 기억되었을 것입니다.

역사상 성인으로 추앙받는 사람들도 있습니다. 가까이는 테레사 수녀와 마하트마 간디가 있으며, 더 뒤로 가면 아씨시의 프란치스코와 히포의 아우구스티누스가 있고, 사도 바울과 스데반이 있으며, 이스라엘 역사 가운데는 아브라함과 모세가 있습니다. 한국 기독교 역사를 들여다보면 손양원 목사와 주기철 목사가 있습니다. 우리가 이들을 존경하고 역사에 이름을 기록하는 이유는 그들에게 아무런 티도 흠도 없기 때문이 아닙니다. 티도 있고 흠도 있지만 선이 압도하기에 그렇게 높이는 것입니다.

내가 맞서야 하는 사람도 그렇습니다. 지금 나에게는 전적인 악마처럼 보일지 모르지만, 선한 면이 더 많을지도 모릅니다. 지금은 나에게 악하게 행동하고 있지만, 나중에 나에게 가장 소중한 사람이 될 수도 있습니다. 지금 나에게는 가차 없이 응징해야 하는 원수처럼 보이지만, 사랑을 애걸하고 있는 것일지도 모릅니다. 어떤 사람들은 사랑을 얻는 방법을 몰라서 못된 짓만 골라서 합니다.

게다가 그와 맞서야 하는 나는 어떻습니까? 나는 절대적으로 옳고 절대적으로 선하기에 그 사람의 악에 대해 맞서는 것입니까? 아닙니다. 나도 누군가에게는 악으로 보일지도 모릅니다. 누군가가 나에게 맞설지 말지를 놓고 하나님 앞에서 기도하고 있는지도 모릅니다. 내가 그 사람에게 맞서는 이유는 내가 정의롭기 때문이 아닙니다. 그것을 기억하고 그 사람을 맞선다면, 두고두고 후회할 실수는 하지 않을 것입니다.

맞서야 할 때

인생 여정에서 어려운 사람을 만나고 그 사람과 얽힌 문제를 풀어가는 것은 참으로 고통스러운 일입니다. 그 사람을 보지 않고 산다면 문제는 그리 어렵지 않습니다. 하지만 때로 그 사람은 가족 중에 있을 수도 있고, 사랑하는 교회에 있을 수도 있으며, 매일 출근하여 일해야 하는 직장에 있을 수도 있습니다. 그럴 경우에 언제까지나 참고 지낼 수도 없고, 맞서서 해결하는 것은 더욱 힘듭니다.

그 모든 상황에 적용할 수 있는 탁월한 해결책이 있다면 얼마나 좋겠습니까? 하지만 그런 것은 없습니다. 인간관계의 성격이 사람마다 다르기 때문에 어느 하나의 원리를 가지고 그 문제를 모두 해결할 수는 없습니다. 그런 상황에 처할 때마다 하나님의 조명을 받아 분별하고 하나님이 풀어 주실 수 있도록 우리 자신을 준비하는 방법밖에 없습니다.

그러기 위해 첫째로 우리는 우리 자신을 늘 챙겨야 합니다. 혹시 나와 관계 맺고 있는 누군가가 나를 대면하여 맞서야 하는지를 두고 고민하고 있는 것은 아닌지 돌아보아야 한다는 뜻입니다. 나도 누군가에게 부당하게 행동할 수 있는 사람이라는 사실을 늘 기억하고 살아야 합니다.

그것은 단순히 인간관계의 문제가 아닙니다. 적어도 하나님을 믿는 사람이 다른 사람을 억울하게 하면 그것은 하나님께 죄가 됩니다. 그래서 모세는 가난한 동족에게 일을 시켰으면 그날 품삯은 그날

주라고 하면서 이렇게 말합니다.

> 그가 그날 품삯을 못 받아, 당신들을 원망하면서 주님께 호소하면, 당신들에게 죄가 돌아갈 것입니다(신 24:15).

사람에게 행하는 죄는 가장 먼저 그 사람을 지으신 하나님께 짓는 것입니다. 그 사실을 기억하면 죄에 대해 좀 더 소심해질 수 있을 것입니다.

둘째, 자신을 어렵게 하는 사람을 만났을 때 그 사람에게 맞서기 전에 하나님 앞에 그 문제를 가져가야 합니다. 그저 참고 지나칠 만한 문제도 있고 인간적으로 풀어 낼 수 있는 문제도 있습니다. 하지만 그 정도를 넘어서는 문제도 있습니다. 그러한 경우에는 하나님 앞에서 정직하게 자신이 잘못한 일은 없는지 분별하고 있다면 해결해야 합니다. 그 문제를 풀 수 있는 지혜와 용기를 구해야 합니다. 또한 하나님이 자신과 그 사람을 변화시켜 주시기를 구해야 합니다.

셋째, 그 문제로 맞서는 것이 하나님의 뜻이라는 믿음이 들면 담대하게 그러나 겸손하게 맞서야 합니다. 하지만 내가 그를 응징하기 위함이 아니라 그 사람이 자신의 문제를 깨닫도록 돕는다는 마음으로 맞서야 합니다. 또한 하나님이 나를 사랑하는 것만큼 그 사람도 사랑하신다는 사실을 기억해야 합니다. 그 사람이 악의 화신이 아니라 무언가에 씌어서 그렇게 행동하고 있는 것이라는 사실을 잊지 말아야 합니다.

그렇기 때문에 그리스도인은 어떤 경우에도 폭력을 사용하여 자신의 뜻을 이루려 하지 않습니다. 폭력에 호소하는 것은 심판자의 역할을 행하는 것이기 때문입니다. 그것은 또한 그 사람이 행하는 악이 아니라 그 사람 자신을 공격하는 일이기 때문입니다. 오히려 악한 사람과 맞서는 바람에 폭력을 당하게 되면 믿는 사람은 순순히 당하는 편을 택합니다. 그것을 통해 그 사람의 악이 더 분명하게 드러나기 때문입니다.

오직 그러할 때에만 그와 맞서기 위해 내가 감당해야 할 모든 희생이 의미가 있을 것입니다. 그런 맞섬을 통해서만 하나님이 그분의 뜻을 이루시고, 우리의 인생 또한 하나님의 뜻을 위해 사용될 수 있기 때문입니다.

| 적용과 나눔을 위한 질문 |

• 악한 사람과 맞섰던 경험을 생각해 보십시오. 무엇 때문에 맞섰습니까? 그 사람이 정말 그렇게 악했습니까? 나는 정말 그렇게 옳았습니까? 지금 돌아볼 때 후회되는 일을 하지는 않았습니까?

• 어떻게 하면 누구를 대하든 '악마의 가능성을 가진 천사' 혹은 '악마가 된 천사'로 대하며 선대할 수 있을지 생각해 보십시오. 이와 관련하여 "죄는 미워하되 사람은 미워하지 말라"는 말에 대해 설명해 보십시오.

• 어떻게 하면 맞서야 할 때와 참아야 할 때를 분별할 수 있을지 생각해 보십시오. 맞서야 한다면 어떤 방식으로 맞서야 할지, 참는다면 왜 참아야 할지 생각해 보십시오.

13
인생

구름 따라 걷는다

출애굽기 13:17-22, 40:34-38, 민수기 9:15-23

구름 따라 걷는 길

이집트의 절대권력자 바로와의 힘겨운 씨름 끝에 이스라엘은 결국 이집트를 떠나게 됩니다. 모세가 처음으로 바로를 찾아간 날부터 이집트를 떠날 때까지 얼마나 많은 시간이 지났는지에 대해서는 기록이 없습니다. 바로와 모세 사이의 줄다리기는 적어도 수개월 동안 계속되었을 것입니다.

이제 이야기는 사십 년의 광야 여정으로 이어집니다. 이집트로부터 해방되었다고 해서 '고생 끝, 행복 시작'은 아니었습니다. 그들을 노예로 삼고 착취하던 손아귀로부터 벗어나기는 했지만, 이제 약속의 땅에 이르기까지의 고된 여정이 시작된 것입니다. 사십 년 유랑 끝에 약속의 땅에 정착하고 나면 그들은 거룩한 제사장의 나라로 세워져야 했습니다. 그러므로 이집트를 떠난 것은 구원의 완성이 아니라 시작이었습니다.

이집트 동쪽 국경에서 가나안 땅까지는 직행으로 열흘이면 충분했습니다. 하지만 그 길로 가기 위해서는 당시 철기 문화에서 가장 앞서 있던 불레셋 민족과 일전을 벌여야 했습니다.

이제 막 압제로부터 벗어나 해방의 기쁨을 누리고 있는 상태에서 전쟁을 벌여야 한다면 이스라엘 백성으로서는 이길 수 없었을 것입니다. 이긴다 하더라도 지레 겁을 먹고 이집트로 돌아가고 싶어할 가능성이 높았습니다. 그래서 하나님은 "홍해로 가는 광야 길"(출 13:18)로 돌아가게 하십니다. 그것이 사십 년 광야 유랑의 시작이 될지는 당시에 누구도 알지 못했습니다.

이스라엘 백성이 광야 길로 접어들자 신비한 일이 일어났는데 성경은 이렇게 기록합니다.

> 주님께서는, 그들이 밤낮으로 행군할 수 있도록, 낮에는 구름기둥으로 앞서 가시며 길을 인도하시고, 밤에는 불기둥으로 앞길을 비추어 주셨다. 낮에는 구름기둥 밤에는 불기둥이 그 백성 앞에서 떠나지 않았다(출 13: 21-22).

"구름기둥"이라는 표현 때문에 사람들은 기둥처럼 생긴 구름을 상상합니다. 하지만 그 이후에 나오는 기록을 보면 구름기둥은 이스라엘 진 위에 덮인 구름을 의미합니다. 그 구름은 진의 중심에 있는 성막을 중심으로 움직였습니다. 그와 관련하여 출애굽기는 다음과 같은 기록으로 마무리됩니다.

이스라엘 자손은 구름이 성막에서 걷히면 진을 거두어 가지고 떠났다. 그러나 구름이 걷히지 않으면, 걷힐 때까지 떠나지 않았다. 그들이 길을 가는 동안에, 낮에는 주님의 구름이 성막 위에 있고, 밤에는 구름 가운데 불이 있어서, 이스라엘 온 자손의 눈앞을 밝혀 주었다(출 40:36-38).

출애굽기의 이야기가 구름에 대한 언급으로 끝난다는 사실은 저자에게 그것이 그만큼 중요했다는 것을 보여줍니다. 이스라엘의 광야생활 사십 년 여정을 한마디로 하면 '구름 따라 걷는 길'이었다는 뜻입니다. 민수기에도 구름에 대한 묘사가 나옵니다.

성막을 세우던 날, 구름이 성막, 곧 증거궤가 보관된 성막을 덮었다. 저녁에는 성막 위의 구름이 불처럼 보였으며, 아침까지 그렇게 계속되었다. 그것은 늘 그러하였다. 구름이 성막을 덮고 있었으며, 밤에는 그 구름이 불처럼 보였다(민 9:15-16).

구름 덕택에 이스라엘 백성은 낮에는 광야의 뜨거운 땡볕으로부터 보호받았고 밤에는 차가운 냉기로부터 보호받았습니다. 그뿐 아니라, 그 구름은 이스라엘 백성의 광야 길을 인도하는 길잡이 역할을 했습니다. 어디서든 구름이 성막 위 가까이에 내려와 머물 때면 멈추어 진을 쳤고, 그 구름이 성막 위로 올라갈 때면 진을 걷어 행진을 했습니다.

그 사람 모세

인도하심을 따른다는 것

이 이야기를 읽으면서 '하나님이 우리를 이렇게 분명한 표징으로 인도해 주시면 얼마나 좋을까?'라고 생각하는 분이 있을 것입니다. 성막 위에 드리운 구름의 변화를 보면서 그 움직임에 따라 진퇴를 결정하는 것이 언뜻 생각하면 참 쉬운 일인 것 같습니다.

과연 구름기둥과 불기둥의 인도를 따라가는 것이 그렇게 쉬운 일이었을까요? 민수기 33장을 보면, 이스라엘 백성이 사십 년 동안 진을 쳤던 지역 이름이 나옵니다. 그 기록에 따르면, 사십 년 동안 적어도 마흔 번(라암셋과 모압 평야까지 합치면 마흔두 번) 진을 친 것으로 되어 있습니다. 평균적으로 한 해에 한 번 정도 이동했다는 뜻입니다. 그 상황에 대해 민수기는 이렇게 기록합니다.

구름이 성막에 며칠만 머무를 때도 있었다. 그때에는 그때대로 주님의 지시에 따라서 진을 치고, 또 주님의 지시에 따라 길을 떠나곤 하였다. 구름이 저녁부터 아침까지만 머물러 있을 때도 있었다. 그럴 때에는 아침이 되어 구름이 걷혀 올라가면, 그들은 길을 떠났다. 낮이든지 밤이든지 구름만 걷혀 올라가면, 그들은 길을 떠났다. 때로는 이틀이나 한 달이나 또는 몇 달씩 계속하여 구름이 성막 위에 머물러 있으면, 이스라엘 자손은 그곳에 진을 친 채 길을 떠나지 않았다. 그들은 구름이 걷혀 올라가야만 길을 떠났다. 이렇게 그들은 주님의 지시에 따라 진을 쳤고, 주님의 지시에 따라 길을 떠났다. 그들은, 주님께서 모세를 시켜 분부하신 대로, 주님의 명령을 지켰다(민 9:20-23).

이 말씀은 마흔 번 중 하루 만에 진을 떠나기도 했고, 이틀 혹은 한 주 만에 옮겨야 할 때도 있었다는 것을 가늠하게 합니다. 물론 시내 광야에서처럼 이 년 혹은 삼 년 동안 머문 곳도 있었을 것입니다. 그저 몇 사람이 여행하면서 텐트를 쳤다가 걷었던 이야기가 아닙니다. 스무 살부터 쉰 살까지의 남성만 해도 육십만이 넘는 거대한 민족 이동의 이야기입니다. 노인과 어린이와 여성까지 포함하면 이백만 명에 가까웠을 것입니다. 그들이 데리고 있던 가축까지 더하면 더 어마어마해집니다. 그런 거대한 집단이 한곳에 장막을 펴서 자리를 잡았다가 다시 장막을 거두어 짐을 싸서 행군하는 것은 몹시 불편한 일이었을 것입니다.

한번 상상해 보시기 바랍니다. 이동하는 구름을 따라 한 달 동안 밤낮으로 행군을 하다가 드디어 구름이 성막에 내려앉습니다. 피곤에 지쳐 기진맥진한 상태에서 구름이 내려앉는 것을 보고 얼마나 반가웠겠습니까? 그들은 서둘러 그곳에 진을 치고 편안한 휴식을 취합니다. 그런데 아침이 되어 나와 보니 구름이 다시 떠오르고 있습니다.

그럴 때면 그 구름이 얼마나 미웠겠습니까? 아마도 모세와 아론은 백성의 괴로움을 보고 하나님께 "주님, 며칠만 더 있다가 떠나면 안 되겠습니까? 이토록 서두를 이유가 무엇입니까?"라고 여쭙고 싶었을 것입니다. 인내심이 부족했던 이스라엘 백성이 이 일로 모세와 아론을 얼마나 괴롭게 했을까요?

그 반대의 경우는 어떻습니까? 어느 지역에 이르러 구름이 내려앉아서 진을 쳤는데, 그곳에는 물도 넉넉하지 않고 주변 환경도 좋지 않습니다. 그럼에도 구름을 따라 진을 칩니다. '주님도 아실 터이니 곧 떠나게 하시겠지' 생각하면서 지내는데, 한 달이 지나고 두 달이 지나도 구름은 요지부동입니다. 물은 점점 고갈되고 가축들도 갈수록 말라 갑니다. 빨리 다른 곳으로 이동하면 좋겠는데 구름은 좀처럼 움직이지 않습니다. 그럴 때마다 모세와 아론이 얼마나 조급했을까요? 이스라엘 백성은 또 얼마나 모세와 아론을 뒤흔들었을까요?

앞에서 살펴보았듯이 이스라엘 백성이 르비딤 광야에 있을 때 장인 이드로가 십보라와 그의 두 아들을 데리고 모세를 찾아오는데, 이 년 후 고향으로 돌아가겠다는 장인에게 모세가 이렇게 말합니다.

제발 우리만 버려두지 마십시오. 우리가 광야 어디에 진을 쳐야 할지, 장인어른만큼 아는 사람이 없습니다. 그러니 장인께서는 우리의 길 안내자가 되어 주셔야 합니다(민 10:31).

만일 이 말을 듣고 이드로가 모세 곁에 있었더라면, 광야 유랑을 하는 내내 이드로는 모세에게 어려움이 되었을 것입니다. 구름이 어느 곳에 내려앉아 진을 치려 하면 "조금 더 가면 더 좋은 장소가 있으니 계속 가세"라고 말하거나, 구름이 진행하는 방향을 보고 "이 방향은 아닐세. 가서는 안 되는 길이야"라고 막아섰을지도 모릅니다. 그러니 이드로가 고향으로 돌아가기로 한 것은 모세를 위한 하나님의 섭리였을지도 모릅니다.[1]

사십 년 동안 미디안 광야에서 살았던 모세도 광야 길에 대해 상당한 지식을 가지고 있었습니다. 어느 곳에 진을 치고 어느 길로 가는 것이 좋은지, 어디에 위험이 있고 기회가 있는지 그는 잘 알고 있었습니다. 구름이 가는 길이 그가 생각하는 길과 일치할 경우에는 문제가 없었겠지만, 그렇지 않을 때도 많았을 것입니다. 그럴 경우 그에게 갈등이 없지 않았을 것입니다. 내가 아는 더 좋은 길, 더 좋은 기회가 이쪽에 있는데 구름은 반대쪽으로 이끌 때 주저되지 않는 것이 오히려 이상한 일입니다.

구름이 인도하는 길은 가장 편안한 길도 아니었고, 가장 가까운 지름길도 아니었습니다. 모세와 이스라엘 백성은 구름이 인도하는 길을 따라 이동했기에 사십 년을 광야에서 지내야 했습니다. 구름 따라 걷는 길은 축복의 길도 아니고 번영의 길도 아니었습니다. 그 길은 오히려 고난의 길이었습니다.

자아를 부정하고

이스라엘 백성이 이집트의 박해로부터 벗어나 사십 년 광야 길을 거쳐 가나안 땅에 들어가 거룩한 제사장의 나라로 세워지는 과정은 그리스도인의 인생 여정에 대한 좋은 비유가 됩니다. 이스라엘이 이집트의 노예살이로부터 해방되었다면, 우리는 죄와 사탄의 노예살이로부터 해방되었습니다.

요셉에게 나타난 천사는 그와 혼인하기로 한 마리아가 아들을 낳을 것이라 예고하면서 이렇게 말합니다.

다윗의 자손 요셉아, 두려워하지 말고, 마리아를 네 아내로 맞아들여라. 그 태중에 있는 아기는 성령으로 말미암은 것이다. 마리아가 아들을 낳을 것이니, 너는 그 이름을 예수라고 하여라. 그가 자기 백성을 그들의 죄에서 구원하실 것이다(마 1:20-21).

그로부터 약 오십 년 후 사도 바울은 예수 그리스도께서 주시는 구원에 대해 이렇게 설명합니다.

이제 여러분은 죄에서 해방을 받고, 하나님의 종이 되어서, 거룩함에 이르는 삶의 열매를 맺고 있습니다. 그 마지막은 영원한 생명입니다. 죄의 삯은 죽음이요, 하나님의 선물은 우리 주 예수 그리스도 안에서 누리는 영원한 생명입니다(롬 6:22-23).

예수 그리스도를 주님으로 영접한 사람들은 죄의 속박과 사탄의 영적 사슬로부터 자유를 얻습니다. 그 자유는 그 누구에게서도, 어떤 방법으로도 얻을 수 없는 것이었습니다. 이집트로부터 이스라엘 백성이 해방된 것이 놀라운 구원의 사건이었듯, 우리가 죄와 사탄으로부터 벗어나 자유를 얻는 것은 놀라운 구원의 사건입니다.

하지만 그것으로 끝난 것이 아닙니다. 이스라엘 백성이 이집트로부터 해방된 이후 사십 년 동안 광야를 유랑하여 가나안 땅에 정착하고 그곳에서 거룩한 제사장의 나라로 세워져야 했던 것처럼, 우리는 하나님의 자녀로 회복되어 이 세상을 살아가면서 예수 그리스도의 제자이자 하나님의 거룩한 자녀로 세워져야 합니다. 이것을 가리켜 사도 바울은 "거룩함에 이르는 삶의 열매를 맺는 것"이라 표현했습니다.

예수 그리스도를 주님으로 영접하고 성령의 선물을 받은 우리는 광야 길을 걷고 있는 이스라엘 백성의 모습과 유사합니다. 광야 길에서 하나님이 구름을 통해 인도하신 것처럼, 하나님은 오늘 우리의 삶속에 함께하십니다. 부활하신 주님께서 "보아라, 내가 세상 끝 날까지 항상 너희와 함께 있을 것이다"(마 28:20)라고 약속하신 것처럼, 하나님은 성령을 통해 믿는 이들과 함께하시고 그 길을 인도하십니다.

그러므로 우리는 매일 우리 위에 드리운 하나님의 구름을 보고 그 구름의 길을 따라 걸어가는 것입니다. 그런데 주님이 이끄시는 길은 자주 내가 판단하는 길과 다릅니다. 나는 떠나는 것이 낫다고 느끼는데 하나님은 멈추라고 하십니다. 나는 멈추는 것이 옳다고 생각하는데 하나님은 계속 가라고 하십니다. 나는 동쪽으로 가야 한다는 확신이 드는데 하나님은 서쪽으로 가라고 하십니다. 나는 올라가고 싶은데 하나님은 내려가라고 하십니다.

그렇기 때문에 구름을 따라 걷는 것은 결코 쉬운 일이 아닙니다. 그것은 자아를 부정해야만 할 수 있는 일입니다. 예수님이 자신을 따르려는 제자들에게 하신 말씀을 기억하십니까?

누구든지 나를 따라오려거든, 자기를 부인하고, 제 십자가를 지고, 나를 따라오너라(마 16:24).

믿는다는 것은 내 삶의 주권을 예수 그리스도께 내어 맡긴다는 것을 뜻합니다. 내 삶의 목적을 나의 계획과 꿈과 야망을 이루는 데 두는 것이 아니라, 나를 통해 주님의 계획과 꿈과 뜻이 이루어지게 하는 데 두는 것입니다. 그러므로 매일 자신을 부인하고, 자신의 존재

그 사람 모세

위에 떠서 움직이는 구름을 따라가는 것입니다.

자아를 온전히 꺾고 주님 뜻에 온전히 맡기면 구름에 달 가듯 너무도 자유롭고 행복합니다. 하지만 자신을 꺾는 것이 쉬운 일이 아니고, 한 번 꺾인 자아는 언제든 다시 살아나 다시 싸움을 걸어 옵니다. 그러므로 영적 여정은 매일의 씨름인 것입니다.

하나님을 즐기는 법

이런 점에서 보면, 우리의 인생 여정 또한 구름 따라 걷는 길이라 할 수 있습니다. '구름 따라 걷다'라는 이미지를 마음에 두고 묵상해 보니 이것이 참 좋은 비유라는 생각이 들었습니다.

먼저 '구름'은 영적 생활의 근본적인 성격에 대한 아주 좋은 상징입니다. 이것은 우리 눈에 보이는 실체이지만 잡을 수 없습니다. 방금 전까지만 해도 하늘에 떠 있던 조각구름이 잠시 눈길을 주지 않는 사이에 사라져 버리는 경험을 해보셨을 것입니다. 비행기에서 창문으로 내다볼 때는 솜이불처럼 짙게 깔려 있어 손에 잡을 수 있겠다 싶은데, 하강할 때 보면 구름은 사라지고 뿌연 물안개만 보입니다. 때로 구름 한 점 없는 푸른 하늘을 보곤 하는데, 그렇다고 해서 구름이 없는 것은 아닙니다. 대기 조건이 맞으면 맑은 하늘 가운데 한순간에 구름이 형성됩니다.

성경은 하나님을 '바람' 혹은 '공기'에 비유합니다. 우리말로 '영'으로 번역하는 히브리어 '루아흐'와 헬라어 '프뉴마'는 '바람' 혹은 '공기'라는 뜻입니다. 우리 가운데 존재하지만 눈에 보이지도 않고 손에 잡히지도 않는 하나님을 비유 언어로 표현한 것입니다. 바람은 언제나 대기 중에 존재합니다. 하지만 우리는 바람이 살결을 스치거나 나뭇가지를 흔들 때에만 그 존재를 느낍니다. 바람 한 점 없는 무더운 여름날에 우리는 바람을 느끼지 못하지만, 그럼에도 공기는 여전히 존재합니다. 그렇게 믿고 자신의 감각을 활짝 열어 놓고 있으면 바람이 느껴집니다. 그렇다면 영이신 하나님을 따라 사는 것이 구름을 따라 걷는 것이라는 비유는 매우 적절해 보입니다. 믿지 않는 사람들은 성경의 이야기를 '뜬구름 잡는 이야기'라 생각하곤 하는데, 영이신 하나님의 속성을 모르면 그렇게 생각할 수밖에 없습니다.

구름이 영적 생활에 대한 좋은 비유인 또 다른 이유는, 누구도 구름을 통제할 수 없다는 사실 때문입니다. 예수님은 니고데모와의 대화 중에 성령으로 거듭나는 것에 대해 이렇게 말씀하십니다.

바람은 불고 싶은 대로 분다. 너는 그 소리는 들지만, 어디에서 와서 어디로 가는지는 모른다. 성령으로 태어난 사람은 다 이와 같다(요 3:8).

누구도 영이신 하나님을 예측할 수 없고 통제할 수 없다는 뜻입니다. 이것이 바로 하나님이 활동하는 방식입니다. 구름도 마찬가지입니다. 지금 우리는 과학이 최고로 발전된 시대에 살고 있지만, 아직 구름의 방향을 바꾸는 기술은 개발하지 못했습니다. 그런 기술이 개발된다면, 이 땅에 사막도 없어질 것이고 태풍의 피해로부터 벗어날 수도 있을 것입니다. 구름에 대해서 우리가 할 수 있는 일은 오직 그 흐름과 방향과 강도를 미리 알아서 대비하는 것밖에 없습니다.

하나님을 믿고 따르는 것 또한 그와 같습니다. 그분은 구름처럼 멀리서 보면 계신 것 같다가도 가까이 다가가면 계시지 않는 것 같아 보입니다. 때로 그분은 스스로의 존재를 선명하게 드러내 보여주시다가 어느 순간 종적도 없이 사라져 버립니다. 세상천지에 하나님의 임재가 전혀 보이지 않을 때도 있습니다. 그러다가 또 홀연히 그분의 임재로 하늘을 가득 채우기도 하십니다. 때로 지는 해의 빛을 받아 황홀한 노을을 만들기도 하고, 짙은 먹구름으로 나타나 두려움에 사로잡히게도 하십니다. 아브라함 요수아 헤셸은 하나님이 구름과 함께 나타나셨다는 기록에 대해 이렇게 말합니다.

> 우리는 이러한 기록들을 고집스럽게 무시하지도 말아야 하고 쉽게 알레고리로 처리하지도 말아야 한다. 구체적으로 일어난 일이 무엇이든지 상관없이, 구름은 하나님에 대한 근본적인 진실을 명료하게 전해 준다. 그분은 드러내실 때조차 감추어져 있고, 그분의 음성이 들릴 때에도 그분의 본질은 감추어져 있다는 진실 말이다.[2]

구름의 속성을 잘 알면 구름을 즐길 수 있습니다. 구름의 조화에 속지 않으면서 구름이 빚어내는 신묘한 조화를 누릴 수 있습니다. 그와 마찬가지로, 하나님의 속성을 알면 그분을 즐길 수 있습니다. '하나님을 즐긴다'는 표현이 신성모독으로 들릴지 모르겠지만, 사실 우리의 신앙이 여기까지 가야 합니다. 하나님의 그 알 수 없고 잡을 수 없고 통제할 수 없고 종잡을 수 없는 조화를 즐기는 데까지 이르러야 합니다.

그러기 위해 우리는 하나님 앞에 겸손히 고개 숙이고 그분께 몸을 숙입니다. 매일 내 마음의 하늘을 우러러보면서 하나님의 임재를 생각합니다. 매일 다른 모습으로 나타나시는 하나님께 경탄해 마지 않습니다. 때로 하나님이 없는 것 같을 때에도 그분의 존재를 믿고 의지합니다. 때로 먹구름으로 무섭게 압도할 때면 조용히 물러나 기다립니다. 때로 그분이 내 하늘에 만들어 내시는 조화를 보고 탄복하고 찬양합니다.

구름 같은 하나님을 믿고 의지하며 그분을 따라 산다는 것은 이렇게 신비하고 신나는 일입니다. 흑백 필름 같고 권태롭던 내 일상이 한순간에 총천연색 필름으로 바뀌는 것처럼 기가 막힌 일입니다. 다만, 그러기 위해 우리는 우리의 자아를 부인해야 합니다. 내 일로 마음이 분주하면 하늘에 아무리 찬란한 구름의 조화가 있어도 보지 못합니다. 그와 마찬가지로, 우리의 자아에 붙들려 있으면 구름을 보지도 못하고 따라가지도 못합니다.

미디안 광야 길에 대해 상당한 지식을 가지고 있던 모세가 구름이 인도하는 방향으로 가기 위해 때로 자신의 생각과 판단을 내려놓아야 했던 것처럼, 우리가 하나님을 믿고 의지하기 위해서는 때로 자신의 꿈과 계획, 생각과 판단을 내려놓아야 합니다. 자신이 가고 싶은 방향으로 자신에게 익숙한 속도로 가기를 단념해야 합니다. 때로 오래도록 준비한 계획을 내려놓거나, 전혀 준비되지 않은 방향으로 가야 합니다. 그럴 때 비로소 우리는 하나님이 만들어 내시는 신묘막측한 조화를 경험하며 때로 머물러 서서 하늘을 향해 감사의 기도를 올릴 수 있습니다.

때로 인생길이 막힌 줄 알았는데, 나중에 보니 하나님이 길을 바꾸신 것이었습니다. 때로 참담하게 실패한 줄 알았는데, 나중에 보니 하나님이 길을 막으신 것이었습니다. 때로 왜 이런 고통을 겪어야 하는지 고민했는데, 나중에 보니 그 고통을 통해 나를 새롭게 빚으신 것이었습니다. 때로 일이 잘 풀리지 않아서 답답했는데, 나중에 보니 나를 숙성시키고 계신 것이었습니다.[3]

그런 경험을 반복하다 보면, 하나님의 속도에 자신을 맞추기 위해 노력합니다. 때로 일이 틀어지더라도 당황하지 않습니다. 하나님이 또 어떤 일을 하실지 기대하게 됩니다. 때로 고난이 닥쳐와도 흔들리지 않습니다. 하나님이 그것을 통해서 새로운 일을 하실 것을 알기 때문입니다. 그런 경험을 반복하고 나면 그 옛날 솔로몬이 남긴 지혜의 말씀에 고개를 끄덕이게 됩니다.

> 사람이 마음으로 자기의 앞길을 계획하지만, 그 발걸음을 인도하시는 분은 주님이시다(잠 16:9).

이즈음에 이르면 "어떻게 하면 내 존재 위에 떠 있는 구름을 볼 수 있습니까?"라고 묻고 싶은 분이 있을 것입니다. 그런 분들에게는 지금까지 제가 드린 말씀이 뜬구름 잡는 말처럼 읽혔을지도 모릅니다.

우리 각자의 하늘에 매일같이 떠올라 우리의 길을 인도하는 구름을 볼 수 있는 확실한 방법을 저는 알고 있습니다. 성령의 인도하심을 의지하는 가운데 매일 말씀을 읽고 묵상하는 것입니다.[4] 그렇게 할 때 우리의 하늘에 구름이 떠오를 것이고 그 구름이 우리의 길을 인도할 것입니다.

이것은 단순한 비유도, 상상도 아닙니다. 이스라엘 백성이 사십년 동안 광야를 유랑하고 나서 가나안 땅에 정착했을 때 구름이 사라져 버렸다는 사실을 기억해 보십시오. 왜 그랬을까요? 그들에게 율법이 주어졌기 때문입니다. 율법 안에 그들이 매일 걸어야 할 길과 나아가야 할 방향이 들어 있었기 때문입니다. 그러므로 더 이상 하늘에 떠 있는 구름을 보고 갈 길을 찾지 않아도 되었습니다. 율법의 말씀을 읽고 묵상하면 멈춰야 할지 나아가야 할지, 동쪽으로 갈지 서쪽으로 갈지 알 수 있었기 때문입니다.

지금 우리는 율법과는 비교할 수도 없는 완전한 계시의 말씀을 가지고 있습니다. 말씀을 삶으로 보여주신 예수 그리스도를 알고 있고, 그분이 주신 말씀을 가지고 있습니다. 또한 그분의 영으로 기록된 말씀도 가지고 있습니다. 우리가 믿음 안에서 그 말씀을 읽고 묵상할 때 성령께서 역사하십니다. 그러므로 묵상하는 과정에서 우리 각자의 마음에 하나님의 구름이 떠올라 우리의 길을 인도하십니다. 동일한 본문을 같은 자리에서 두 사람이 읽고 묵상할 때, 성령께서는 각자에게 다른 구름을 보여주십니다. 그것이 말씀 묵상의 묘미입니다.

그렇게 매일 말씀을 통해 하나님이 펼쳐 주시는 구름의 조화를 보고 사는 것이 얼마나 신비하고 신나는 일인지요! 때로 새까만 뭉게구름으로 우리를 압도하고 회개하게 하시는가 하면, 양 떼 모양의 구름으로 우리의 지친 마음을 위로해 주십니다. 또한 갈 길을 알지 못해 방황할 때 길을 보여주시는가 하면, 과욕을 부릴 때 길을 막으십니다.

요즘 젊은이들이 사용하는 말 중에 '밀당'이라는 것이 있습니다. 좋아하는 사람들 간의 서로 밀고 당기는 사랑놀이를 말합니다. 생각

그 사람 모세

해 보니, 우리의 인생 여정은 하나님과의 밀당을 즐기는 과정이라 할 수 있습니다. 부디, 우리 모두가 이 가슴 설레는 영적 밀당을 즐기고 결국 밀당의 고수가 되는 은혜가 있기를 기도합니다.

| 적용과 나눔을 위한 질문 |

• 당신은 얼마나 자주 보이지 않는 하나님의 손길과 신비를 경험하고 있습니까? 당신이 하나님의 손길을 가장 자주 경험하는 시간은 언제입니까? 그러한 경험은 하나님에 대해 어떤 가르침을 줍니까?

• 하나님의 인도하심을 경험할수록 하나님에 대한 신뢰는 더욱 깊어집니다. 지금 당신은 하나님의 손길에 얼마나 의지하며 살아가고 있습니까? 그러기 위해 당신에게 필요한 일은 무엇입니까?

14

영
성

보는 듯이 바라본다

출애굽기 33:18-23, 34:1-9, 29-35

보이지 않는 하나님을 보는 듯이

신약성경의 히브리서 11장은 '믿음장'으로 잘 알려져 있습니다. 1절에서 저자는 믿음에 대해 더할 수 없이 간결하면서도 매우 심오한 정의를 제시합니다.

믿음은 바라는 것들의 확신이요, 보이지 않는 것들의 증거입니다.

여기서 저자는 믿음의 대상이 "바라는 것"과 "보이지 않는 것"이라고 말합니다. 보이지 않는 것을 바라는 것이 믿음의 가장 중요한 요소입니다.

앞에서 성경은 하나님을 '바람' 혹은 '공기'에 비유한다고 했습니다. 하나님은 때로 폭풍처럼 강력하게 자신의 임재를 드러내시지만,

더 많은 경우에는 잘 보이지 않고 느껴지지도 않습니다. 그렇기 때문에 눈에 보이고 손에 만져지는 것에만 의존하면 우리는 '하나님은 없다'는 결론에 이르게 됩니다. 한편 하나님이 보이지 않고 느껴지지 않아도 그분이 계시다는 사실을 믿고 보면, 보이지 않던 그분이 보이고 느껴집니다. 그분을 믿기에 그분이 행하실 일을 바라고 또한 기다립니다.

이렇게 믿음에 대해 정의를 내린 다음, 히브리서 저자는 믿음으로 살았던 대표적인 인물들을 열거합니다. 모세도 그중 한 사람으로 거론되고 있습니다. 히브리서 저자는 모세를 이렇게 소개합니다.

> 믿음으로 그는 왕의 분노를 두려워하지 않고 이집트를 떠났습니다. 그는 보이지 않는 분을 마치 보는 듯이 바라보면서 견디어 냈습니다(히 11:27).

이것이 광야 길을 따라 사십 년을 유랑했던 모세의 삶에 대한 요약입니다. 노예근성에 물든 오합지졸의 백성을 광야에서 인도하는 것은 큰 인내심을 요구하는 일이었습니다. 모세가 그 모든 고난과 역경을 견디고 사명을 완수할 수 있었던 것은 하나님에 대한 특별한 믿음 때문이었습니다. 그 믿음을 가리켜 히브리서 저자는 "보이지 않는 분을 마치 보는 듯이 바라보는" 믿음이라고 말합니다.

성경에 나오는 위대한 인물들은 대부분 하나님을 깊이 체험한 사람들입니다. 구약성경에서는 아브라함, 엘리야, 이사야, 에스겔, 다니엘을 들 수 있고, 신약성경에서는 사도 바울과 사도 요한을 들 수 있습니다. 그 이후 기독교 역사에도 하나님을 깊이 체험한 인물들이 많습니다. 아씨시의 프란치스코, 토마스 아퀴나스, 블레즈 파스칼과 같은 이들은 보이지 않는 하나님을 마치 보는 듯이 체험했고, 그 체험으로 삶의 질과 궤적이 바뀌었습니다.

이들 가운데 모세는 특별합니다. 그 특별함을 강조하기 위해 히브리서 저자는 모세가 보이지 않는 하나님을 보는 듯이 바라보며 살았다고 말합니다. 그의 하나님 체험이 특별했던 이유는 그에게 맡겨진 사명이 특별했기 때문일 것입니다. 알렉산더 대왕, 줄리어스 시저, 진시황, 광개토대왕 같은 인물들의 치적에 비하면 모세의 업적이 작아 보일지도 모릅니다. 하지만 모세의 업적은 하나님에 대한 절대 순종을 통해 만들어진 것이라는 점에서 차이가 있습니다. 업적을 이루는 과정에서 모세만큼 여러 가지 고통을 감내해야 했던 예는 찾아볼 수 없을 것입니다.

그러므로 하나님은 특별한 방식으로 자신을 경험하게 해주셨습니다. 이집트를 떠나 시내 광야에 이르렀을 때, 모세는 하나님의 지시대로 시내 산' 주위로 경계선을 정하고 홀로 하나님 앞으로 올라가섭니다. 모세의 영적 원점이었던 그곳에서 하나님은 천둥과 번개, 불과 연기 가운데서 자신을 드러내십니다. 그 상황에 대해 출애굽기는 이렇게 기록합니다.

나팔소리가 점점 더 크게 울려 퍼지는 가운데, 모세가 하나님께 말씀을 아뢰니, 하나님이 음성으로 그에게 대답하셨다(출 19:19).

하나님은 이스라엘 백성에게도 특별한 방식으로 자신을 계시하셨습니다. 시내 산은 모세뿐 아니라 이스라엘 백성에게도 영적 원점이 되었습니다. 역사상 모세와 같이 하나님을 깊이 체험한 개인도 없지만, 이스라엘 백성처럼 하나님을 깊이 체험한 민족도 없습니다. 이스라엘 백성을 선민으로 쓰기 위한 하나님의 계획 때문입니다.

하나님의 뒷모습

사십 일 동안 시내 산에서 지낸 모세는 십계명이 기록된 증거판 둘을 손에 들고 산에서 내려옵니다. 그때 모세는 이스라엘 백성이 자신의 공백 기간을 견디지 못한 나머지 금송아지를 만들어 우상 숭배에 빠져 있는 광경을 목격하게 됩니다. 사십 일 동안 천국에서 사는 것처럼 지내던 사람이 지옥의 광란을 마주하니 눈이 뒤집혔을 것입니다. 그는 이성을 잃고 두 돌판을 산 아래로 내던져 산산조각 내고 나서 잔인하게 백성을 징계합니다(출 32:15-28).

어느 정도 분노가 진정되자 모세는 성막으로 가서 하나님을 마주합니다. 그는 이스라엘 백성의 민낯을 보고 나서 절망했습니다. 그렇게 조급하고 변덕이 심하고 고집이 센 백성을 가나안 땅으로 이끌어 가는 것이 불가능해 보였습니다. 그 백성을 인도하기 위해서는 뭔가 강력한 확신이 필요할 것 같았습니다. 그래서 모세는 하나님께 이렇게 간청합니다.

저에게 주님의 영광을 보여주십시오(출 33:18).

모세는 이미 하나님의 임재를 경험해 왔습니다. 그분의 음성도 들었고, 그분이 행하시는 이적과 기사도 거듭 경험했습니다. 번개와 천둥과 불과 연기와 산의 진동을 통해 그분의 위엄을 보기도 했습니다.

하지만 모세는 하나님을 직접 보고 싶었습니다. 음성으로 듣는 것으로는 만족이 되지 않았습니다. 일어나는 사건들을 통해 하나님을 보는 것으로는 안심이 되지 않았습니다. 백성을 인도하기 위해서는 좀 더 확실한 증거가 필요했습니다. 하나님의 모습을 직접 보여주시면, 그것을 믿고 인생을 던져 볼 수 있을 것 같았습니다. 그래서 이렇게 간청한 것입니다.[2]

그러자 하나님이 모세에게 대답하십니다.

> 내가 나의 모든 영광을 네 앞으로 지나가게 하고, 나의 거룩한 이름을 선포할 것이다. 나는 주다. 은혜를 베풀고 싶은 사람에게 은혜를 베풀고, 불쌍히 여기고 싶은 사람을 불쌍히 여긴다.……그러나 내가 너에게 나의 얼굴은 보이지 않겠다. 나를 본 사람은 아무도 살 수 없기 때문이다(출 33:19-20).

"내가 나의 모든 영광을 네 앞으로 지나가게 하고"에서 "모든 영광"이라는 표현보다 개역개정의 "내 모든 선한 것"이 원문에 가깝습니다. "나의 얼굴은 보이지 않겠다"는 말은 자신을 직접 보여주지 않고, 그 대신 자신의 선한 속성을 보여주겠다는 뜻입니다. 환상을 통해 하나님의 임재를 강력하게 경험한 사람들을 보면, 충격을 받아 죽은 것처럼 되었다가 회복되곤 합니다. 이렇듯 간접적으로 하나님을 만나는 것조차도 인간이 감당하기가 어렵습니다. 그렇다면 하나님의 모습을 아주 조금이라도 직접 보게 되면, 그 사람은 그 충격을 견디지 못하고 숨질 것이 분명합니다.

'스탕달 신드롬'이라는 말을 들어 보셨습니까? 1817년에 프랑스 작가 스탕달이 이탈리아의 플로렌스를 방문했다가 기절할 뻔했던 경험에서 나온 말입니다. 스탕달은 미켈란젤로, 갈릴레오 갈릴레이, 마키아벨리 같은 위대한 인물들의 시신이 안치되어 있는 산타크로체 성당을 둘러보다가 르네상스 시대의 미술품인 「베아트리체 첸치의 초상」에 마음을 빼앗겨 순간적으로 심장박동이 빨라지고 몸에서 힘이 빠져나가는 듯한 경험을 합니다. 그 이후로 '스탕달 신드롬'은 뛰어난 작품을 보았을 때 순간적으로 느끼는 정신적 충동이나 흥분 상태를 이르는 말로 사용되고 있습니다.

어느 정도 아름다운 광경에 압도되면 감탄사를 연발하고 찬사를 늘어놓게 됩니다. 하지만 그 정도를 넘어서면 경이로움과 충격에 휩싸여 망연히 서 있게 됩니다. 스탕달이 느꼈던 것처럼 심박이 빨라지고 때로는 현기증을 느낍니다. 아름다운 노을, 장엄하게 늘어선 산맥, 끝없이 펼쳐진 바다를 보면 그렇고, 아름다운 교향악 연주를 듣거나 감동적인 문학 작품을 읽으면 그렇습니다.

우리의 마음이 지상의 것에도 이렇게 반응한다면, 하나님의 영광을 직접 보는 것은 어떻겠습니까? 그 자리에서 숨이 멎어 버릴 것은 당연한 일입니다. 그래서 하나님은 모세의 요청을 거부하고 대신 자신의 선한 속성을 경험하게 해주겠다고 하신 것입니다. 이어서 하나님은 이렇게 말씀하십니다.

너는 나의 옆에 있는 한 곳, 그 바위 위에 서 있어라. 나의 영광이 지나갈 때에, 내가 너를 바위틈에 집어넣고, 내가 다 지나갈 때까지 너를 나의 손바닥으로 가리워 주겠다. 그 뒤에 내가 나의 손바닥을 거두리니, 네가 나의 등을 보게 될 것이다. 그러나 나의 얼굴은 볼 수 없을 것이다(출 33:21-23).

하나님과 모세 사이에서 일어난 이 일의 진상을 우리는 정확히 알지 못합니다. 하지만 이 말씀의 의미에 대해서는 짐작할 수 있습니다. 하나님을 직접 뵙는 것은 인간으로서는 불가능한 일입니다. 그 대신 모세는 하나님의 등을 볼 수 있습니다. 하나님의 등을 본다는 말은 간접적·부분적으로 불완전하게 하나님을 보는 것을 뜻합니다.[3] 그렇게 하나님을 보는 것도 하나님이 허락하셔야 되는 일입니다.

결국 하나님은 그분을 직접 보게 해달라는 모세의 청을 거절하신 셈입니다. 그것은 새 하늘과 새 땅이 임할 때까지 인간에게 주어진 한계입니다. 그 이전까지 우리는 불완전하게 하나님을 아는 것에 만족해야 합니다. 그런 만남도 때로는 이사야와 사도 요한의 경우처럼 한동안 넋을 잃게 만듭니다. 그래서 사도 바울이 이렇게 표현했습니다.

지금은 우리가 거울로 영상을 보듯이 희미하게 보지마는, 그때에는 얼굴과 얼굴을 마주하여 볼 것입니다. 지금은 내가 부분밖에 알지 못하지마는, 그때에는 하나님께서 나를 아신 것과 같이, 내가 온전히 알게 될 것입니다(고전 13:12).

지금 하나님을 희미하게 보고 부분밖에 알지 못하는 것은 당연한 일이고 다행스런 일입니다. 그것만으로도 우리에게 충분하기 때문입니다. 예수 그리스도께서 다시 오셔서 새 하늘과 새 땅이 임하고 우리 모두가 그리스도의 부활에 참여할 때, 우리는 비로소 하나님을 직접 뵙게 될 것입니다. 그때가 되면 지금 하나님이 우리를 아시는 것처럼 우리도 하나님을 알게 될 것입니다.

마음의 빛

성막에서 이런 대화가 있고 나서 하나님은 모세를 다시 시내 산으로 부르시고, 십계명을 새길 돌판 두 개를 만들어 가지고 올라오라고 하십니다. 모세는 하나님이 명하신 대로 돌판 두 개를 처음 것과 같이 깎아 시내 산으로 올라갑니다. 그 이후로 모세가 시내 산에서 보낸 시간을 출애굽기는 이렇게 기록합니다.

모세는 거기서 주님과 함께 밤낮 사십 일을 지내면서, 빵도 먹지 않고, 물도 마시지 않고, 언약의 말씀 곧 십계명을 판에 기록하였다(출 34:28).

"주님과 함께 지냈다"는 말은 하나님이 신선과 같은 모습으로 내려오셔서 모세와 함께 계셨다는 뜻이 아닙니다. 믿음으로 "보이지 않는 하나님을 보는 듯이 바라보면서" 지냈다는 뜻입니다. 그렇게 사십 일을 지내고 나서 모세가 내려올 때의 일을 출애굽기는 이렇게 기록합니다.

모세가 두 증거판을 손에 들고 시내 산에서 내려왔다. 그가 산에서 내려올 때에, 그의 얼굴에서는 빛이 났다. 주님과 함께 말씀을 나누었으므로 얼굴에서 그렇게 빛이 났으나, 모세 자신은 전혀 알지 못하였다. 아론과 이스라엘의 모든 자손이 모세를 보니, 모세 얼굴의 살결이 빛나고 있었다. 그래서 그들은 그에게로 가까이 가기를 두려워하였으나(출 34:29-30).

모세가 사십 일 동안 시내 산에서 금식하면서 하나님과 깊은 교제를 나눈 결과, 그의 얼굴에서 빛이 났다는 것입니다.[4] "모세 자신은 전혀 알지 못하였다"는 말은 모세가 그렇게 되도록 노력한 것이 아니라, 하나님의 영광의 빛에 오래도록 노출되자 자신도 모르는 사이에 저절로 그렇게 되었다는 뜻입니다. 그 빛이 너무나 강렬하여 사람들이 가까이 가기를 두려워했습니다. 모세는 그 빛이 사라질 때까지 얼굴을 너울로 가려야 했습니다.

모세가 처음 시내 산에 올라가 사십 일 동안 하나님과 함께 있는 동안에는 십계명과 율법을 계시받느라 사귐을 나눌 만한 여유가 없었을 것입니다. 하지만 두 번째로 시내 산에 올라갔을 때는 더 이상 받을 계시가 없었습니다. 이번에는 가지고 올라간 돌판에 십계명을 새기며 금식하고 기도하는 일에 집중했습니다. 그래서 처음 시내 산에 올라갔을 때는 없었던 일이 일어난 것입니다. 하나님과의 깊은 교제로 그의 영혼이 맑아지고 그 맑은 빛이 얼굴을 통해 발산된 것입니다.

다석 유영모 선생은 우리말 풀이로 유명한 분입니다. 그는 '얼굴'을 '얼'의 '골짜기'에서 나온 말로 설명합니다. '얼'은 '마음', '정신', '영혼'을 의미합니다. 그래서 그는 "얼굴은 영혼을 드러내는 골짜기다"라고 했습니다.[5] "얼굴은 마음의 거울이다"라는 격언이 나온 것도 이런 까닭입니다. 같은 얼굴인데 어느 때는 천사처럼 보이다가도 어느 때는 악마처럼 보입니다. 마음과 영혼의 상태가 얼굴을 통해 드러나기 때문입니다. 결국 우리가 얼굴을 통해 보는 것은 그 사람의 마음입니다.

사랑하는 사람을 보내 보신 분들은 모두 경험했을 것입니다. 그렇게도 사랑했던 사람인데, 숨이 지고 나면 그 사랑스러웠던 얼굴이 낯설게 느껴집니다. 사랑했던 그 얼굴을 보고 싶어서 관에 누인 시신을 어루만져 보지만 그 낯설음은 지워지지 않습니다. 그 얼굴을 통해 우리가 사랑했던 것은 그분의 마음이요 정신이요 영혼이었기 때문입니다. 얼의 골짜기에서 얼이 사라지니 뼈와 살의 꼴만 남은 것입니다.

그동안 예수님의 얼굴 모양을 복원하려는 시도가 여러 차례 있었습니다. 몇 년 전 법의학자이자 인류학자인 리처드 니브 교수가 예수의 얼굴을 재현하였고, 최근에는 AI 곧 인공지능 컴퓨터를 통해 복원된 예수님의 얼굴이 공개되었습니다. 그동안 화가들이 남긴 예수님의 이미지들을 컴퓨터에 넣고 융합시켜서 만든 것입니다.

이 모든 노력이 가상하기는 하지만 부질없는 일입니다. 어떤 방식으로 복원한다 해도 예수님의 '얼'은 복원할 수 없기 때문입니다. 아무리 잘해 보아야 뼈와 살의 꼴만 복원할 수 있을 뿐입니다. 예수님의 얼굴이 어떠했을지 정말 보고 싶다면, 깊은 기도와 묵상으로 사는 사람의 얼굴을 주목해 보시기 바랍니다. 예수님의 얼굴이 언뜻 보일 것입니다. 예수님 안에 있었던 성령이 그 사람 안에 있기 때문입니다.

한 사람의 얼굴에서 우리가 보고 싶어 하는 것은 뼈와 살의 틀이 아니라 그 사람의 마음과 영혼입니다. 한 사람의 얼굴에서 빛이 난다면, 그 사람의 내면에 있는 빛 때문입니다. 한 사람의 얼굴이 천사와 같다면, 해부학적으로 잘생겨서가 아니라 그 마음과 영혼이 맑기 때문입니다. 사람들에게 좋은 얼굴을 보이고 싶다면 마음과 영혼에 주의를 기울여야 합니다. 그래서 베드로는 이렇게 권면했습니다.

> 여러분은 머리를 꾸미며 금붙이를 달거나 옷을 차려 입거나 하여 겉치장을 하지 말고, 썩지 않는 온유하고 정숙한 마음으로 속사람을 단장하도록 하십시오. 그것이 하나님께서 보시기에 값진 것입니다(벧전 3:3-4).

믿음의 사람들은 외적·물리적 치장보다는 내적 영혼의 상태에 더 관심을 두어야 합니다.

모세는 이스라엘 백성의 지독한 배교 행위를 보고 낙심하여 하나님의 모습을 직접 보여 달라고 요청했습니다. 그러면 다시 용기를 내어 그 백성을 인도할 수 있을 거라 생각한 것입니다. 하나님은 결국 그 요청을 거절하셨습니다. 하지만 시내 산으로 그를 불러 사십 일 동안 자신과 함께 지내게 함으로써 그의 마음을 회복시켜 주셨고, 이스라엘 백성이 그의 영적 권위를 인정하게 만들어 주셨습니다.

내 안에 임하는 하나님 나라

이 현상이 얼마나 오래 지속되었을까요? 그 이후의 기록을 보면, 그 빛과 너울에 대해서는 더 이상 언급이 없습니다. 아마도 그 빛이 점차적으로 사라졌기 때문일 것입니다.[6] 사도 바울도 그렇게 믿었습니다. 이 사건과 관련하여 그는 이렇게 언급합니다.

> 모세는, 이스라엘 자손이 자기 얼굴의 광채가 사라져 가는 것을 보지 못하게 하려고 그 얼굴에 너울을 썼지만……(고후 3:13).

그 빛은 모세의 내면에서 발산되는 것이므로 하나님과의 사귐이 흐려지면 그 빛도 흐려지게 되어 있습니다. 그 빛이 흐려지고 있다는 사실은 오직 모세만 알고 있었을 것입니다. 다른 사람 앞에 나설 때는 항상 너울을 가리고 있었기 때문입니다.

그러던 어느 날, 모세는 자신의 얼굴에서 광채가 거의 사라졌다는 사실을 알게 되었을 것입니다. 그때 모세는 너울을 벗는 것이 옳다고 생각했을 것입니다. 광채가 희미해진 상태에서 너울을 계속 쓰고 있는 것은 하나님을 속이고 백성을 속이는 일이었기 때문입니다. 모세는 자신의 영적 권위를 유지하기 위해 위선을 행할 사람이 아니었습니다.

모세의 얼굴에서 발산된 빛은 하나님과 깊은 사귐을 나누는 사람이라면 강하거나 약하거나 누구에게나 임하는 빛입니다. 사도 바울은 예수 그리스도 안에서 우리가 하나님의 영광을 볼 수 있고, 그 영광을 계속 바라볼 때 그 영광의 빛이 우리에게 임한다고 했습니다. 하나님과 우리 사이를 가리고 있던 죄의 너울이 예수 그리스도 안에서 벗겨졌기 때문입니다. 그래서 사도 바울은 이렇게 기록합니다.

우리는 모두 너울을 벗어 버리고, 주님의 영광을 바라봅니다. 이렇게 해서, 우리는 주님과 같은 모습으로 변화하여, 점점 더 큰 영광에 이르게 됩니다. 이것은 영이신 주님께서 하시는 일입니다(고후 3:18).

"주님의 영광을 바라본다"는 것은 무엇을 의미합니까? 주님은 영이시기에 마음으로 볼 수밖에 없습니다. 마음으로 주님의 영광을 본다는 말은 그에 대해 생각하고 묵상한다는 뜻입니다. 그분이 어떤 분인지, 얼마나 전능하고 위대하신지, 얼마나 크고 귀하신지, 얼마나 거룩하고 진실하신지, 얼마나 사랑이 크고 자비로우신지 늘 생각하며 산다는 뜻입니다. 그러면서 그분을 찬양하고 경배하며 감사한다는 뜻입니다. 그러다 보면 우리가 주님과 같은 모습으로 변화됩니다. 우리의 마음과 영혼이 그분을 닮아 갑니다.

"점점 더 큰 영광에 이르게 됩니다"라는 말은 무엇을 의미할까요? 예수 그리스도를 주님으로 영접할 때 우리는 이미 그분의 영광을 받습니다. 죄인임에도 의인으로 인정받고 하나님의 자녀가 됩니다. 성령께서 우리 안에 내주하십니다. 그것은 우리로서는 감당할 수 없는 큰 영광입니다. 그런 상태에서 주님의 영광을 계속 바라보며 묵상합니다. 그러다 보면 모세의 얼굴에서 자기도 모르는 사이에 빛이 난 것처럼 우리의 얼굴에서도 빛이 발산됩니다. 하나님과의 사귐이 깊어질수록 그 광채가 점점 더 진해집니다.

이렇게 주님의 영광의 빛을 받으면, 그로 인한 유익은 본인 자신이 가장 먼저 누리게 됩니다. 주님의 영광의 빛이 우리의 내면을 가득 채우면 마음 안에 있던 온갖 어두운 것, 부정적인 것, 상처와 분노와 두려움이 사라지고 평안과 사랑과 은혜와 기쁨이 그 자리에 들어찹니다. 하나님의 나라가 마음에 임하는 것입니다. 그래서 사도 바울은 이렇게 말했습니다.

> 하나님의 나라는 먹는 일과 마시는 일이 아니라, 성령 안에서 누리는 의와 평화와 기쁨입니다(롬 14:17).

그뿐 아니라, 그 변화는 주변에 있는 사람들의 눈에도 보입니다. 그러면 그들도 그런 변화를 경험하고 싶은 마음이 듭니다.

얼마 전, 어느 교우가 감명 깊게 읽은 책이라면서 나오미 리드가 쓴 『사막에 자두나무가 자란다』라는 책을 보내 주었습니다. 가장 신뢰받는 선교 기관 중 하나인 인터서브(InterServe)가 창립 160주년을 맞아 소속 선교사 열 가정의 이야기를 모아 낸 책입니다. 그 책에서 읽은 이야기 중 하나입니다.[7]

의사 부부인 헬렌과 로버트는 북아프리카의 어느 무슬림 국가에서 선교사로 살고 있습니다. 그들은 자유롭게 전도할 수 없는 환경에서 의사로 일하면서 그리스도의 사랑을 전하고 있습니다. 어찌 보면 그런 토대 위에서 복음을 전하는 것은 마치 사막에 자두나무를 심는 것처럼 가망 없어 보이는 일입니다. 하지만 인내심을 가지고 잘 가꾸니 사막에서도 자두나무를 키울 수 있었다고 헬렌은 고백합니다. 직접 복음을 전할 수 없는 상황에서도 전도가 되었다는 뜻입니다.

헬렌은 자녀를 보낼 만한 마땅한 학교가 없어서 홈스쿨링을 하기로 하고 둘째 아이를 돌볼 보모를 구합니다. 그는 종교적으로 마음이 열린 보모를 보내 달라고 기도하면서 찾던 중에 아미나라는 동네 여인을 만납니다. 그 여인은 무슬림이기는 하지만 마음이 꽤 열려 있는 사람이었습니다. 헬렌은 아미나와 함께 있을 때 그의 종교 이야기를 듣기도 하고 자신의 신앙 이야기를 들려주기도 했는데, 아미나는 헬렌의 이야기를 매우 흥미롭게 들었습니다.

그러던 어느 날, 헬렌이 아미나와 대화를 나누고 있는데 티테이블 위에 놓여 있던 아랍어 성경이 눈에 들어옵니다. 그때 헬렌에게 문득 시편 139편을 아미나에게 읽어 주고 싶다는 생각이 들었습니다. 그는 그 생각을 하나님이 주시는 신호라고 받아들이고 아미나에게 "내가 좋아하는 시편을 들어 보지 않겠어요?"라고 제안합니다. 아미나는 곧바로 헬렌의 제안을 받아들였고, 헬렌은 그 시편을 읽어 줍니다. 시편 139편은 하나님에 대한 가장 심오한 고백 시편 중 하나입니다.

아미나는 헬렌의 시편 낭독을 다 듣고서 이렇게 말합니다. "놀라워요. 저는 신이 계신다면 그런 분일 거라고 늘 생각해 왔어요." 성경을 더 읽어 보고 싶다는 아미나의 말에 헬렌은 그 성경을 선물로 줍니다. 그렇게 아미나는 복음에 마음을 열고 주님을 영접합니다. 아미나에게 그런 변화가 일어날 수 있었던 것은 그의 남편이 아내가 성경 읽는 것을 반대하거나 방해하지 않았기 때문입니다. 그 이후로 헬렌과 아미나는 남편의 변화를 위해 기도하기 시작합니다.

시간이 흐른 어느 날, 아미나가 헬렌에게 기쁜 소식을 전해 줍니다. 며칠 전 남편이 "당신이 성경을 읽을 때면 얼굴에서 빛이 나는 것 같아"라고 말하더라는 것입니다. 아미나가 그렇게 꾸민 것이 아닙니다. 그저 순전한 마음으로 말씀을 읽고 묵상한 것뿐입니다. 그때 그의 내면에 하나님의 빛이 임한 것이고, 그것이 그 남편에게 보인 것입니다. 하나님이 그 남편의 마음을 움직여 그 빛을 보게 하셨다는 사실을 알기에 헬렌은 남편이 머지않아 복음을 받아들일 것이라고 믿게 되었다고 합니다.

시내 산에서 내려올 때 모세에게 일어났던 일은 전혀 이상한 일도 아니고 특별한 사람에게만 일어나는 일도 아닙니다. 지금도 우리에게 일어날 수 있는 일이며 실제로 일어나고 있는 일입니다. 모세가 특별했다면, 하나님과의 사귐의 밀도가 매우 높았고 그로 인해 그의 얼굴빛의 광도가 매우 강했다는 것뿐입니다.

우리가 예수 그리스도 안에서 하나님의 영광을 묵상할 때, 우리 마음에 하나님의 영광이 임하고 우리는 세상이 줄 수 없는 평안과 안식과 만족과 위로를 경험합니다. 그리고 그 영광의 빛은 우리의 눈빛과 얼굴 표정과 몸짓을 통해 발산되게 되어 있습니다. 사람들은 우리의 말과 행동보다 우리에게서 발산되는 빛을 보다 신뢰합니다. 말과 행동은 만들어 낼 수 있지만, 눈빛과 얼굴에서 발산되는 빛은 속일 수 없기 때문입니다. 그래서 사도 바울은 이렇게 말합니다.

하나님은 여러분 안에서 활동하셔서, 여러분으로 하여금 하나님을 기쁘게 해드릴 것을 염원하게 하시고 실천하게 하시는 분입니다. 무슨 일이든지, 불평과 시비를 하지 말고 하십시오. 그리하여 여러분은, 흠이 없고 순결해져서, 구부러지고 뒤틀린 세대 가운데서 하나님의 흠 없는 자녀가 되어야 합니다. 그리하면 여러분은 이 세상에서 별과 같이 빛날 것입니다(빌 2:13-15).

모세의 경우에서 보듯이, 이 빛은 한 번 받으면 그대로 있는 것이 아닙니다. 하나님과의 관계가 어떤지에 따라 밝아지기도 하고 흐려지기도 합니다. 그러므로 매일 말씀 묵상과 기도와 찬양으로 주님의 영광을 바라보아야 합니다. 때로 모세처럼 사십 일은 아니더라도 하루나 이틀이라도 날을 정해서 주님의 영광을 바라보는 일에 몰두할 필요도 있습니다. 그렇게 주님의 영광의 빛을 받아 그 빛 가운데 살고 그 빛을 드러내며 살아가는 것이 우리의 영적 여정입니다.

│ 적용과 나눔을 위한 질문 │

• 당신이 그동안 만났던 사람들 가운데 유난히 얼굴에 빛이 났던 사람은 누구입니까? 왜 그 사람에게서 그렇게 빛이 났다고 생각합니까?

• 당신에게 있는 하나님의 빛을 생각해 보십시오. 당신의 눈빛과 표정과 몸짓을 통해 당신의 내면에 있는 빛이 얼마나 발산되고 있다고 생각합니까?

• 그 빛이 더욱 밝아지게 하기 위해 당신이 할 일은 무엇이라고 생각합니까? 그 빛이 더 밝아지면 당신에게 어떤 변화가 일어날지 생각해 보십시오.

15
겸손

나는 하나님이 아니다

민수기 12:1-16

지상에서 가장 겸손한

앞에서 살펴본 것처럼, 광야생활 사십 년 동안 모세의 삶의 방식을 한마디로 표현하면 '보이지 않는 하나님을 보는 듯이 사는 삶'이라 할 수 있습니다. 그것은 모세였기 때문에 가능했던 것이 아닙니다. '보이지 않는 하나님을 보는 듯이' 믿고 사는 것은 우리 믿음의 핵심입니다. 그래서 사도 바울은 이렇게 고백했습니다.

그러므로 우리는 언제나 마음이 든든합니다. 우리가 육체의 몸을 입고 살고 있는 동안에는, 주님에게서 떠나 살고 있음을 압니다. 우리는 믿음으로 살아가지, 보는 것으로 살아가지 아니합니다(고후 5:6-7).

"주님에게서 떠나 살고 있다"는 말은 육체의 몸을 입은 우리에게 영이신 주님은 손에 만지는 것처럼 경험할 수 없다는 뜻입니다. 영이신 주님은 우리와 늘 함께하시지만, 오감으로 모든 것을 판단하는 우리에게 그분은 보이지도 않고 잡히지도 않습니다. 그러므로 때로 그분이 안 계신 것 같고 멀리 계신 것 같은 느낌을 받습니다. 믿는다는 것이 뜬구름 잡는 것처럼 느껴지기도 합니다. 그럴 때면 마음이 불안해집니다.

사도 바울이 "우리는 언제나 마음이 든든합니다"라고 말한 이유가 여기에 있습니다. 그는 보는 것으로 살아가지 않고 "믿음으로" 살아갔기 때문에 보이지 않는 주님을 보는 것처럼 관계 맺고 살았습니다. 그렇게 믿는 사람에게는 영이신 주님이 늘 함께하시고 그의 삶을 인도하시는 것이 보입니다. 개인의 삶뿐 아니라 우주의 운행과 인류의 역사가 그분의 다스림 아래서 움직이고 있음을 봅니다. 그렇기 때문에 언제나 마음이 든든합니다.

이렇듯 '보이지 않는 하나님을 보는 듯이' 믿고 사는 것이 하나님과의 관계에서 모세가 보여준 특징이라면, 이 믿음이 모세의 인격에 어떤 영향을 미쳤을까요? 신앙인으로서 모세는 어떤 인격의 사람이었을까요?

민수기 말씀이 이 질문에 답을 줍니다. 모세의 권위에 대해 미리암과 아론이 반기를 들고 일어난 사건을 보도하면서 저자는 이렇게 기록하였습니다.

모세로 말하자면, 땅 위에 사는 모든 사람 가운데서 가장 겸손한 사람이다(민 12:3).

여러분의 머릿속에 있는 모세의 이미지를 잠시 생각해 보시기 바랍니다. 아마도 많은 이들이 지팡이를 들고 있는 남성미 가득한 모습이나 십계명과 율법의 전수자로서의 모세를 상상할 것입니다. 십계명과 율법은 철저하고 엄정한 명령으로 가득 차 있습니다. 또한 성경에 나오는 모세 이야기들을 보면 피도 눈물도 없는 강인함의 대명사처럼 보입니다. 겸손과는 매우 거리가 먼 사람처럼 보입니다.

그렇다면 민수기는 왜 모세를 이렇게 평가하고 있을까요? 모세가 "땅 위에 사는 모든 사람 가운데서 가장 겸손한 사람"이라는 평가가 정말 맞을까요? 맞다면 왜 그럴까요?

사람을 판단할 때 막연히 또는 우연히 만들어진 인상을 가지고 그 사람을 기억하고 평가하는 경향이 우리에게 있습니다. 모세에 대해서도 마찬가지입니다. 사람들이 모세를 생각할 때 떠오르는 이미지는 이집트 왕 앞에 맞서는 모습, 지팡이를 들어 홍해를 가르는 모습, 시내 산에서 십계명 돌판을 가지고 내려오는 모습, 금송아지를 두고 광란을 벌이던 백성에게 격노하는 모습 등을 생각합니다. 그런 모습들은 모세를 신선과 같은 존재로 생각하게 만듭니다. 누구도 범접할 수 없는 영적 권위로 백성 위에 군림하며 호령하고 심판하고 꾸짖는 사람처럼 생각합니다.

하지만 출애굽기부터 신명기까지 등장하는 모세에 관한 기록을 자세히 살펴보면, 우리가 일반적으로 모세에 관해 가지고 있는 인상과는 다소 거리가 먼 한 사람의 모습이 드러납니다. 앞에서 본 민수기 12:3의 번역은 개역개정이 보다 원문에 가깝습니다.

이 사람 모세는 온유함이 지면의 모든 사람보다 더하더라.

여기서 "이 사람 모세는"이라는 표현은 그가 우리와 같은 보통 사람이었다는 사실을 강조합니다.[1] 비록 하나님은 모세를 특별한 목적을 위해 택하셨지만, 그는 우리와 다름없는 '한 인간'이었습니다. 한 인간으로서 그에게 드러나는 가장 중요한 인격적 장점이 겸손함과 온유함이었다는 것입니다.

아나빔

'겸손함' 혹은 '온유함'이라는 말을 들으면 보통 부드러움, 따뜻함, 친절함, 양보하는 태도, 너그러운 마음 같은 것이 연상됩니다. 일반적으로, 따뜻한 미소를 머금고 무골호인처럼 누구에게나 부드럽게 대하는 것이 겸손이요 온유라고 생각합니다. 하지만 여기에 사용된 히브리어 '아나브'는 그보다 더 깊고 다양한 의미를 가지고 있습니다.[2] 이 단어는 시편에서 자주 사용되는데, 그중에서도 시편 37편은 겸손함에 대한 교과서라 할 수 있습니다.

악한 자들이 잘된다고 해서 속상해하지 말며, 불의한 자들이 잘 산다고 해서 시새워하지 말아라. 그들은 풀처럼 빨리 시들고, 푸성귀처럼 사그라지고 만다(시 37:1-2).

여기서 말하는 "악한 자들"과 "불의한 자들"은 하나님을 믿지 않는 사람들입니다. 이 세상은 하나님의 뜻도, 법도, 양심도 무시하고 자신의 욕망을 이루기 위해 분투하는 사람들이 지배하는 것처럼 보입니다. 죄를 일삼으며 악을 밥 먹듯 행하는 사람들이 벌 받는 모습을 보고 싶은데, 현실은 오히려 그 반대인 것처럼 보입니다. 한편 거룩하고 의롭게 사는 사람들은 이 세상에서 번영하는 것이 아니라 오히려 악하고 불의한 자들에게 밀려나고 짓밟히곤 합니다. 그래서 시편에서 '의로운 사람'은 '가난한 사람' 혹은 '비천한 사람'과 같은 뜻으로 쓰입니다.

이런 상황에서 시인은 '아나빔' 곧 거룩하고 의롭게 사는 사람들에게 속상해하거나 시새워하지 말라고 권면합니다. 주님이 살아 계시고 역사하셔서, 악인들이 잘되는 것 같아도 결국 심판을 받게 될 것이기 때문입니다. 그래서 시인은 이렇게 말합니다.

> 악인이 의인을 모해하며, 그를 보고 이를 갈지라도, 주님은 오히려 악인을 비웃으실 것이니, 악인의 끝날이 다가옴을 이미 아시기 때문이다(시 37:12-13).

> 의인의 구원은 주님께로부터 오며, 재난을 받을 때에, 주님은 그들의 피난처가 되신다. 주님이 그들을 도우셔서 구원하여 주신다. 그들이 주님을 피난처로 삼았기에, 그들을 악한 자들에게서 건져내셔서 구원하여 주신다(시 37:39-40).

하나님은 이 세상에서 모든 악을 솎아 내시는 방식으로 일하지 않으십니다. 그것은 마지막 심판 때에 있을 일입니다. 앞에서 살펴보았듯이, 하나님은 인간에게 자유의지를 부여하셨기에 각자의 선택을 두고 보십니다. 하지만 언제까지나 그저 두고 보시지는 않으십니다. "어디, 하나님이 있으면 나와 보라고 해!"라고 말하면서 거침없이 악을 행하는 사람들을 두고 하나님은 비웃으십니다. 그 사람에게 보이지 않는 불행한 끝이 하나님께는 보이기 때문입니다. 하나님은 자신의 때에 자신의 방법으로 모든 것을 바로잡으실 것입니다.

그것을 진실로 믿는 사람은 이 세상에서 번영하기 위해 죄와 악을 택하지 않습니다. 당장 손해를 보더라도 바른 길을 택합니다. 그래서 시인은 이렇게 권면합니다.

주님만 의지하고, 선을 행하여라. 이 땅에 사는 동안 성실히 살아라. 기쁨은 오직 주님에게서 찾아라. 주님께서 네 마음의 소원을 들어주신다. 네 갈 길을 주님께 맡기고, 주님만 의지하여라. 주님께서 이루어 주실 것이다(시 37:3-5).

이렇게 마음먹고 사는 것이 결코 쉬운 일이 아닙니다. 믿는 사람도 인간인지라 손해를 보거나 모욕을 당하거나 박해를 당할 때면 억울함을 느끼고 분노에 휩싸이기도 합니다. 때로는 하나님의 침묵에 분노하기도 하고, 하나님의 존재와 능력에 대해 회의하기도 합니다. 그럴 때면 모든 것에서 벗어나 악인들과 같은 방식으로 살고 싶은 유혹에 빠집니다. 그뿐 아니라, 악인들은 끊임없이 겸손한 사람을 흔듭니다. 때로 유혹하거나 위협하기도 합니다. 그래서 시인은 이렇게 권면합니다.

노여움을 버려라. 격분을 가라앉혀라. 불평하지 말아라. 이런 것들은 오히려 악으로 기울어질 뿐이다. 진실로 악한 자들은 뿌리째 뽑히고 말 것이다. 그러나 주님을 기다리는 사람들은 반드시 땅을 물려받을 것이다. 조금만 더 참아라. 악인은 멸망하고야 만다. 아무리 그 있던 자리를 찾아보아도 그는 이미 없을 것이다. 겸손한 사람들이 오히려 땅을 차지할 것이며, 그들이 크게 기뻐하면서 평화를 누릴 것이다(시 37:8-11).

결국 겸손함 혹은 온유함의 핵심은 하나님을 하나님으로 인정하고 모든 것을 그분께 맡기는 것입니다. 해롤드 쿠슈너는 "겸손은 당신이 하나님이 아니라는 사실을 인정하는 것이다. 세상을 움직이는 것이 당신의 업무도 아니고 책임도 아님을 인정하는 것이다"라는 말로 겸손을 정의합니다.[3] 이 대목에서 예수님이 말씀하신 '팔복 선언'의 한 구절을 떠올리는 분이 있을 것입니다.

온유한 사람은 복이 있다. 그들이 땅을 차지할 것이다(마 5:5).

이 말씀을 하실 때 예수님은 시편 37편을 생각하고 계셨음이 분명합니다. 온유한 사람이란 하나님이 다스리신다는 사실을 철저하게 믿고, 죄와 악이 가득한 세상에서 오직 하나님의 뜻을 따라 의롭고 선하게 사는 '아나빔'을 가리킵니다. 그런 사람이 현실 세계에서 밀려나고 짓밟히는 일이 많지만, 결국 하나님이 모든 것을 바로잡아 주십니다. 그리고 그의 희생은 이 세상을 변화시키는 도구로 사용됩니다. 이것이 "땅을 차지하다"라는 말에 담긴 의미입니다.

이렇듯 '아나빔' 곧 겸손한 사람 혹은 온유한 사람의 가장 중요한 특징은 하나님의 다스림에 대한 철저한 신뢰입니다. 그 사람이 외적으로 부드럽고 따뜻하고 친절할 뿐 아니라 양보하고 희생할 수 있는 것은, 하나님이 다스리고 계시며 결국 그분이 바로잡으실 것이라는 믿음 때문입니다. 때로는 억울하고 분통스러운 일이 있어도 자신의 힘으로 앙갚음하거나 응징하려 들지 않습니다. 모욕과 분노를 속으로 씹으면서 하나님이 바로잡으시기를 기다립니다. 그리고 할 수 있는 대로 그 사람을 선대합니다.

믿음과 겸손

이런 점에서 본다면, 모세는 겸손의 전형이라 할 수 있습니다. 그런 시각으로 모세에 관련된 이야기들을 다시 읽어 보면, '과연 그렇구나' 하고 고개를 끄덕이게 됩니다.

우선, 바로와 맞서 싸우는 동안 모세가 어떻게 행동했는지를 보십시오. 당시의 절대권력자 바로에게 맞서는 것은 목숨을 내놓는 일이나 마찬가지였습니다. 그것을 뻔히 알면서도 그는 바로에게 맞섰습니다. 그 대결에서 모세는 바로의 변심에 거듭 시달립니다. 인간적인 감정으로 반응하면 한 번쯤 분노를 터뜨릴 만도 합니다. 아니면 하나님께 당장 결판을 내자고 간청할 만도 합니다.

하지만 모세는 끝까지 중재자 혹은 메신저로만 말하고 행동합니다. 실제로 바로와 맞서는 것은 자신이 아니라 하나님이라는 사실을 한순간도 망각하지 않았습니다. 바로를 굴복시키는 것은 자신의 일이 아니라 하나님의 일이니 부름받은 자신은 오직 맡겨진 일만 하면 되었습니다. 그래서 시종일관 모세는 하나님의 말씀에만 순종합니다.

앞에서 살펴본 대로, 열 번의 재앙 끝에 바로는 두 손 두 발 다 들고 이스라엘 백성을 놓아주지만 얼마 후 다시 변심하여 병거를 동원하여 이스라엘 백성을 추적합니다. 그로 인해 이스라엘 백성은 크게 두려워하며 모세를 원망합니다. 그 이후로 사십 년 동안 주기적으로 반복될 패턴이 시작된 것입니다. 그때 모세가 백성에게 한 말을 마음에 새겨 둘 필요가 있습니다.

> 두려워하지 마십시오. 당신들은 가만히 서서, 주님께서 오늘 당신들을 어떻게 구원하시는지 지켜보기만 하십시오. 당신들이 오늘 보는 이 이집트 사람을 다시는 볼 수 없을 것입니다. 주님께서 당신들을 구하여 주시려고 싸우실 것이니, 당신들은 진정하십시오(출 14:13-14).

이것이 바로와 맞선 기간 동안 모세가 얻은 믿음입니다. 앞에서 살펴본 대로, 하나님이 한 번에 바로를 굴복시키지 않고 열 번이나 기회를 준 것은 바로를 돌이키기 위한 것이기도 했지만, 모세에게는 하나님의 약속과 능력에 대해 신뢰하게 만드는 과정이었습니다. 그 과정을 통해 모세는 보이지 않는 하나님을 보는 듯이 믿게 되었고, 그 믿음으로 이렇게 백성을 위로할 수 있었습니다.

이집트를 떠나 광야를 유랑하는 기간 동안 모세는 이스라엘 백성으로부터 수없이 원망과 비난을 들어야 했습니다. 그들은 어려움을 겪을 때마다 모세를 탓했습니다. 때로는 죽일 듯이 덤비기도 했습니다.

오늘로 따지면, 모세는 광야생활 사십 년 동안 입법, 사법, 행정 삼권을 모두 가진 최고 지도자였습니다. 게다가 그는 군통수권자였습니다. 한마디로 절대 군주였던 것입니다. 그렇게 본다면, 모세를 향한 이스라엘 백성의 거듭된 원망과 비난과 항의는 이해하기 어렵습니다. 이스라엘 백성이 전권을 가진 최고 지도자 모세를 그다지 두려워하지 않았기 때문입니다.

왜 이스라엘 백성은 모세를 이렇게 만만하게 보았을까요? 그것은 모세가 자신에게 주어진 권세와 권력을 부려 백성 위에 군림하지 않았기 때문입니다. 오직 하나님이 그에게 부여해 주신 영적 권위로 백성을 인도하려 했습니다. 그뿐 아니라 백성으로부터 원망이나 비난이나 항의를 들을 때면, 모세는 절대 권력을 가지고 있음에도 백성에게 대응하지 않고 항상 하나님 앞에 나아가 엎드렸습니다. 금송아지 사건 때 격분에 사로잡혀 학살을 명령한 것이 유일한 예외입니다. 백성이 디베라에서 고기를 먹지 못하는 것에 대해 불평하며 소동을 일으키자 모세는 하나님께 이렇게 기도합니다.

어찌하여 주님께서는 주님의 종을 이렇게도 괴롭게 하십니까? 어찌하여 저를 주님의 눈 밖에 벗어나게 하시어, 이 모든 백성을 저에게 짊어지우십니까?……저 혼자서는 도저히 이 모든 백성을 짊어질 수 없습니다. 저에게는 너무 무겁습니다. 주님께서 저에게 정말로 이렇게 하셔야 하겠다면, 그리고 제가 주님의 눈 밖에 나지 않았다면, 제발 저를 죽이셔서, 제가 이 곤경을 당하게 하지 않게 해주십시오(민 11:11, 14-15).

열두 명의 정탐꾼이 가나안 땅을 둘러보고 왔을 때에도 같은 일이 일어납니다. 열두 명 중에서 열 명이 가나안 땅으로 들어가 정착하는 것은 불가능하다고 보고하자, 이스라엘 백성이 폭동이라도 일으킬 것처럼 동요합니다. 새로운 지도자를 세워서 이집트로 돌아가자는 움직임까지 일어납니다. 그때 모세가 취한 행동에 대해 민수기는 이렇게 기록합니다.

> 모세와 아론은 이스라엘 자손의 온 회중 앞에서 얼굴을 땅에 대고 엎드렸다(민 14:5).

이것은 최고 지도자인 모세로서는 체면을 구기는 행동입니다. 앞서 시내 산에서 내려왔을 때처럼 잔인하게 그들을 징계할 수도 있었습니다. 하지만 그에게 중요한 것은 하나님이 무엇을 원하시는지에 있었습니다. 위기 앞에서 그는 자신의 생각과 판단을 내려놓고 하나님의 뜻을 찾았습니다. 그래서 백성에게 밀릴 때마다 자신의 권력으로 대응하려는 욕망을 거부하고 스스로를 낮춘 것입니다.[4]

때로 하나님은 백성의 불신앙과 반역에 대해 재앙으로 징계하십니다. 그럴 때마다 모세는 하나님 앞에 나아가 백성을 위해 중보합니다. 앞서 금송아지 우상을 만들어 놓고 광란을 벌인 일에 대해서도 하나님께 나아가 이렇게 간구했습니다.

> 슬픕니다. 이 백성이 금으로 신상을 만듦으로써 큰 죄를 지었습니다. 그러나 이제 주님께서 그들의 죄를 용서하여 주십시오. 그렇게 하지 않

으시려면, 주님께서 기록하신 책에서 저의 이름을 지워 주십시오(출 32:31-32).

모세는 최고 지도자의 자리에서 특권을 누릴 생각이 전혀 없었습니다. 그는 그 자리를 섬기는 자리로 받아들였습니다. 그래서 백성이 하나님으로부터 징계를 당할 때마다 하나님께 나아가 백성을 위해 기도했습니다. 백성이 행한 죄를 자신의 죄로 받아들이고, 백성이 당한 재앙을 자신이 당한 재앙으로 받아들인 것입니다.

인격의 시험

모세의 겸손함과 온유함이 가장 잘 드러난 사건은 민수기 12장에서 구스 여인을 후처로 들인 일로 미리암과 아론이 모세를 비난한 사건입니다. 앞에서 살펴본 것처럼, 이즈음에 모세의 아내 십보라는 친정아버지 이드로를 따라 미디안으로 돌아갔을 가능성이 큽니다. 십보라가 모세와 함께 있다가 세상을 떠난 것이라면 그에 대한 언급이 없을 리가 없습니다. 십보라는 모세가 이집트로 돌아가기로 결심한 날로부터 이미 남남처럼 살았을 가능성이 큽니다.

당시 모세의 나이로 볼 때, 새로운 아내를 얻는다는 것이 이상해 보일 수 있습니다. 과거 평균 수명이 쉰 살 정도였을 때는 이 구절이 과장처럼 들렸습니다. 하지만 평균 수명이 여든 살에 근접한 지금은 얼마든지 그럴 수 있다고 생각합니다. 신명기 마지막에 보면, 백이십세로 죽을 때 모세의 상태에 대해 "그의 눈은 빛을 잃지 않았고, 기력은 정정하였다"(신 34:7)고 기록합니다.

그렇다면 모세가 후처를 들였다는 사실은 이상한 일이 아닙니다. 이스라엘 백성을 이끌고 광야를 유랑하는 막중한 책임을 지고 살아야 했던 모세에게 인간적인 의지처가 필요했을 것입니다. 그 나이에 성적인 욕구 때문에 결혼했을 것 같지는 않습니다.[5] 권력의 자리에 오래 있다 보면 자신도 어찌할 수 없는 피로감에 짓눌리고 그로 인해 문제를 겪을 수 있습니다. 그런 사정을 생각해 보면, 모세가 새 아내를 맞이한 것은 어느 정도 이해할 수 있는 일입니다.

그렇기는 해도 최고 지도자가 이런 결정을 한다는 것은 쉬운 일이 아닙니다. 비난의 표적이 될 수 있기 때문입니다. 그럴 때 곁에서 그 사정을 알아주고 비난을 막아 주는 사람이 필요합니다. 모세의 경우, 누이 미리암과 형 아론이 그 역할을 해주어야 했습니다.

불행하게도 미리암과 아론이 이 문제를 가지고 모세를 비방하고 나섭니다.[6] 미리암이 누구입니까? 앞에서 살펴본 바와 같이, 어머니가 어린 모세를 갈대 상자에 넣어 나일 강에 띄워 보내자 그 뒤를 따라가면서 어찌 되는지 지켜보다가, 동생이 공주에게 발견되자 용기를 내어 다가가 어머니를 유모로 소개시켜 준 사람입니다. 모세에게는 은인과도 같은 존재입니다. 아론은 지금까지 모세의 곁에서 함께 버텨 주던 사람입니다. 그런데 그들이 모세를 비난하는 일에 앞장선 것입니다.

그들이 모세를 비난한 이유가 무엇일까요? 표면적으로는 구스 여인을 후처로 맞아들였다는 것이 이유였습니다. 어떤 학자들은 '구스'가 '미디안'을 뜻한다고 해석합니다. 그렇게 보면 '구스 여인'은 십보라를 가리킵니다. 십보라에게 무슨 문제가 있습니까? 유일한 문제는 십보라가 미디안 여인이라는 사실뿐입니다. 하지만 구스가 미디안을 뜻한다는 해석에 문제가 있고, 이제 와서 십보라가 이방 여인이라는 사실로 문제 삼았다는 것도 이상합니다.[7]

따라서 '구스'는 '에티오피아'를 가리킨다는 전통적인 해석이 옳다고 보아야 합니다.[8] 이 해석에 근거하여, 그 여인이 흑인이라서 미리암과 아론이 모세를 비난했다고 주장한 학자들이 있었습니다. 이것은 피부색으로 인종을 차별하는 경향이 모세 당시에도 있었다고 착각한 백인 학자들의 오판입니다.

그렇다면 앞에서 말한 것처럼 십보라가 살아 있음에도 후처를 들인 것으로 인해 비난한 것으로 보아야 합니다. 모세와 십보라와의 부부 관계는 이미 오래전에 끝났습니다. 그것을 생각하면 모세가 새로운 아내를 맞이한 것을 이해해 줄 만합니다. 하지만 헐뜯자면 얼마든지 헐뜯을 수 있는 문제입니다.

이렇듯 표면적으로는 후처 문제로 모세를 비난하고 있지만, 미리암이 한 말을 보면 진짜 이유는 다른 데 있음을 알 수 있습니다.

주님께서 모세와만 말씀하셨느냐? 우리와도 말씀하시지 않았느냐!(민 12:2)

한마디로 미리암은 그렇게도 사랑했던 모세에게 시기심을 느끼고 있었다는 뜻입니다. 즉 그가 가지고 있던 최고 권력에 탐을 낸 것입니다. 이것은 단지 형제와 자매 사이에 일어난 사사로운 문제가 아닙니다. 아론은 대제사장이었고 미리암은 여예언자로 존경받고 있었

습니다. 그러므로 미리암과 아론의 반역은 백성의 반역보다 훨씬 심각한 문제였을 것입니다.[9]

이 일을 당했을 때 모세의 마음이 어떠했을까요? 사람에 대한 실망 혹은 환멸을 느꼈을 것입니다. 그럴 만한 사람들이 그런 것이면 그냥 넘어갈 수 있습니다. 하지만 가장 가까이에서 자신을 이해해 주고 두둔해 줘야 할 사람들이 나서서 비난하고 헐뜯었으니 얼마나 큰 상처가 되었겠습니까?

이 상황에서 모세는 피가 거꾸로 솟는 듯했을 텐데 아무런 대응을 하지 않습니다. 고대 제국의 왕가 역사를 보면 이런 일들이 자주 일어났습니다. 그럴 경우 왕은 잔인하게 대응했습니다. 우리나라 왕가의 역사도 마찬가지이지만, 제왕 제도하에서 왕의 형제자매들 중 수명대로 산 사람은 별로 없습니다. 모세도 얼마든지 그렇게 할 수 있었습니다. 그럴 만한 권력도 있었고 명분도 충분했습니다. 하지만 그는 그렇게 하지 않았습니다.

모세가 아무 말도 하지 않고 대응하지 않자 하나님이 개입하십니다. 모세와 아론과 미리암을 즉시 성막으로 부르시더니 아론과 미리암에게 모세의 영적 권위에 도전하지 말라고 경고하십니다. 구름이 걷혀 올라가자 미리암의 피부가 하얗게 변해 버립니다. 악성 피부병으로 징계를 받은 것입니다.

상황이 이렇게 되자, 아론이 모세에게 자신들을 용서하고 미리암을 위해 중보해 달라고 간청합니다. 인간적인 감정으로 보면, 모세는 누이가 당한 일에 대해 동정하고 싶지 않았을 수도 있습니다. 동기간에게 받은 상처가 더 깊은 법입니다. 하지만 모세는 진심으로 미리암을 위해 하나님께 부르짖어 기도합니다.

하나님, 비옵니다. 제발 미리암을 고쳐 주십시오(민 12:13).

그 호소에 하나님은 응답하십니다. 다만, 일주일 동안 진 바깥에 머물게 함으로써 미리암으로 하여금 죄에 대한 최소한의 대가를 치르게 하십니다.

심리학자 조지 사이먼은 한 사람의 인격이 드러나는 세 가지 시험에 관하여 이야기했는데, 그것은 역경, 유혹, 권력입니다.[10] 미국의 제16대 대통령인 에이브러햄 링컨은 "사람들은 대개 역경을 견뎌 냅니다. 하지만 한 사람의 인격을 시험해 보려면 권력을 주어 보십시오"라고 말했다고 합니다. 모세는 이 세 가지 시험을 모두 겪은 사람입니다. 특히 사람들이 가장 취약해진다는 최고 권력의 자리에서 그는 겸손함과 온유함을 끝까지 지켰습니다.

나는 온유하고 겸손하니

이렇게 본다면, 믿음의 실력은 온유함과 겸손함의 실력과 비례한다고 할 수 있습니다. 보이지 않는 하나님을 보는 듯이 믿고 살았던 모세였기에 그는 땅 위에 사는 사람들 가운데 가장 겸손하고 온유한 사람이 되었습니다. 그는 가장 높은 자리에 있었지만 그 자리를 지키거나 누리려 하지 않았습니다. 자신에게 주어진 영적 권세를 과시하려 하지도 않았고 부리려 하지도 않았습니다.

물론 그에게도 약점이 있었습니다. 감정에 휘둘려 일을 그르친

적도 있었습니다. 백성의 우상 숭배에 격분하여 십계명 돌판을 내던져 깨뜨리고 하루에 삼천 명가량을 잔인하게 학살하기도 했습니다. 신 광야에 있는 가데스라는 곳에서 진을 치고 있는 동안 마실 물이 없어서 백성이 불평할 때도 마찬가지였습니다. 모세가 하나님께 간구하자 하나님이 어떤 바위를 보여주면서 회중이 보는 앞에서 바위에게 물을 내도록 명령만 하라고 하셨는데, 모세는 분을 참지 못하고 자신의 지팡이로 그 바위를 두 번 칩니다(민 20:11). 그 일을 두고 하나님은 이렇게 말씀하십니다.

> 너희는 이스라엘 자손이 보는 앞에서 나의 거룩함을 나타낼 만큼 나를 신뢰하지 않았다. 그러므로 너희는, 내가 이 총회에게 주기로 한 그 땅으로 그들을 데리고 가지 못할 것이다(민 20:12).

"지팡이로 바위를 두 번 친 것이 뭐 그리 문제가 됩니까?"라고 반문하고 싶은 분이 있을 것입니다. 이 문제에 대해 도로시 젤릭스는 유력한 해석을 제시합니다. 그는 모세가 하나님을 향해 '바위'라는 비유를 사용한 것(신 32:3-4, 15)에 주목합니다. 따라서 모세가 바위를 향해 명령하지 않고 지팡이로 친 것은 하나님께 대한 분노를 표출한 것이라 볼 수 있습니다. 다시 말해, 자신에게 그토록 부담스러운 짐을 지운 하나님께 대한 투정이었습니다.[11] 그것은 또한 백성들의 변덕에 시달리다 못해 감정이 폭발한 것일 수도 있습니다. 그 행동으로 모세는 권세를 '부린' 것입니다. 결과적으로 물이 솟아나오기는 했지만, 백성은 물을 마시면서 하나님의 은혜에 감사하기보다 모세의 위세에

벌벌 떨었을 것입니다.

성경에 기록된 것 말고도 그와 유사한 실수와 잘못이 더 있었을 것입니다. 그럼에도 그가 땅 위에 있는 모든 사람 가운데 겸손함과 온유함에서 뛰어났다고 평가하는 이유는, 그 실수와 잘못을 상쇄하고도 남을 만큼 그가 보이지 않는 하나님을 보는 듯이 신뢰했고 자신에게 주어진 권세와 권력을 오직 하나님의 뜻과 백성을 위해 사용했기 때문입니다. 요셉과 다윗과 솔로몬을 비롯한 그 어떤 왕도 이 점에서 모세에 비할 수 없었습니다.

그런데 먼 후일에 겸손함과 온유함에서 모세보다 뛰어난 인물이 나타납니다. 바로 예수 그리스도이십니다. 그분은 하나님의 아들로서 메시아로 오신 분이니 모세와는 비교할 수 없이 높으신 분입니다. 그분은 자신에 대해 이렇게 말씀하셨습니다.

수고하고 무거운 짐을 진 사람은 모두 내게로 오너라. 내가 너희를 쉬게 하겠다. 나는 마음이 온유하고 겸손하니, 내 멍에를 메고 나한테 배워라. 그리하면 너희는 마음에 쉼을 얻을 것이다. 내 멍에는 편하고, 내 짐은 가볍다(마 11:28-30).

온유함과 겸손함에 대한 일반적인 개념을 가지고 이 말씀을 읽으면 예수님이 자화자찬하는 것처럼 보일 수 있습니다. 스스로를 겸손한 사람이라고 말하는 사람은 겸손하지 못한 사람입니다. 하지만 앞에서 본 겸손의 의미를 생각하고 이 말씀을 읽으면 그 의미가 전혀 달라집니다. "나는 마음이 온유하고 겸손하니"라는 말은, 하나님의 아들로서 자신에게 주어진 모든 권세를 하나님의 뜻에 따라 인류를 구원하는 일에 바치겠다는 뜻입니다. 그 말씀 그대로, 예수님은 가장 높으신 분으로서 가장 낮은 자리에 오셔서 자신의 모든 것을 내어 주셨습니다.

사도 바울은 빌립보 교인들에게 쓴 편지에서 바로 그것이 "그리스도 예수의 마음"이며 우리 모두가 본받아야 할 마음이라고 했습니다.

> 여러분 안에 이 마음을 품으십시오. 그것은 곧 그리스도 예수의 마음이기도 합니다. 그는 하나님의 모습을 지니셨으나, 하나님과 동등함을 당연하게 생각하지 않으시고, 오히려 자기를 비워서 종의 모습을 취하시고, 사람과 같이 되셨습니다. 그는 사람의 모양으로 나타나셔서, 자기를 낮추시고 죽기까지 순종하셨으니, 곧 십자가에 죽기까지 하셨습니다 (빌 2:5-8).

"당연하게"라고 번역된 헬라어 '하르파그모스'는 매우 번역하기 어려운 말입니다. 개역개정은 "취할 것으로"라고 번역해 놓았습니다. 앞에서 언급한 것처럼, 저는 이것을 "누릴 것으로" 혹은 "즐길 것으로"라고 번역하는 것이 가장 좋다고 생각합니다. 하나님의 아들로서 자신에게 주어진 신분과 권세와 능력을 누릴 것으로 생각하지 않으시고, 오히려 자기를 비우고 낮추며 섬기고 희생하셨다는 뜻입니다. 그것이 곧 겸손이고 온유입니다.

하나님의 아들이신 주님은 육신을 입고 우리 가운데 오셨고, 병들고 가난하고 낮고 천한 사람들을 찾아다니면서 하나님 나라의 복음을 전하셨으며, 끝내 십자가에 달려 죽으셨습니다. 십자가는 겸손과 온유가 무엇인지를 가장 극명하게 보여주는 상징입니다. 그분의 겸손함과 온유함으로 우리는 구원의 은혜를 입었습니다.

진실로 강한 사람

그렇다면 우리 자신을 잠시 돌아볼 필요가 있습니다. 우리는 보이지 않는 하나님을 보는 듯이 믿고 살고 있습니까? 우리 개인의 삶을 하나님이 불꽃같은 눈으로 지켜보시고 모든 것을 다스리신다는 사실을 믿습니까? 보이지 않는 하나님이 우리 가정과 직장과 교회를, 그리고 우리나라와 이 세계와 온 우주를 다스리고 계시다고 진실로 믿습니까?

이 질문에 대해 정직한 답을 얻고 싶다면 자신에게 주어진 자격, 신분, 권세, 실력, 재능, 은사를 어떻게 사용하고 있는지 생각해 보면 됩니다. 그 모든 것을 누려야 할 것으로 여기고 있는지, 아니면 하나님의 뜻에 맡겨 그분의 뜻을 위해 사용할 것으로 여기고 있는지 스스로에게 물어보면 됩니다.

사람을 부리는 위치에 있다면, 과연 그 위치와 권세를 누리고 있는지 아니면 섬기고 있는지 물어보십시오. 누군가에게 억울한 일을 당할 때, 그 사람에게 맞서려 하는지 아니면 하나님 앞에 엎드리려 하는지 판단해 보십시오. 하나님이 바로잡으실 때까지 묵묵히 견디는지, 아니면 가진 힘을 사용하여 응징하고 앙갚음하는지 생각해 보십시오.

우리는 예수 그리스도의 겸손함과 온유함으로 인해 구원받았습니다. 십자가는 그분의 겸손함과 온유함이 만들어 낸 결정체입니다. 우리가 사랑하는 십자가는 우리를 향해 "여러분 안에 이 마음을 품으십시오"(빌 2:5)라고 도전합니다. 하나님이 살아 계시며 그분의 전능하신 능력으로 모든 것을 바로잡으신다는 사실을 진실로 믿으라는 뜻입니다.

그것을 진실하게 믿으면 강해지고 높아지기 위해 불끈 쥐었던 주먹을 풀게 됩니다. 나를 지키려고 내 주변에 둘러쳤던 철조망을 거둡니다. 나만을 위해 쌓아 두었던 창고 문을 엽니다. 마음속에 숨겨 두고 지켜 왔던 자아를 부끄럼 없이 내어놓습니다. 무시당하거나 조롱당하거나 이용당해도 상관없습니다. 하나님이 살아 계시기 때문입니다. 그분께서 모든 것을 바로잡으실 것이므로 나는 그분을 믿고 낮아지고 작아질 수 있으며, 아무 조건 없이 섬길 수 있습니다.

세상적인 기준에서 보면 참으로 바보 같은 일입니다. 하지만 그렇게 할 수 있는 사람이 진실로 강한 사람입니다. 하나님에 대한 바위 같은 믿음 없이는 그렇게 할 수 없습니다. 그리고 하나님에 대한 믿음에서 나오는 겸손함과 온유함은 그 힘이 매우 강합니다. 모든 것을 품어 변화시키는 힘이 겸손함과 온유함에 있기 때문입니다. 예수 그리스도의 십자가가 그 증거입니다.

모세가 사십 년의 고된 여정을 완주할 수 있었던 이유는 믿음에 근거한 겸손함과 온유함의 힘 때문이었습니다. 바로 이것이 지금 우리에게 필요한 가장 중요한 영적 자원입니다.

- 주어지는 모든 형식의 힘(지위, 권력, 재력, 실력 등)을 누리려 하지 않고 섬기는 도구로 삼는 태도가 겸손함이며 온유함입니다. 그러한 인격적 기준으로 볼 때 당신의 믿음은 어느 수준에 있다고 생각합니까?

- 당신에게서 겸손함과 온유함이 가장 잘 드러날 때는 언제입니까? 또한 가장 드러내기 어려운 영역은 어디입니까?

- 어떻게 하면 온유함의 실력을 더 키울 수 있다고 생각합니까?

16

죽음

사는 대로 죽는다

민수기 20:1-13, 신명기 34:1-9

약속의 땅 입구에서

사십 년 동안 광야를 유랑한 끝에 모세는 이스라엘 백성을 가나
안 땅 입구까지 인도합니다. 그들은 요단 강 동편 모압 평원에 마지막
진을 칩니다. 그곳에서 모세는 이스라엘 백성에게 유언 같은 설교를
남깁니다. 그 내용이 구약성경의 다섯 번째 책인 '신명기'입니다.

광야 유랑 사십 년 동안 출애굽 1세대는 모두 세상을 떠납니다.
모압 평야에 진을 친 사람들은 이집트를 탈출할 때 어린아이였거나
광야 유랑 기간에 태어난 출애굽 2세대였습니다. 시내 산에서 모세가
십계명과 율법을 받았을 때 그들 중 일부는 어린아이였고 일부는 태
어나지도 않았던 것입니다. 그래서 모세는 가나안 입성을 앞두고 그
들에게 십계명과 율법에 대해 다시 설명해 줍니다. 출애굽기와 신명
기 사이에 유사한 내용이 많은 이유가 여기에 있습니다.

죽음을 앞두고 자녀들에게 유언을 남길 때면 누구나 간절해지기 마련입니다. 신명기를 읽다 보면, 가나안 땅에 들어가 정착하게 될 백성의 미래를 염려하는 모세의 간절한 마음이 느껴집니다. 그래서 모세는 같은 말을 반복하고 또 반복합니다. 특히 우상 숭배에 빠지지 말라는 부탁이 가장 많이 반복됩니다. 모세가 볼 때 그것이 이스라엘 백성이 가장 쉽게 빠질 수 있는 죄이자 가장 심각한 죄였기 때문입니다. 긴 고별 설교를 마치면서 모세는 다음과 같이 간절히 권면합니다.

나는 오늘 하늘과 땅을 증인으로 세우고, 생명과 사망, 복과 저주를 당신들 앞에 내놓았습니다. 당신들과 당신들의 자손이 살려거든, 생명을 택하십시오. 주 당신들의 하나님을 사랑하십시오. 그의 말씀을 들으며 그를 따르십시오. 그러면 당신들이 살 것입니다. 주님께서 당신들의 조상 아브라함과 이삭과 야곱에게 주시겠다고 맹세하신 그 땅에서 당신들이 잘 살 것입니다(신 30:19-20).

그런 다음 모세는 이스라엘의 열두 지파 하나하나를 위해 복을 빌어 줍니다. 이것은 야곱이 죽기 전에 열두 아들을 하나씩 불러 축복해 주던 장면(창 49장)을 생각나게 합니다.

축복의 기도를 다 마친 뒤, 모세는 "모압 평원, 여리고 맞은쪽에 있는 느보 산의 비스가 봉우리"(신 34:1)에 오릅니다. 모세는 그 산에서 장차 이스라엘 백성이 들어가 정착하여 살게 될 땅을 둘러봅니다. 그때 하나님이 모세에게 이렇게 말씀하십니다.

이것은 내가 아브라함과 이삭과 야곱에게 맹세하여 그들의 자손에게 주겠다고 약속한 땅이다. 내가 너에게 이 땅을 보여주기는 하지만, 네가 그리로 들어가지는 못한다(신 34:4).

모세는 자신이 가나안 땅에 들어가지 못한다는 사실을 이미 알고 있었습니다. 앞에서 살펴본 대로, 신 광야의 가데스에서 백성이 물이 부족하여 큰 소동을 일으켰을 때 모세는 하나님께 간구했고, 바위에게 명령하라는 하나님의 지시를 들은 뒤 이스라엘 백성을 불러 놓고 분노를 터뜨립니다.

반역자들은 들으시오. 우리가 이 바위에서 당신들이 마실 물을 나오게 하리오?(민 20:10)

모세는 이스라엘 백성을 "반역자들"이라고 부릅니다. 어감을 제대로 살려 번역하면, "이 반역자들아, 내 말 좀 들어라"는 말이 됩니다. 그들에 대한 모세의 분노가 얼마나 컸는지 짐작할 수 있습니다. "우리가 이 바위에서 당신들이 마실 물을 나오게 하리오?"라는 문장의 원문을 어떻게 번역해야 하는지에 대해서는 학자들 사이에서 논란이 많습니다. 유력한 가설 중 하나는 "[하나님이 아니라] 우리가 이 바위에서 당신들이 마실 물을 나오게 하리오?"라는 번역입니다.[1] 여기서 모세는 자신의 능력으로 물이 나오게 하는 것처럼 말하고 있는 것입니다.

그뿐 아니라, 모세는 분을 참지 못하고 지팡이로 그 바위를 두 번

칩니다. 앞에서 살펴본 대로, 이것은 하나님께 대한 분노이자 투정이라 할 수 있습니다. 결국 바위에서 암반수가 터져 나오고 백성의 소요는 금세 가라앉게 되지만, 결국 모세와 아론은 이 사건으로 인해 가나안 땅에 들어가지 못하게 됩니다.

사십 년 세월 동안 모세가 감당해야 했던 짐을 생각하면, 그의 잘못에 대한 처분으로 다소 과도하다고 볼 수도 있습니다. 모세 자신도 가나안 땅에 들어가고 싶어서 하나님께 간청하지만, 하나님은 "이것으로 네게 족하니, 이 일 때문에 더 이상 나에게 말하지 말아라"(신 3:26)고 말씀하시며 거절하십니다.[2] 그러자 모세는 하나님의 처분을 그대로 받아들입니다.

이것은 모세가 하나님이 어떤 분인지 알고 있었고, 그분의 판단과 선택과 결정이 항상 옳다는 사실을 알았기 때문입니다. 그에게 중요한 것은 하나님의 뜻을 이루는 것입니다. 다시 말해, 자신이 가나안 땅을 밟아 보는 것은 그리 중요한 문제가 아닙니다. 하나님이 허락하시면 감사히 받고 허락하지 않아도 감사했습니다. 그분의 일에 자신을 불러 주신 것만으로 이미 충분했기 때문입니다.

조용한 순명

모세는 느보 산의 비스가 봉우리에서 동서남북에 펼쳐진 가나안 땅을 둘러보면서 장차 이스라엘 백성이 그곳에 자리를 잡고 번영하는 광경을 상상했을 것입니다. 그 상상 속에서 자신에게 맡겨진 하나님의 계획이 이미 이루어진 것을 보고 감사했을 것입니다. 믿음은 "바라는 것들의 실상"(히 11:1, 개역개정)이라고 하지 않았습니까? 그가 그 땅을 밟지는 못했지만 그에게는 믿음이 있었기에 밟은 것이나 다름이 없었습니다. 그는 보는 것이 아니라 믿는 것으로 사는 사람이었기 때문입니다.

모세의 마지막은 마틴 루터 킹 목사의 마지막 순간을 생각나게 합니다. 그는 서른아홉 살의 나이에 비극적인 죽음을 당하는데, 그로 인해 민권 운동의 결실을 보지 못하고 떠나고 맙니다. 하지만 그는 죽기 전에 믿음을 통해 "바라는 것들의 실상"을 보았습니다. 암살당하기 전날 밤 멤피스의 메이슨 채플에서 전한 '나는 산 정상에 오른 적이 있습니다'라는 제목의 설교에서 그는 이렇게 말합니다.

앞으로 어떤 일이 일어날지 알 수 없습니다. 우리 앞에는 힘든 나날들이 기다리고 있습니다. 하지만 나에게 그런 것은 아무런 의미가 없습니다. 나는 이미 산 정상에 올라 있습니다. 나는 그런 위험에 대해서는 전혀 관심이 없습니다. 저도 남들처럼 오래 살고 싶습니다. 하지만 지금 나는 그런 것에 신경을 쓸 겨를이 없습니다. 나는 주님의 뜻대로 살고 싶을 뿐입니다. 내가 산 정상에 오를 수 있도록 허락해 주신 분은 바로 주님이십니다. 나는 산 정상에 올라서 약속의 땅을 볼 수 있었습니다. 나는 어쩌면 그 약속의 땅에 여러분과 함께 갈 수 없을지도 모릅니다. 하지만 오늘 밤 나는 우리 국민들이 언젠가는 그 약속의 땅에 도착할 것이라는 사실을 말씀드리고 싶습니다. 나는 오늘 밤 너무나 행복합니다. 저에게는 아무런 두려움도 없습니다. 어느 누구도 두렵지 않습니다. 저의 눈은 이미 영광스러운 주님의 역사를 본 적이 있기 때문입니다.[3]

여기서 킹 목사는 모세가 느보 산에 올라 약속의 땅을 바라보고 죽어 간 장면을 염두에 두고 말합니다. "산 정상에 올라서 약속의 땅을 볼 수 있었습니다"라는 말은, 비스가 봉우리에 섰던 모세처럼 그도 자신이 섬겨 온 민권 운동의 미래가 보이는 지점에 서 보았다는 뜻입니다. 그는 모세처럼 자신도 목적지에 발을 딛지 못할 수도 있다는 사실을 인정합니다. 하지만 그는 그것을 보지 못하고 죽는 것에 대해 아무런 아쉬움이 없습니다. 머지않아 그 결실을 맺게 될 것임을 믿음으로 보았기 때문입니다.

믿는 사람의 궁극적인 목적지는 이 땅에 있지 않습니다. 이스라엘 백성에게 약속의 땅은 가나안이었습니다. 하지만 팔레스타인이라 불리는 그 땅에 들어가 정착하는 것이 그들의 궁극적인 목표는 아니었습니다. 그것은 다만 시작점에 불과하고, 그 땅에서 거룩한 하나님의 백성이 되어 마침내 하나님의 영원한 품에 안기는 것이 최종 목표였습니다. 그것은 모세에게도 마찬가지였습니다. 이 땅에 있는 한 조각의 땅덩어리가 아니라, 영원한 하나님 나라가 그에게 최종 목적지였습니다.

과거에 모세는 호렙 산에서 하나님의 임재에 눈뜨면서 그분의 영원한 나라에 발을 들여놓았습니다. 신발을 벗어 놓는 행위가 새로운 세상에 들어가는 몸짓이라는 사실을 앞에서 살펴보았습니다. 그 이후로 그는 보이지 않는 하나님을 보는 듯이 믿으면서 이 땅에서 하나님 나라를 살았습니다. 이 땅에 하나님 나라의 백성을 세우기 위해 사십 년 동안 모진 고난을 견뎌 냈습니다. 그리고 마침내 가나안 땅 입구에서 죽음을 맞이하게 된 것입니다.

비스가 봉우리에 서서 가나안 땅을 둘러보던 모세는 장차 형성될 거룩한 제사장의 나라를 상상하고 있었을 것이며, 또한 하나님의 영원한 나라를 상상했을 것입니다. 그렇기 때문에 자신의 발로 가나안 땅을 밟지 못하는 것에 대해 아쉬움을 느끼지 않았을 것입니다. 물질이 전부이고 눈에 보이는 세상이 전부라면 하나님의 처사가 지나쳤다고 할 수 있습니다. 하지만 그것과는 비교도 할 수 없는 영원한 약속과 소망이 있기에 그 땅을 밟지 못하는 것은 아무 문제가 되지 않았습니다. 그 믿음으로 모세는 순순히 하나님의 부르심에 순명합니다.

이것이 믿는 사람들이 죽음을 대하는 태도이며, 영원을 알고 믿는 사람들이 육신의 죽음을 바라보는 시각입니다. 자신이 하나님의 영원한 나라에 속해 있고 영원한 생명이 자신 안에 있음을 믿는 사람은, 이 땅에서 하나님의 사명을 위해 헌신하다가 그 사명이 다할 때면 미련 없이 하나님의 부르심을 받습니다. 그 사람에게 죽음은 파국도 아니고 불행도 아닙니다. 하나님의 영원한 임재에 이르는 과정일 뿐입니다.

혈식군자

그런 다음 모세는 백이십 살의 나이로 생애를 마칩니다. 성경은 그저 "여호와의 종 모세가 여호와의 말씀대로 모압 땅에서 죽어"(신 34:5)라고만 기록합니다. 그가 어떻게 죽었는지에 대해서는 침묵하고 있습니다. 하지만 모세가 어떻게 죽었는지 추측할 수 있는 단서를 남깁니다. 앞에서 살펴본 대로, 죽을 때 그의 상태에 대해 성경은 이렇게 기록합니다.

> 모세가 죽을 때에 나이가 백스무 살이었으나, 그의 눈은 빛을 잃지 않았고, 기력은 정정하였다(신 34:7).

『백 년을 살아 보니』라는 책을 쓴 김형석 교수는 백 세가 넘는 나이에도 또렷한 정신으로 강연도 하고 글도 씁니다. 그분처럼 저의 지인들 중에도 아흔이 넘어서도 "눈은 빛을 잃지 않았고 기력은 정정한" 분이 여럿입니다. 특별한 DNA를 타고났기 때문이든 건강한 생활습관 때문이든 정신력과 육체적인 건강에서 탁월한 이들이 있는데, 모세도 그런 사람들 중 하나였을 것입니다.

신체적인 조건이 좋아서 오래도록 건강하게 살면서 사명을 위해 일하는 것은 우리 모두가 소망할 일입니다. 요즘은 의료 기술이 발전하여 신체적·정신적 조건에 상관없이 목숨을 오래도록 연장시킬 수 있습니다. 평균 수명이 길어지면서 육체적 생명이 정신적 생명보다 오래 지속되기도 합니다. 하지만 의료 기계로 목숨을 연장하거나 치매가 깊어진 상태에서 살아가는 모습은 겉으로 보기에 참으로 안쓰럽습니다.

그래서 우리는 모세처럼 오래 살지는 못해도 살아 있는 동안에는 육체적·정신적·영적으로 강건하기를 소망하고 기도합니다. 하지만 그것이 누구에게나 주어지는 것은 아닙니다. 죽음의 모습은 참으로 다양하고, 여러 가지 모습 중에서 나에게 어떤 것이 주어질지는 오직 하나님만 아십니다. 따라서 우리가 할 일은 어떤 모습의 죽음이 오든 그것을 나에게 주어진 분복(分福)으로 믿고 받아들이는 것입니다. "나중에 요양원에 가게 되면 즐겁게 가자"고 스스로에게 다짐해야 합니다.

백스무 살까지 정정했던 모세는 어떻게 죽었을까요? 이 문제에 대해 유대교 랍비들은 여러 가지 해석을 내놓았습니다. 어떤 사람은 하나님이 천사를 보내 그의 영혼을 불러 가셨다고 했고,[4] 또 어떤 사람은 모세가 엘리야처럼 죽지 않고 들림받았다고 주장했습니다.[5] 하나님이 갑작스럽게 그의 목숨을 거두어 가셨을 수도 있습니다. 하지만 저는 모세가 스스로 곡기를 끊었을 가능성도 생각해 봅니다.

모세의 마지막에 대한 마르틴 부버의 설명은 시적이면서 매우 설득력 있습니다.

> 이제 모세는 느보 산에 오른다. 늘 그랬던 것처럼 홀로. 과거 그 어느 때보다 더 외로이. 그가 산을 오르고 정상에 이르는 모습은 홀로 죽기 위해 무리를 떠나는 고상한 동물을 생각나게 한다.[6]

죽을 때를 알고 무리로부터 떨어져 나가 홀로 죽는 동물들처럼, 아무도 알지 못하는 곳에 홀로 있다가 죽음을 맞았다는 뜻입니다. 부버의 추측처럼, 모세는 아무도 모르는 곳에 홀로 머물러 스스로 곡기를 끊음으로써 죽음을 맞았을 수도 있습니다. 그것이 육체적·정신적·영적으로 강건했던 그의 죽음을 가장 잘 설명해 주는 것 같습니다.

이렇게 말하면 "그것은 자살이 아닙니까?"라고 반문하는 분이 있을 것입니다. 기독교 전통에서 자살은 '구원받을 가능성이 없는 죄'로 간주되어 왔습니다. 하지만 이것은 도그마에 갇힌 생각입니다. 스스로 목숨을 취한다고 해서 모두 구원받지 못할 죄는 아닙니다.

온전한 정신을 가진 사람이 인생을 비관하여 혹은 살아서 당할 일들이 너무나 고통스럽고 치욕스러워서 스스로 목숨을 취하는 경우는 옳다 할 수 없습니다. 그러나 모세처럼 자신의 사명을 다 마치고 나서 죽음을 앞둔 시점에서 스스로 곡기를 끊고 하나님 품에 안기는 것은 정죄의 대상이 아닙니다. 치료 가능성이 매우 낮은 말기 암 선고를 받고 모든 의학 치료를 사양하고 믿음으로 죽음을 준비하는 사람의 경우와 별로 다르지 않습니다.

오방 최흥종 목사는 1세대 한국 기독교가 낳은 위대한 영혼 중 한 분으로, 특히 그는 한센병 환자들을 위해 헌신했습니다. 자신의 임종이 가까웠다고 느꼈을 때 그는 스스로 곡기를 끊었는데, 곡기를 끊은 지 구십오 일째 되는 날에 하나님 품에 안깁니다.[7]

임락경 목사는 그를 가리켜 '혈식군자'(血食君子)라고 불렀습니다. 혈식군자는 "병 없이 건강하게 살다가 임종 때 음식을 끊고 자기 피를 다 먹고 임종하는 사람"을 가리킨다고 합니다.[8] 최흥종 목사가 그렇게 세상을 떠났을 때 그것을 자살이라고 평가한 언론은 하나도 없었습니다. 그것은 자살의 범주에 들지 않기 때문입니다.

얼마 전, 제가 존경하는 목사님 한 분이 암으로 투병하다가 하나님의 부르심을 받았습니다. 수년 동안 거듭 재발되는 암과 싸우다가 결국 그 암에 돌아가신 것입니다. 마지막으로 암이 재발되고 치료와 회복이 불가능하다고 판단되자, 그가 곡기를 끊었습니다. 의사들은 음식을 드시면 적어도 두세 달은 더 사실 수 있으니 설득해 보라고 가족에게 권면했고, 자녀들은 눈물로 호소했습니다. 하지만 그는 굳게 입을 다문 채 거절했습니다. 자녀들이 계속 성화를 부리자, 어느 날 그가 입을 열었습니다. "나는 지금 금식 기도 중이다. 죽기 전에 평생 지은 죄를 다 회개하고 가려고 금식하는 것이다. 제발 나의 기도를 막지 말아 다오." 자녀들은 마음이 아팠지만 아버지의 말씀을 받아들여야 했습니다. 곡기를 끊고 나서 몇 주가 지나 그는 하나님 품에 안겼습니다. 그 기간 동안 그가 여러 가지 환상을 보았는데, 자녀들은 그 모습에 감동하고 또한 감사했습니다.

그 이야기를 전해 듣고 저는 페이스북에 그 이야기를 썼습니다. 저는 그분의 죽음을 거룩하고 아름다운 마무리라고 소개했습니다. 그러자 어떤 분이 "이것은 자살이 아닙니까?"라고 댓글을 썼습니다. 그분과 논쟁하는 것이 의미 없다고 판단되어서 저는 "그렇게 믿으시면 할 수 없지요"라고 답하고 말았습니다.

죽음의 문턱에서

모세의 마지막 모습이 아름다운 또 다른 이유는, 그의 무덤이 어디에 있는지 알려지지 않았다는 사실 때문입니다. 저자는 그 부분을 이렇게 기록합니다.

주님의 종 모세는, 주님의 말씀대로 모압 땅에서 죽어서, 모압 땅 벳브올 맞은쪽에 있는 골짜기에 묻혔는데, 오늘날까지 그 무덤이 어디에 있는지를 아는 사람은 아무도 없다(신 34:5-6).

이 기록 역시 모세가 홀로 산속 깊은 곳으로 들어가 곡기를 끊어 죽음을 맞았다는 추측을 뒷받침해 줍니다. 만일 모세가 죽을 때 여호수아와 몇몇 측근들이 그와 함께 있었다면, 그들에게 자신의 무덤을 만들지 말 것을 유언으로 남겼을 것입니다. 분명한 것은 그가 완전히 잊히기를 원했다는 사실입니다.

모세가 죽은 뒤 이스라엘 백성은 모압 평원에서 삼십 일 동안 그를 애도했다고 합니다. 인간으로서 최대의 예의를 갖춰 그의 죽음을 애도한 것입니다. 모세에 대한 백성의 존경심이 그 정도였다면, 가나안 땅에 정착한 뒤 매년 그를 애도하기 위해 무덤을 찾으려는 사람들이 적지 않았을 것입니다.

모세는 그런 상황이 만들어지는 것을 원치 않았습니다. 자신이 그렇게 높여지는 것을 바라지 않았기 때문입니다. 모세는 자신이 누구인지 정확히 알고 있었습니다. 지금까지 이룬 일들이 자신의 위대함을 의미하지 않는다는 것, 그 모든 것이 다만 하나님이 자신을 통해 하신 일임을 잊지 않았습니다. 불교의 비유를 사용하면, 모세는 하나님을 가리키는 손가락일 뿐이며, 그들을 강 건너까지 데려다주는 뗏목일 뿐입니다. 자신의 무덤이 알려지면, 이스라엘 백성이 그 무덤을 장식하고 순례하며 우상처럼 떠받들 것이 분명했습니다. 손가락이 제 사명을 다하면 치워져야 하고, 뗏목이 제 역할을 다하면 버려져야 함을 모세는 알았습니다.

이것이 영원을 아는 사람의 태도이며, 하나님의 존재를 인정하고 그분의 거대한 그림을 보고 그 안에서 자신의 위치를 찾았던 사람의 태도입니다. 자신의 이름에 목숨을 거는 사람은 그 이름의 명예를 지키지 못했다는 생각이 들 때 불행한 선택을 하지만, 영원을 알고 하나님을 아는 사람은 이 땅에 사는 동안 자신의 이름 석 자에 연연하지 않습니다. 그 대신 그분의 뜻이 실현되는 것에 목적을 두고 자신의 명예가 아니라 하나님의 영광을 위해 삽니다. 그러므로 아무도 알아주지 않아도, 생애를 다 마치고 나서 깨끗이 잊혀진다 해도 개의치 않습니다.

사도 바울이 그와 같이 살았습니다. 그는 역사책에 자신이 어떻게 기록될 것인지에 관심이 없었고, 오직 하나님께 어떻게 보일 것인지에 관심을 두고 살았습니다. 그래서 그는 이렇게 말합니다.

> 우리는 속이는 사람 같으나 진실하고, 이름 없는 사람 같으나 유명하고, 죽는 사람 같으나, 보십시오, 살아 있습니다. 징벌을 받는 사람 같으나 죽음을 당하는 데까지는 이르지 않고, 근심하는 사람 같으나 항상 기뻐하고, 가난한 사람 같으나 많은 사람을 부요하게 하고, 아무것도 가지지 않은 사람 같으나 모든 것을 가진 사람입니다(고후 6:8-10).

세속적인 기준으로 보면, 그는 속이는 사람 같고 이름 없는 사람 같으며, 죽은 사람 같고 근심하는 사람 같으며, 가난한 사람 같고 아무것도 가지지 않은 사람 같습니다. 하지만 하나님 편에서 보면, 그는 진실한 사람이고 유명한 사람이며, 영원한 생명을 가진 사람이고 항상 기뻐하는 사람이며, 많은 사람을 부요하게 하는 진정한 부자입니다. 그것으로 그는 충분했습니다.

잘 알려져 있듯이, 사도 바울은 네로 황제의 박해 가운데 참수형으로 순교를 당했습니다. "징벌을 받는 사람 같으나 죽음을 당하는 데까지는 이르지 않고"라고 말했지만, 결국 죽음을 당하는 데까지 이르게 된 것입니다. 하지만 그는 죽음을 두려워하지 않았습니다. 오히려 "내가 원하는 것은, 세상을 떠나서 그리스도와 함께하는 것입니다. 그것이 훨씬 더 낫습니다"(빌 1:23)라고 했습니다. 그는 또한 자신의 죽음을 예감하면서 이렇게 썼습니다.

나는 이미 부어드리는 제물로 피를 흘릴 때가 되었고, 세상을 떠날 때가 되었습니다. 나는 선한 싸움을 다 싸우고, 달려갈 길을 마치고, 믿음을 지켰습니다. 이제는 나를 위하여 의의 면류관이 마련되어 있으므로, 의로운 재판장이신 주님께서 그날에 그것을 나에게 주실 것이며, 나에게만이 아니라 주님께서 나타나시기를 사모하는 모든 사람에게도 주실 것입니다(딤후 4:6-8).

사도 바울은 무덤을 남기지 않았습니다. 그의 시신은 로마 군인들에 의해 어디엔가 버려졌을 것입니다. 베드로 역시 순교를 당했기 때문에 무덤을 남기지 않았습니다. 만일 그들이 순교를 당하지 않았다고 해도 후세들이 자신의 무덤을 알아주고 기념해 주기를 바라지 않았을 것입니다. 사람으로 태어나 하나님의 뜻을 위해 헌신하는 영예를 얻었다면, 더 이상 바랄 것이 없습니다. 살아생전에 사람들에게 받는 영광은 위험천만한 것이고, 죽은 뒤에 사람들에게 받는 영광은 헛된 것입니다. 정말 중요한 것은 하나님께 영광 받는 것입니다.

'한국의 프란치스코' 혹은 '맨발의 성자'로 알려져 있는 이현필 선생도 그런 마음으로 살았습니다. 그는 깊은 영성과 헌신된 삶으로 존경받아 온 분입니다. 살아생전에 가난한 이들을 위해 아낌없이 나누어 주며 살았던 그는, 자신이 죽으면 시신을 거적에 싸서 평토장을 하라고 제자들에게 당부했습니다. 이 세상에서 깨끗이 잊히기를 바랐던 것입니다. 그의 임종 장면은 우리에게 깊은 울림을 줍니다.

점쟁이도 자기 죽을 날은 모른다고 하지만, 이현필 선생은 혼자 방에서 기도하는 소리를 들으니 "네, 가지요, 가지요" 하셨다 한다. 3월 17일에는 내일 새벽 3시에 내가 죽는다고 시간까지 말씀하시고 말씀이 거짓말이 될까 봐 3시에 맞추어 임종하시었다. "아, 기뻐, 아, 기뻐, 이 기쁨은 어떻게 표현할까. 종로 네거리에서 전하고 싶어." 그리고 "아, 기쁘다, 아, 기쁘다"를 연발하시면서 "내가 먼저 갑니다. 다음에들 오시오"라고 마지막 말씀을 하고 숨을 거두었다. 선생님께서 평토장으로 하라 했으나 무덤을 만들었고, 거적에 싸서 묻으라 했으나 관을 썼다.[9]

이것이 영원을 아는 사람의 모습입니다. 그 나라와 그 생명을 아는 사람이라면 자신의 시신이 어디에 묻힐 것인지, 장례식에 얼마나 많은 사람들이 모일지, 무덤은 어떻게 꾸밀지, 비석에는 어떤 말을 쓸지에 대해 관심을 두지 않습니다. 그것은 죽음의 문턱에서 더 이상 바라볼 것이 없는 사람들이 관심을 두는 일입니다. 죽음을 눈앞에 두고 하나님의 영원한 나라를 바라보는 사람들은 그런 것에 관심이 없습니다. 그저 이 땅에서 하나님의 자녀로 알뜰히 살고 깨끗이 잊히면 그만입니다.

그런 점에서 모세는 진정으로 겸손한 사람이었습니다. 하나님의 다스림을 믿고 의지하기에 자신을 위해서는 아무것도 주장하지 않는 사람이었고, 이 땅에서 하나님을 의지하고 그분의 뜻을 행하다가 죽어서 그분에게 안기는 것이 소망의 전부인 사람이었습니다. 그래서 그는 자신에게 주어진 최고 권력을 누릴 것으로 여기지 않고 백성을 위해 섬길 도구로만 여겼습니다. 그렇게 일관되게 살았기에 사후에 자신의 무덤이 알려지는 것을 원하지 않았습니다. 이스라엘 백성이 기억하고 주목할 대상은 자신이 아니라 하나님이라는 사실을 잊지 않은 것입니다. 자신은 그저 하나님이 맡기신 사명을 다하고 잊히면 되었습니다.

이것이 영원에 눈뜨고 영원한 생명을 맛보며 살아가는 사람의 태도입니다. 하나님은 그런 사람들을 통해 그분의 계획을 이루십니다. 그렇게 산 사람이야말로 진정으로 복된 삶을 산 사람입니다.

| 적용과 나눔을 위한 질문 |

• 당신이 목격한 임종 장면 중 가장 인상 깊었던 것은 무엇입니까? 무엇이 그렇게 인상 깊게 만들었습니까? 그 모습을 통해 깨달은 것은 무엇입니까?

• 당신이 알고 있는 죽음의 모습 중 가장 선망하는 모습은 무엇입니까? 왜 그렇습니까?

• 당신에게 죽음을 준비할 여유가 주어진다면 어떻게 맞이하고 싶습니까? 왜 그렇게 생각합니까? 그렇게 죽기 위해 살아 있는 동안 어떻게 해야 한다고 생각합니까?

17

섭
리

그에게서 그분을 보다

신명기 18:14-22, 34:10-12

예수님을 생각나게 하는 사람

앞에서 언급한 것처럼, 신명기는 모세의 고별 설교입니다. 그는
자신의 마지막이 가까이 온 것을 알고 장차 가나안 땅에 들어가 정착
할 출애굽 2세대에게 유언과 같은 설교를 남기고 열두 지파 하나하나
를 위해 축복을 빌어 준 다음, 비스가 봉우리에 올라가 파란만장한 인
생 여정을 마칩니다.

이 모든 기록을 마친 뒤, 신명기는 다음과 같이 모세에 대해 총평
합니다.

그 뒤에 이스라엘에는 모세와 같은 예언자가 다시는 나지 않았다. 주님
께서는 얼굴과 얼굴을 마주 대고 모세와 말씀하셨다. 주님께서는 그를
이집트의 바로와 그의 모든 신하와 그의 온 땅에 보내셔서, 놀라운 기

적과 기이한 일을 하게 하셨다. 온 이스라엘 백성이 보는 앞에서, 모세가 한 것처럼, 큰 권능을 보이면서 놀라운 일을 한 사람은 다시없다(신 34:10-12).

이스라엘 역사에서 모세는 다른 누구와도 비교할 수 없는 특별한 인물로 존중받아 왔습니다. 하나님을 가장 깊이 체험했고, 십계명과 율법을 계시받아 전해 주었으며, 이스라엘 백성을 이집트로부터 해방시켜 하나의 국가로 성장할 수 있는 발판을 마련해 주었다는 점에서 그렇습니다. 그래서 그 이전에도 그 이후에도 모세와 같은 예언자가 다시는 나지 않았다고 말한 것입니다.

여기서 "모세와 같은 예언자가 다시는 나지 않았다" 혹은 "그런 사람은 다시없다"는 말은 이 글이 쓰인 시점에서 한 말입니다. 다시 말해, 21세기를 살고 있는 우리가 이 본문을 읽으면서 "지금까지 그런 사람은 다시 나지 않았다"고 받아들여서는 안 됩니다.

저는 지금까지 모세에 대해 연구하고 묵상하면서 거듭 예수님을 생각하게 되었습니다. 의도적으로 예수님과 연결해서 생각한 것이 아니라, 모세의 생애와 인격과 행한 일들을 묵상하다 보니 생각이 저절로 예수님께 미쳤습니다. 모세와 예수님 사이에 유사한 점이 너무도 많았기 때문입니다.[1]

우선 모세와 예수님은 태어났을 때 동일하게 유아 학살의 위험으로부터 살아남았습니다. 모세는 바로가 내린 히브리 남아에 대한 유아 학살 위협에서 살아남았고, 예수님은 헤롯이 내린 유아 학살 위협에서 살아남았습니다. 두 사람의 기적적인 생존은 그들에게 특별

그 사람 모세

한 섭리가 있다는 사실을 암시합니다.

모세가 시내 산에서 사십 일 밤낮으로 금식하며 기도한 사실도 예수님을 생각나게 합니다. 예수님은 공생애를 시작하기 전에 사십 일 동안 유대 광야에서 금식하며 기도하셨습니다. 모세가 사십 일 동안 금식하며 하나님과 깊은 교제를 나눈 결과 한동안 얼굴에서 빛이 났는데, 예수님도 이와 비슷한 경험을 하셨습니다. 이에 관해 마가는 다음과 같이 기록합니다.

> 성령이 예수를 광야로 내보내셨다. 예수께서 사십 일 동안 광야에 계셨는데, 거기서 사탄에게 시험을 받으셨다. 예수께서 들짐승들과 함께 지내셨는데, 천사들이 그의 시중을 들었다(막 1:12-13).

예수님의 경우에는 사십 일 동안 금식하며 기도한 결과, 태초의 상태 곧 모든 생명이 서로 어울려 사는 에덴의 상태가 회복되었습니다. 아씨시의 프란치스코의 이야기에서 보듯, 영적으로 깊어지면 동물 혹은 식물과 소통하는 경지에 이릅니다. 태초의 상태가 회복되는 것입니다. 예수님이 사십 일 동안 금식하며 기도했을 때 그런 일이 일어났습니다.

모세의 얼굴에 빛이 나서 너울로 가려야 했던 이야기는 또한 변화 산에서 예수님께 일어난 신비한 사건을 생각나게 합니다. 예수님은 갈릴리 사역을 마치고 예루살렘으로 올라가는 길에 높은 산에 오르십니다. 그곳에서 기도에 몰입하셨는데, 어느 순간 "그의 얼굴은 해와 같이 빛나고, 옷은 빛과 같이 희게"(마 17:2) 되었습니다. 그리고 모세와 엘리야가 나타나 예수님과 더불어 대화를 나눕니다. 함께 산에 올라갔던 베드로와 야고보와 요한이 그 광경을 보고 두려워서 땅에 엎드립니다.

예수님을 통해 잠시 동안 땅의 나라와 하나님 나라가 뒤섞였습니다. 물질세계와 영적 세계를 가로막고 있던 막이 잠시 사라지고, 영원이 시간 안에 잠시 침투해 들어왔습니다. 과거와 현재와 미래가 한자리에서 섞인 것입니다. 과거와 현재가 영원 안에서 만나자, 오랜 세월의 시차를 두고 활동했던 예수님과 모세와 엘리야가 동시대 사람처럼 만나 대화를 나누게 됩니다.

계시의 완성자

모세는 율법의 계시자이고, 엘리야는 예언자의 대변자입니다. 위의 사건은 율법과 예언을 통해 주어진 계시가 예수님 안에서 완성되었다는 사실을 보여줍니다. 실제로 예수님은 자신에게서 율법과 예언이 완성되었다는 사실을 강조하셨습니다.

> 내가 율법이나 예언자들의 말을 폐하러 온 줄로 생각하지 말아라. 폐하러 온 것이 아니라, 완성하러 왔다(마 5:17).

유대인들에게 모세가 얼마나 높은 존재였는지를 생각하면, 율법을 "폐하러 왔다"는 말보다 율법을 "완성하러 왔다"는 말이 그들에게 더 참을 수 없는 말이었을 것입니다. 이 말씀으로 예수님은 자신이 모세보다 더 높다고 암시하신 것입니다. 그분이 주시는 계시의 말씀이 모세와 예언자들을 통해 주어진 계시보다 차원이 높다는 뜻입니다.

바리새파 사람들이 예수님께 찾아와 이혼에 대해 질문한 적이 있습니다. 그들이 무엇이든지 정당한 사유만 있으면 이혼해도 되느냐고 묻자, 예수님은 창세기 1:27과 2:24을 인용하여 그래서는 안 된다고 답하십니다. 그들이 신명기 24:1을 인용하며 그러면 왜 모세는 이혼 증서를 써 주고 이혼하도록 허락했느냐고 되묻자, 예수님은 다음과 같이 대답하십니다.

> 모세는 너희의 마음이 완악하기 때문에 아내를 버리는 것을 허락하여 준 것이지, 본래부터 그랬던 것은 아니다. 내가 너희에게 말한다. 음행한 까닭이 아닌데도 아내를 버리고 다른 여자에게 장가드는 사람은, 누구나 간음하는 것이다(마 19:8-9).

이 말씀에서 예수님은, "너희의 마음이 완악하기 때문에" 즉 죄성에 물들어 있기 때문에 기준을 낮추어 제시해 주신 가르침이 바로 율법이라고 하십니다. 유치원 아이에게 대학생의 실력을 요구할 수 없는 것처럼, 그들이 죄에 물들어 있기 때문에 어느 정도까지 죄를 허용해 주었다는 것입니다. 한편 예수님은 죄성을 극복하고 이르러야 할 높은 기준을 제시하십니다. 모세가 전해 준 율법의 기준은 예수님의 기준에 비하면 초보 수준이라는 뜻입니다. 그래서 사도 바울은 율법을 "개인교사"라고 불렀습니다.

믿음이 오기 전에는, 우리는 율법의 감시를 받으면서, 장차 올 믿음이 나타날 때까지 갇혀 있었습니다. 그래서 율법은, 그리스도께서 오실 때까지, 우리에게 개인교사 역할을 하였습니다. 그것은, 우리로 하여금 믿음으로 의롭다고 하심을 받게 하시려고 한 것입니다. 그런데 그 믿음이 이미 왔으므로, 우리가 이제는 개인교사 아래에 있지 않습니다(갈3:23-25).

사도 바울은 누구보다 율법에 정통했고, 또한 율법을 지켜서 의롭다 함에 이르기 위해 노력했습니다. 그에게 모세는 최고의 계시자요, 율법은 가장 귀한 계시의 말씀이었습니다. 그런데 예수 그리스도를 만나고 나서 그는 율법의 한계를 깨닫습니다. 하나님의 높은 의의 기준으로 볼 때, 율법은 기껏해야 개인교사 역할밖에 못한다는 사실을 알게 되었습니다. 따라서 모세가 개인교사라면, 예수님은 정식교사인 셈입니다.

겸손의 왕

앞에서 우리는 모세의 믿음이 '보이지 않는 하나님을 보는 듯이' 믿는 믿음이었고, 그 믿음이 그를 "땅 위에 사는 모든 사람 가운데서 가장 겸손한 사람"(민 12:3)으로 만들었다는 사실을 살펴보았습니다. 그의 믿음과 겸손함 역시 예수님을 생각하게 해줍니다. 신명기 마지막 부분은, 모세가 생전에 하나님과 "얼굴과 얼굴을 마주 대고"(신 34:10) 대화를 나누었다고 기록합니다. "얼굴과 얼굴을 마주 대고"라는 말은 친밀한 교제를 의미하는 비유입니다.

예수님이 하나님과 나누었던 친밀함은 그보다 훨씬 깊이 있습니다. 예수님의 제자 중 하나인 빌립이 어느 날 "주님, 우리에게 아버지를 보여주십시오. 그러면 좋겠습니다"(요 14:8)라고 말하자, 예수님이 이렇게 대답하십니다.

> 내가 아버지 안에 있고 아버지께서 내 안에 계시다는 것을, 네가 믿지 않느냐? 내가 너희에게 하는 말은 내 마음대로 하는 것이 아니다. 아버지께서 내 안에 계시면서 자기의 일을 하신다. 내가 아버지 안에 있고, 아버지께서 내 안에 계시다는 것을 믿어라. 믿지 못하겠거든 내가 하는 그 일들을 보아서라도 믿어라(요 14:10-11).

모세는 "얼굴과 얼굴을 마주 대고" 하나님과 대화했지만, 예수님은 하나님과 인격적으로 하나가 되어 사셨다는 뜻입니다. 모세는 보이지 않는 하나님을 보는 듯이 믿고 살았지만, 예수님은 자신 안에 계신 하나님과 호흡을 같이하셨습니다. 그래서 그분은, 자신의 말씀은 자신 안에 계신 하나님의 말씀이고, 자신의 일은 하나님이 하시는 일이라고 하셨습니다.

그러므로 예수님은 '겸손의 왕'이 되셨습니다. 모세가 구약의 인물 중 겸손의 최고봉이었다면, 예수님은 인류 역사상 겸손의 최고봉이셨습니다. 모세는 보이지 않는 하나님을 보는 듯이 믿고 살았기 때문에 때로 그 믿음이 흐려질 때면 혈기를 부리기도 했고 폭력을 사용하기도 했습니다. 하지만 예수님은 하나님과 함께 사셨기 때문에 처음부터 끝까지 겸손과 온유로 사셨습니다.

예수님은 공생애를 시작하면서 요단 강에서 세례를 받으십니다. 세례 요한은 그분의 정체를 알아보고 세례 베풀기를 주저합니다. 그러자 예수님은 그렇게 해야 하나님의 모든 뜻이 이루어진다고 하면서(마 3:15) 그를 설득하십니다. 회개할 죄가 없는 예수님이 왜 회개의 세례를 받으셨을까요? 그분은 한 개인이 아니라 인류의 대표자로서 인류의 죄를 대신 짊어지고 세례를 받으신 것입니다.

앞에서 살펴본 대로, 이스라엘 백성이 금송아지를 만들어 놓고 우상 숭배에 빠졌을 때 모세는 이스라엘 백성을 혹독하게 징계하고 나서 하나님 앞에 나아가 기도합니다. 그는 백성의 죄를 용서해 달라고 하면서, 만일 용서하지 않으시려거든 자신의 이름을 주님의 생명책에서 지워 달라고 간청합니다. 그가 백성의 죄를 대신 짊어진 것입니다.

요단 강에서 세례를 받으실 때 예수님이 하신 일도 그렇습니다. 인류의 구원자로 오신 그분은 요단 강에서 "하나님 아버지, 인류의 죄를 제 어깨에 지워 주십시오. 그 죄값을 제가 치르겠습니다"라고 기도하셨을 것입니다. 그런 다음 공생애 기간 동안 그분은 자신을 낮추고 비우며 섬기고 죽으셨습니다.

예수님이 예루살렘을 향해 가면서 제자들에게 하신 말씀 중에 그분의 마음이 잘 표현된 말씀이 있습니다. 야고보와 요한이 장차 임할 하나님 나라에서 자신들을 가장 높은 자리에 앉혀 달라고 부탁하자, 예수님은 "너희 가운데서 위대하게 되고자 하는 사람은 누구든지 너희를 섬기는 사람이 되어야 하고, 너희 가운데서 으뜸이 되고자 하는 사람은 너희의 종이 되어야 한다"(마 20:26-27)고 답하면서 다음과 같이 덧붙이십니다.

인자는 섬김을 받으러 온 것이 아니라 섬기러 왔으며, 많은 사람을 위하여 자기 목숨을 몸값으로 치러 주려고 왔다(마 20:28).

'인자'라는 말은 다니엘서 7:13에서 나온 말로, 마지막에 온 우주의 왕으로 오실 분을 가리킵니다. 그런 분이 이 땅에 오신 이유는 하나님의 종으로서 낮아지고 섬기기 위함이라고 하십니다. 결국 예수님은 그 말씀 그대로 살다가 십자가에 달려 물과 피를 모두 쏟으셨습니다.

세상 죄를 지고 가는 어린 양

모세의 이야기와 예수님의 이야기 사이의 최고의 접촉점은, 이집트를 탈출하기 전날 밤 이스라엘 백성의 집 문설주에 발랐던 '어린 양의 피', 그리고 불뱀의 재앙으로부터 이스라엘 백성을 구해 주었던 '구리뱀 이야기'입니다.

먼저, 어린 양의 피에 대해 생각해 보겠습니다. 하나님은 마지막 재앙으로 이집트를 심판할 때 이스라엘 백성에게 어린 양을 잡아 그 피를 문설주에 바르라고 하십니다. 죽음의 사자가 이집트의 모든 처음 난 것을 칠 때 문설주에 어린 양의 피를 바른 집은 치지 않고 넘어가게 하셨습니다(출 12:13). 유월절 어린 양의 피로 받은 이스라엘 백성의 구원은 '영원한 어린 양'이신 예수 그리스도의 보혈을 생각나게 합니다.

예수님이 세례 요한에게 세례를 받으러 다가오자, 세례 요한이 모여 있던 사람들에게 말합니다.

보시오, 세상 죄를 지고 가는 하나님의 어린 양입니다(요 1:29).

"세상 죄를 지고 가는 하나님의 어린 양"이라는 표현에는 두 가지 이미지가 결합되어 있습니다. 하나는 유월절에 희생된 어린 양의 이미지이고, 다른 하나는 대속죄일에 이스라엘 백성의 죄를 지고 광야로 나가 희생당하는 아사셀의 염소(레 16장)의 이미지입니다. 세례 요한은 예수님을 인류의 죄를 대신 담당하고 희생당할 어린 양으로 본 것입니다.

예수님이 제자들과 나눈 마지막 식사가 유월절 식사였습니다. 식사 중 그분은 제자들에게 빵을 떼어 주면서 "이것은 내 몸이다"(마 26:26)라고 하셨고, 잔을 주면서 "이것은 죄를 사하여 주려고 많은 사람을 위하여 흘리는 나의 피, 곧 언약의 피다"(마 26:28)라고 하셨습니다. 이 말씀으로써 예수님은 자신을 유월절 양에 비유하시고, 자신의 죽음이 죄로부터의 해방을 위한 희생이라는 사실을 전하셨습니다.

이번에는 구리뱀 이야기를 생각해 보겠습니다(민 21:4-9). 이스라엘 백성이 에돔 땅을 돌아가려고 호르 산에서 홍해 길을 따라 나아갈 때, 물 부족과 음식 문제로 하나님과 모세를 원망합니다. 광야 유랑 사십 년 동안 그런 일이 많았지만 이때는 특히 심했던 것 같습니다. 하나님이 불뱀을 보내어 그들을 징계하셨기 때문입니다.

처음에는 만만히 보았다가 불뱀에 물려 죽는 사람들이 점점 늘어나자, 백성이 모세에게 찾아와 이 뱀이 그들에게서 물러가도록 주님께 기도해 달라고 간청합니다. 모세는 늘 그랬듯이 하나님 앞에 나아가 백성을 위해 중보합니다. 그러자 하나님이 이렇게 대답하십니다.

너는 불뱀을 만들어 기둥 위에 달아 놓아라. 물린 사람은 누구든지 그것을 보면 살 것이다(민 21:8).

한번 상상해 보시기 바랍니다. 불뱀에 물려 고통 속에서 죽어 가
는 사람들에게 "기둥에 달린 이 구리뱀을 쳐다보십시오. 그러면 살 것
입니다"라고 말했을 때 그 사람들이 어떻게 생각했을까요? 아마도 많
은 사람들이 무시했을 것이고, 그러다가 죽은 사람들도 있었을 것입
니다. 처음에는 무시했다가 곁에 있는 사람이 구리뱀을 보고 살아나는
것을 보고 나중에서야 마음을 돌려 쳐다본 사람도 있었을 것입니다.
예수님은 훗날 십자가에 달려 죽으실 것을 염두에 두고 구리뱀
사건을 비유로 사용하여 이렇게 말씀하십니다.

모세가 광야에서 뱀을 든 것같이, 인자도 들려야 한다. 그것은 그를 믿
는 사람마다 영생을 얻게 하려는 것이다. 하나님께서 세상을 이처럼 사
랑하셔서 외아들을 주셨으니, 이는 그를 믿는 사람마다 멸망하지 않고
영생을 얻게 하려는 것이다(요 3:14-16).

불뱀에 물려 죽어 가는 사람이 기둥에 달린 구리뱀을 바라보는
것으로 살게 된다는 말은 과학적으로나 이성적으로 설명이 되지 않
습니다. 하지만 그것이 하나님의 약속이었기에 믿고 바라본 사람은
구원을 받았습니다. 그와 마찬가지로, 예수님이 십자가에서 내 죄값
을 담당하고 죽임을 당하셨다는 사실도 과학적으로나 이성적으로 설
명이 되지 않습니다. 하지만 그것이 하나님의 약속이기 때문에 믿고
십자가를 바라보는 사람은 죄로부터 해방되고 영생을 얻습니다.

이렇듯 이집트로부터 이스라엘 백성을 해방시킨 모세는, 인류를 죄와 노예살이로부터 해방시켜 주신 예수님을 생각나게 합니다.

우리에게는 여러 가지 자유가 필요합니다. 정치적인 자유도 필요하고, 자신의 생각을 두려움 없이 드러낼 수 있는 표현의 자유도 필요합니다. 종교 선택의 자유도 필요하고, 여행의 자유도 필요합니다. 하지만 우리 모두에게 꼭 필요한 자유는 죄로부터의 자유입니다. 우리의 모든 속박과 구속됨의 뿌리는 죄에 있기 때문입니다. 죄는 가장 먼저 하나님과의 관계를 파괴시킵니다. 하나님과의 관계가 죄로 왜곡되고, 그로 인해 내면의 자아가 분열되고, 그 결과 모든 인간관계가 깨어집니다. 가장 근본적인 차원에 균열이 생기면 그 결과가 삶의 모든 영역에 영향을 미치게 되어 있습니다. 그뿐 아니라, 죄는 우리로 하여금 하나님으로부터 영원히 분리되게 만듭니다.

모세는 이스라엘 백성에게 정치적 자유를 안겨 주었지만, 죄로 인한 속박으로부터 구원하지는 못했습니다. 죄의 문제를 해결하지 못했기에 이스라엘 백성은 가나안 땅에 들어가 독립 국가를 형성했지만 결국 참담하게 패망하는 운명을 만나게 되었습니다. 그 운명을 막기 위해 모세는 율법을 마음에 새기고 철저히 지키라고 신신당부했습니다. 하지만 율법은 인간의 죄성을 전제하고 주어진 것이므로 인간을 죄로부터 자유하게 해줄 수 없었습니다.

모세가 줄 수 없었던 구원을 예수님이 이루셨습니다. 율법으로 결코 이룰 수 없었던 자유를 십자가의 은혜가 안겨 주었습니다. 그 은혜로 우리는, 죄의 노예가 되어 속절없이 죄를 탐하고 사탄의 노예가 되어 마침내 영원한 멸망에 이르게 되는 불행한 운명으로부터 건짐을 받았습니다. 그리고 영원한 가나안 땅 곧 하나님 나라에 이르러 영생을 누리게 되었습니다. 그것이 하나님의 종 예수님이 자신의 온 생명을 바쳐 이루신 구원입니다.

그와 같은 예언자

모세는 고별 설교 중에 가나안 땅에 사는 점쟁이와 복술가들에게 속지 말라고 경고하면서 호렙 산에서 하나님께 받은 예언의 말씀을 전해 줍니다. 모세는 이 예언의 말씀을 그때까지 마음에 두고 있다가 가나안 땅 입구에서 비로소 공개합니다.

나는 그들의 동족 가운데서 너와 같은 예언자 한 사람을 일으켜 세워, 나의 말을 그의 입에 담아 줄 것이다. 그는, 내가 명한 모든 것을 그들에게 다 일러 줄 것이다. 그가 내 이름으로 말할 때에, 내 말을 듣지 않는 사람은, 내가 벌을 줄 것이다(신 18:18-19).

이 예언 때문에 이스라엘 백성은 어떤 예언자가 나타날 때마다 "혹시 이 사람이 모세가 예언한 그 사람인가?" 하고 질문했습니다. 하지만 수많은 예언자들이 왔다 갔지만 모세에게 견줄 만한 예언자는 나타나지 않았습니다. 그러다가 마침내 예수님이 오셨습니다. 그분이 하나님의 종으로서 섬김의 삶을 살다가 십자가에 달려 죽은 뒤 사흘 만에 죽은 자들 가운데서 부활하자, 사람들은 그분이 모세가 예언한 그 예언자라는 사실을 알게 되었습니다. 그분은 "모세와 같은 예언자"가 아니라, "모세보다 뛰어난 예언자"였습니다. 아니, 예언자가 아니라 메시아 곧 그리스도였습니다.

모세는 과연 인류 역사에 나타난 가장 위대한 인물임에 틀림없습니다. 그는 예수님보다 천오백 년 이상 앞서 살았지만, 마치 예수님을 모델로 삼았던 것처럼 살았습니다. 모세의 영성과 인격, 그의 가르침과 행적이 예수님에 이르러 확대되고 완성되었습니다. 그래서 모세는 '구약의 작은 예수'라 할 만하고, 모세의 이야기를 읽는 동안 자주 예수님을 바라보게 됩니다.

모세에 대한 탐구와 묵상이 여기에 이르니 거룩한 전율을 느낍니다. 하나님이 하시는 일이 참으로 신비스럽습니다. 우리의 믿음의 뿌리가 이토록 깊고 견고하다는 사실에 경탄합니다. 하나님의 구원 역사가 한 방향을 향해 면면히 이어져 왔다는 사실에 고개가 절로 숙여집니다. 그리고 예수 그리스도를 통해 우리에게 주신 구원이 얼마나 놀랍고 귀한 것인지 새롭게 확인합니다. 그 구원의 은혜에 감사하면서, 그 거룩한 길을 더욱 신실하게 걸어가게 되기를 다짐합니다.

모세가 지향했던 정착지는 가나안 땅입니다. 하지만 우리가 지향하는 정착지는 하나님 나라입니다. 그 나라는 믿음으로 지금 이곳에서 들어가 사는 곳이고, 죽어서 안식하는 곳이며, 예수 그리스도께서 재림하실 때 우리 모두가 그분의 부활에 참여하는 새 하늘과 새 땅입니다. 그것이 우리가 궁극적으로 이르러야 할 영원한 가나안 곧 약속의 땅입니다. 우리는 믿음 안에서 그 땅에 대한 약속을 마음에 품고 오늘 이 땅에서 하나님 나라를 살아갑니다.

우리 모두는 하루의 삶을 받아 쓰는 '하루살이' 인생입니다. 내일이 보장되어 있는 사람은 아무도 없습니다. 하지만 우리는 또한 '영원살이' 인생입니다. 믿음 안에서 이미 약속의 땅에 발을 딛고 살고 있기 때문입니다. 그러므로 오늘이 우리 삶의 마지막 날이라 해도 염려하지 않습니다. 우리의 마음은 든든합니다. 우리는 모세로부터 예수 그리스도로 이어지는 이 신비한 구원 역사에 포함된 사람들이기 때문입니다.

따라서 우리는 우리의 존재와 소속과 신분이 예수 그리스도 안에서 어떻게 바뀌었는지 기억하고 이 놀라운 구원을 누리며 살아야 하겠습니다. 상황이 어떠하든지 든든한 마음으로 하루하루를 살뜰히 받아 알뜰히 살아야 하겠습니다. 그리고 이 구원의 복음을 알지 못하는 이들에게 전해야 하겠습니다. 날이 이미 밝았는데 두꺼운 커튼을 쳐 놓고 아직도 밤인 줄 알고 사는 사람들에게 해가 떠올랐다고, 이제는 문을 열고 나가 자유를 누리라고 흔들어 깨워야 하겠습니다. 주님이 저와 여러분을 이 길에서 든든히 지켜 주시기를 간절히 소망합니다.

| 적용과 나눔을 위한 질문 |

• 모세에게서 예수 그리스도에게로 이어지는 오랜 역사를 생각해 보십시오. 면면히 이어져 온 구원 역사를 마음으로 그릴 때 어떤 생각이 듭니까?

• 아브라함에게서 오늘의 교회로 이어지는 하나님의 구원 역사를 생각해 보십시오. 당신이 오늘 그리스도의 몸의 지체로서 그 역사를 이어가고 있다는 사실은 당신에게 어떤 의미로 다가옵니까?

• 아담으로부터 시작하여 주님이 다시 오셔서 이루실 새 하늘과 새 땅을 생각해 보십시오. 그 영원한 구원의 드라마 안에 당신이 참여하고 있다는 사실을 염두에 둘 때, 앞으로 어떻게 살아야 할지 생각해 보십시오.

나가는 말

지금까지 우리는 나일 강의 갈대숲에서 시작하여 모압의 느보 산에 이르는 모세의 인생 여정을 함께 걸으며 그의 꿈과 야망, 실패와 성공, 좌절과 환희, 회복과 소명, 갈등과 투쟁, 희열과 분노, 번민과 고뇌를 살펴보았습니다. 노벨 문학상에 빛나는 유대계 문학가 엘리 비젤은 그를 일컬어 "성경 역사상 가장 외로웠지만 가장 영향력이 컸던 영웅"이라고 평가했습니다.[1] 실로 모세는 인류의 역사와 정신사와 종교사에서 가장 뛰어난 인물로 인정받을 만합니다.

저는 이 책에서 모세의 인간적인 면에 대한 성경의 기록들을 주목했습니다. 그렇게 함으로써 '시내 산 산신령'이 아니라 우리와 별로 다르지 않은 '한 인간'으로서의 면면을 살펴보았습니다. 모세가 위대한 인물로 존중받아야 하는 이유는 그가 태생부터 특별했고 본성적으로 탁월했기 때문이 아닙니다. 모세는 우리와 다르지 않은 연약한 한 인간이었으나, 그 연약함으로 하나님을 참되게 만났고, 그 만남을 통해 위대함에 이르게 되었습니다. 모세의 위대함은 그가 가지고 있던 온갖 약점과 그가 겪은 수많은 고초를 통해 만들어진 것입니다. 그렇기 때문에 그의 이야기가 오늘 우리에게 의미 있습니다.

우리도 모세처럼 위대한 인물이 되기를 꿈꾸자는 뜻이 아닙니다. 사실, 모세는 그런 인물이 될 생각이 없었을 것입니다. 그저 하나님이 순간순간 인도하시는 대로 살았고, 그 결과 위대성이 그의 영성과 성품 안에 형성된 것입니다. 오늘 우리가 모세의 이야기를 공들여 읽으며 우리 자신을 돌아보려는 이유는, 모세처럼 되려는 것이 아니라 우리 자신의 모습을 찾고 그 모습대로 살려는 데 있습니다. 우리 각자에게 서로 다른 형질과 모습을 부여하신 하나님은, 각자에게 그 나름의 자아를 찾고 그 자아로 살아가기를 기대하십니다. 그렇게 살 때, 그 사람은 이 세상에서 나그네이자 이방인으로서 하나님 나라를 드러내는 삶을 살 수 있게 됩니다. 그것이 인생의 진정한 성공입니다.

이와 관련하여 해롤드 쿠슈너가 전하는 이야기를 하나 소개합니다.[2] 18세기 말엽 동유럽에 주시야라는 랍비가 살았습니다. 그는 깊은 영성과 고매한 인품으로 많은 사람들에게 존경받았습니다. 하지만 시간이 흘러 임종의 날이 가까이 다가왔을 때, 주시야는 사람들의 예상과 달리 두려움에 떱니다. 그 모습을 보고 제자들이 놀라 묻습니다.

"스승님, 스승님은 평생토록 본이 되는 삶을 사셨습니다. 분명히 하나님이 스승님에게 복을 주실 것입니다. 그런데 왜 이토록 두려워하십니까?"

그러자 주시야가 대답합니다.

"내가 하나님 앞에 섰을 때 만일 그분이 '너는 왜 모세처럼 살지 못했느냐?'고 물으신다면, 나는 '우주의 주관자시여, 주님께서 모세에게 주신 위대한 영혼을 저에게 주지 않으셨기 때문입니다'라고 답할 것이다. 만일 그분이 '왜 너는 솔로몬처럼 살지 못했느냐?'고 물으신다면, 나는 또 '솔로몬에게 주셨던 지혜를 저에게 주지 않으셨기 때문입니다'라고 답할 것이다. 하지만 만일 그분이 '왜 너는 주시야로서 살지 않았느냐? 왜 너는 내가 되기를 원했던 너 자신이 되지 못했느냐?'고 물으신다면, 어떻게 대답해야 할지 두렵다."

E. H. 카는 "역사는 과거와 현재 사이의 끝없는 대화다"라고 말했습니다. 과거의 역사를 돌아보는 이유는 현재의 삶을 더 잘 이해하고 보다 바르게 살기 위함입니다. 우리가 성경의 인물에 대해 연구하는 이유도 동일합니다. 과거를 통해 오늘을 이해하고 다른 인물의 삶을 통해 나를 돌아보려는 것입니다. 그렇게 할 때 우리는 나답게 되고 나답게 사는 일에 좀 더 진보할 수 있습니다. 그것이 진정한 자아실현이며 소명의 성취입니다. 알고 보면, 기독교에서 말하는 구원도 하나님 안에서 자신을 찾고 자신으로 살아가는 것이라 할 수 있습니다. 우리 모두는 하나님이 지으신 "포이에마" 곧 작품(엡 2:10)이기 때문입니다.

이 설교를 준비하고 원고를 보완하는 과정에서 저는 모세의 인생 이야기로부터 많은 위로와 도전과 깨우침을 받았습니다. 그로 인해 저는 과거보다 저 자신의 모습에 몇 걸음 더 가까워졌을 것입니다. 제 모습에 점점 가까워지는 만큼, 저는 이 세상에서 보다 선명하게 하나님 나라를 드러내는 나그네가 될 것입니다. 지금은 또 다른 일로 그 일을 지속하고 있습니다. 하나님이 빚으셨고 그리스도 예수께서 구속하신 저 자신을 성령께서 계속 빚어 가시기를 소망하며 매일 저 자신을 그분 앞에 내어 드리고 있습니다. 이 일은 제 숨이 다하는 그날까지 계속되어야 할 것입니다.

그 사람 모세

부디 이 책을 읽는 여러분도 하나님 안에서 자신의 모습을 찾아가고, 자신으로 살아가는 영적 여정에 깊이 뿌리내리기를 소망합니다. 그 여정에 이 책이 작은 도움이 되기를 기도하며 글을 마칩니다.

주

시작하는 말

1. Martin Buber, *Moses: The Revelation and the Covenant* (Amherst: Humanity Books, 1998).

2. Jonathan Kirsch, *Moses: A Life* (New York: Ballantine Books, 1998).

3. Harold Kushner, *Overcoming Life's Disappointments: Learning from Moses How to Cope with Frustration* (New York: Anchor Books, 2007).

01 믿음: 맡기고 산다

1. 출애굽 시대 이스라엘 백성의 수에 대해서는 이견이 있다. 스튜어트는 출애굽기 12:37에 나오는 '에레프'(eleph)의 여러 가지 의미를 설명하면서 "육십만 장정"이라는 전통적인 의견에 대안을 제시한다. 그는 이집트를 탈출한 이스라엘 백성이 이만에서 삼만 정도였을 것으로 추정한다. Douglas K. Stuart, *Exodus* (Nashville: B & H, 2006), pp. 297-302.

2. 스튜어트는 여기에 사용된 히브리어 관용법이 아이의 어떤 특징이 아니라 어머니의 마음을 가리킨다고 해석한다. 그는 "그 여자가 임신하여 아들을 낳았는데, 그 아이를 데리고 있고 싶어서 석 달 동안이나 길렀다"고 번역한다. 같은 책, p. 88.

3. 부버에 따르면, 당시 나일 강에는 작은 신상이나 신의 그림을 넣은 갈대 상자들이 떠다니는 것을 흔히 볼 수 있었다. 요게벳이 아기를 안전하게 보호하기 위해 신을 모신 상자처럼 만들었다는 뜻이다. Martin Buber, *Moses*, p. 35.

4. 폴 투르니에, 『모험으로 사는 인생』, 정동섭, 박영민 역(서울: IVP, 2005), p. 299.

5. 같은 책, p. 297.

02 성장: 품에서 자란다

1. 스튜어트는 다음과 같이 설명한다. "11절의 어휘를 보면, 모세가 이스라엘 백성의 노예됨의 실상에 대해 점차 알게 되었고 마침내 직접 확인하러 갔다고 짐작할 수 있다. 현장에서 그는 동족 중 한 사람이 심하게 폭행당하는 것을 보고 분노하게 되었을 것이다." Douglas K. Stuart, *Exodus*, p. 95. 부버도 같은 의견을 피력한다. Martin Buber, *Mose*, p. 36. 차일즈는 "동족"이라는 말의 반복적 사용은 모세의 행동이 민족적인 감정에서 나온 것임을 암시한다고 해석한다. Brevard S. Childs, *Exodus* (Louisville: John Knox Press, 1974), p. 30.

2. 차일즈는 13절에서 사용된 "잘못한 사람"이 법적 용어라는 점에 근거하여 모세의 행동이 정의의 문제였다고 해석한다. 같은 책, p. 30.

3. Harold Kuchner, *Overcoming Life's Disappointment*, p. 11.

4. 쿠슈너와 비젤은 억압받는 사람들에 대한 관심이 모세로 하여금 이런 행동을 하게 했다고 해석한다. Harold Kushner, 같은 책, p. 8-9; Ellie Wiesel, *Messengers of God* (New York: Simon and Schuster, 1976), p. 185.

5. Jonathan Kirsch, *Moses*, 78. "모세는 자라는 동안 그의 생모를 만날 수 있도록 허락받았기 때문에 이스라엘 사람으로서 자신의 뿌리에 대한 의식 안에서 자라게 되었다."

6. Harold Kuchner, *Overcoming Life's Disappointment*, p. 10

7. 정치하는엄마들, 『정치하는 엄마가 이긴다』 (파주: 생각의힘, 2018)을 참고하라.

03 광야: 없어야 보인다

1. 이런 의미에서 영어 성경들은 헬라어 '하르파그모스'를 "to be used" ("이용할 것으로", NIV), 혹은 "to be exploited" ("이용해 먹을 것으로", CSB) 혹은 "to be used for His own advantage" ("자기 유익을 위해 사용할 것으로", HCSB, GW) 등으로 번역해 놓았다.

2. 출애굽기 2:21에서 '르우엘'은 십보라의 아버지를 가리키지만, 민수기 10:29에서는 십보라의 할아버지 이름으로 되어 있다. 십보라의 아버지는 '이드로' 혹은 '호밥'이라 불렸는데, 당시 관습은 아버지의 이름으로 아들을 부르기도 했다.

3. 랍비들의 전승에 따르면, 모세는 이집트를 떠나 에티오피아로 갔다. 그는 그곳에서 왕이 되었다가 예순일곱 살에 에티오피아를 떠나 미디안으로 갔다.

4. Jonathan Kirsch, *Moses*, p. 87.

5. Ellie Wiesel, *Messengers of God*, p. 189

6. 성경에서의 광야의 의미에 관한 보다 자세한 사항은 이진희, 『광야를 읽다』 (서울: 두란노, 2015); 『광야를 살다』 (서울: 두란노, 2019)를 참고하라.

04 연단: 결핍은 기회다

1. 쿠사르는 영적 수련을 위해 아라비아로 갔다는 생각은 순전한 추측이라고 주장하면서 그 지역 주민에게 전도하기 위해 갔다고 주장한다. 하지만 그 역시 순전한 추측이다. 유대적인 영성 전통을 감안한다면 영적 수련을 위해 갔다고 보는 것이 보다 타당하다. Charles B. Cousar, *Galations* (Louisville: John Knox Press, 1982), p. 27. (『갈라디아서』 한국장로교출판사)

05 체험: 새 세상에 눈뜨다

1. 요세푸스는 호렙 산 주변에 살던 주민들이 그 산을 신령한 산으로 여겼다고 주장하지만, 그런 증거는 없다. 부버도 그 지역 주민들이 호렙 산을 신령한 산으로 여기고 있었다고 추측한다. Martin Buber, *Moses*, p. 39. 한편 김회권은 "그가 하나님의 산 호렙으로 올라가기 위하여 양 무리를 광야의 경계 너머까지 끌고 간 것을 보면 그의 망명생활 중심에 하나님의 산이 있었다고 보아야 할 것이다"라고 추측한다. 즉 모세가 그 산을 '하나님의 산'으로 여겼다는 뜻이다. 김회권, 『모세오경』(서울: 복 있는 사람, 2017), p. 444. 나는 프렛하임의 추측이 사실에 가깝다고 본다. "그곳에 간 것은 그 어떤 '종교적인' 의도 없이 모세가 일상적으로 하던 일이었다." Terence Fretheim, *Exodus* (Louisville: John Knox Press, 1991), p. 54. (『출애굽기』 한국장로교출판사)

2. 어떤 학자들은 모세가 야웨 신앙을 이드로에게서 배웠다고 주장하기도 한다. John Bright, *A History of Israel* (Philadelphia: Westminster Press, 1972), p. 124. Martin Buber, *Moses*, pp. 56-59.

06 소명: 삶에는 뜻이 있다

1. Brevard S. Childs, *Exodus*, p. 76. 부버 역시 같은 입장이다. Martin Buber, *Moses*, p. 52.

2. '시계공의 비유'에 관한 보다 자세한 사항은 리처드 도킨스, 『눈먼 시계공』, 이용철 역 (서울: 사이언스북스, 2004)을 참고하라.

3. 이것이 신정론(하나님의 통치와 악의 문제)에 대한 논의 과정에서 제기되는 전형적인 주장이다. 이 세상에 악이 여전히 일어나고 있다면 1) 신은 존재하지 않거나 2) 존재한다면 무능하거나 3) 무능하지 않다면 무관심하다는 뜻이다.

07 순종: 흔들리며 자란다

1. 스튜어트는 한 걸음 더 나아가 겸양의 표현이었다고 해석한다. Douglas K. Stuart,

Exodus, pp. 133-135.

2.　하나님의 음성을 듣는 일에 관한 보다 자세한 사항은 달라스 윌라드, 『하나님의 음성』, 윤종석 역(서울: IVP, 2016)을 참고하라.

08　희생: 사명은 비싸다

1.　출애굽기 4:24-26에 대한 아래의 해석은 Ronald B. Allen, "The 'Bloody Bridegroom' in Exodus 4:24-26", *Bibliotheca Sacra 153* (July-September 1996), pp. 259-69에 근거한다.

2.　칠십인역 성경(LXX)과 타굼 출애굽기는 "주님"을 "주님의 천사"로 바꾸어 놓았다.

3.　Martin Buber, *Moses*, p. 56.

4.　Terence Fretheim, *Exodus*, p. 81.

5.　Ellie Wiesel, *Messengers of God*, p. 190.

6.　Martin Buber, *Moses*, p. 58.

7.　Douglas K. Stuart, *Exodus*, p. 153.

8.　새번역은 이 사실을 다소 모호하게 번역했는데, 개역개정의 "모세의 장인 이드로가 모세가 돌려보냈던 그의 아내 십보라와"(출 18:2)가 보다 분명한 번역이다.

9.　스튜어트는 할례로 인한 상처가 아물 때까지 그 숙소에 머물러 있다가 미디안으로 돌아갔을 것으로 추측한다. Douglas K. Stuart, *Exodus*, p. 153, p. 155.

10.　밀그롬은 사사기 1:16(모세의 장인의 후손이 가나안에 정착했다는 기록)에 근거하여 이드로가 모세의 청을 받아들여 광야 유랑에 함께했다고 본다. Jacob Milgrom, *Exodus* (Philadelphia: The Jewish Publication Society, 1989), p. 80. 밀그롬의 영향으로 다수의 주석가들이 그렇게 추측하지만, 이때 이드로가 미디안으로 돌아갔다고 보는 것이 보다 많은 것들을 설명해 준다.

11.　민수기 10:29에 나오는 호밥을 모세의 처남이라고 보는 견해가 있지만, 여기서는 새번역에서 선택한 대로 십보라의 아버지 이드로의 또 다른 이름으로 간주한다.

12.　Harold Kushner, *Overcoming Life's Disappointments*, p. 138.

13.　Anthoy de Mello, *Awaking: Conversations with the Master* (Chicago: Loyola Press, 1998), p.359.

14.　Marilee Pierce Dunker, *Man of Vision* (Waynesboro: Authentic Media, 2005).

15.　Harold Kushner, *Overcoming Life's Disappointments*, p. 140.

09　정의: 하나님은 편드신다

1.　빅터 프랭클, 『죽음의 수용소에서』(서울: 청아출판사, 2005).

2.　히브리어 본문을 직역하면 "게으른 놈들, 너희는 게으른 놈들이다"가 된다.

3. 미국의 인종 차별 역사 및 인종 문제에 대한 가장 최근의 연구는 진구섭, 『누가 백인 인가?: 미국의 인종 감별 잔혹사』(푸른역사, 2020)를 참고하라.

4. 이 문제에 관한 보다 자세한 사항은 김영봉, "모범적 소수 인종, 그 부끄러운 이름 에 대하여", 「뉴스앤조이」(2020년 6월 3일)을 참고하라. http://www.newsnjoy.or.kr/news/articleView.html?idxno=300766 (2021.4.21. 최종 접속).

5. Allan G. Johnson, *Privilege, Power, and Difference* (New York: McGrow-Hill, 2006), pp. 90-107.

6. 소수자가 불이익을 받고 있는 영역에서 소수자에게 혜택을 주는 정책으로, 대학입학 정원 중 일정 인원을 소수 인종 중에서 선발하도록 하는 정책이 그 예다.

7. Brett Samuels, "Kudlow: 'I don't believe there's systemic racism in the US'", *The Hill* (June 10, 2020). https://thehill.com/homenews/administration/502105-kudlow-i-dont-believe-theres-systemic-racism-in-the-us (2021.4.21. 최종 접속).

8. 미로슬라브 볼프는 성소수자와 관련하여 '교회적 사안'과 '법적 사안'을 구분하여 생 각하도록 권한다. 그렇게 나누어 생각하면 성경적 기준을 교회에서 가르친다 해도 성소수 자에 대한 법적 권리를 인정해 줄 수 있다는 것이다. 미로슬라브 볼프, 라이언 매커닐리린 츠, 『행동하는 기독교』, 김명희 역(서울: IVP, 2017), p. 135 이하.

10 역경: 쉬운 부름은 없다

1. 클레이본 카슨, 『나에게는 꿈이 있습니다』, 이순희 역(바다출판사, 2018), p. 77 이하.

2. 같은 책, p. 111.

3. 같은 책, p. 111.

4. 같은 책, p. 469.

11 선택: 마음은 공유지다

1. 이 문제에 관한 보다 자세한 사항은 Douglas K. Stuart, *Exodus*, pp. 23-26; 김회권, 『모세오경』, pp. 503-517을 참고하라.

2. 바로의 마음 상태에 대해 설명하면서 저자는 세 가지 동사를 사용한다. '카베드'(출 7:14; 8:15, 32; 9:7, 34; 10:1; 14:4)는 '무겁다'라는 뜻이고, '하자크'(출 4:21; 7:13, 22; 8:19; 9:12, 35; 10:20, 27; 11:10; 14:4, 8, 17)는 '강하게 하다'라는 뜻이며, '카샤'(출 7:3)는 '굳게 하다'라는 뜻이다. 이 용어들의 용법에 관한 보다 자세한 사항은 Terence Fretheim, *Exodus*, pp. 96-103; Douglas K. Stuart, *Exodus*, pp. 146-150을 참고하라. 이 문제에 대한 문학비평적 연 구는 William A. Ford, *God, Pharaoh, and Moses* (Paternoster, 2007)를 참고하라.

3. 황현산, 『밤이 선생이다』(파주: 문학동네, 2013), pp. 89–91.

4. 달라스 윌라드, 『하나님의 모략』, 윤종석 역(서울: 복 있는 사람, 2001), p. 69 이하.

12 갈등: 나도 그렇다

1. 윤대현, "미움받을 용기 없는 당신이 반드시 들어야 할 대답", https://brunch.co.kr/@jade/369 (2021.4.21. 최종 접속).

2. Douglas Moo, *Romans* (Grand Rapids: Eerdmans, 1996), p. 789.

13 인생: 구름 따라 걷는다

1. 앞에서 살펴본 대로, 밀그롬 이후 다수의 주석가들이 이때 이드로가 모세의 청을 받아들여 광야 유랑을 함께했다고 추측한다.

2. Abraham Joshua Heschel, *God in Search of Man* (New York: Farra, Straus and Giroux, 1955), p. 193. (『사람을 찾는 하느님』 한국기독교연구소)

3. 이 주제에 관한 보다 자세한 사항은 제임스 에머리 화이트, 『이해할 수 없는 하나님 사랑하기』, 전의우 역(서울: IVP, 2005)을 참고하라.

4. 성경 읽기와 묵상에 관한 보다 자세한 사항은 강영안, 『읽는다는 것』(서울: IVP, 2020)을 참고하라.

14 영성: 보는 듯이 바라본다

1. 시내 산은 호렙 산의 또 다른 이름이다.

2. '영광'은 '카도쉬'의 번역으로 문자적으로는 '무거움'을 의미하는데, 영광, 명예, 신적 현존을 의미한다. Robert Alter, *The Five Books of Moses* (New York: W. W. Norton & Company, 2004), p. 505. "떨기나무 불꽃 가운데서 하나님을 만났던 모세는 이제 전면적인 신 현현을 보고 싶어 한 것이다. 구름 속에서 그에게 말씀하시는 신의 모습과 성품을 알고 싶었던 것이다."

3. Robert Alter, *The Five Books of Moses*, p. 506. "하나님의 본성은 한계적인 인간으로서 접근할 수도 없고 감당할 수도 없다. 하지만 그분의 속성 중 일부—그분의 선하심, 윤리적 의도의 방향성, 임재에서 분출되는 영광의 후광—는 인간에게 포착될 수 있다."

4. '빛이 나다'라고 번역된 단어 '카란'은 '뿔이 나다'라고 번역할 수도 있다. 라틴어 성경 '불가타'가 그렇게 번역했고, 미켈란젤로는 그 본문에 근거하여 모세의 조각상에 뿔을 새겨 넣었다. 로버트 알터는 "얼굴 피부가 뿔의 표면처럼 빛이 났다"는 의미로 해석한다. Robert

Alter, *The Five Books of Moses*, p. 512.

5. 박재순, 『다석 유영모』(서울: 홍성사, 2017), p. 246.

6. 유대교 랍비들은 대체로 이 빛이 죽을 때까지 지속되었다고 전제한다. Jonathan Kirsch, *Moses*, p. 275.

7. Naomi Reed, *The Plum Tree in the Desert* (Waynesboro: Authentic Media, 2015), pp. 16-23. (『사막에 자두나무가 자란다』 앵커출판미디어)

15 겸손: 나는 하나님이 아니다

1. Jacob Milgrom, *Numbers* (Philadelphia: The Jewish Publication Society, 1989), p. 94.

2. 히브리어 '아나브'는 영어로 'meek'(온유한)보다는 'humble'(겸손한)에 가깝다. "이 단어는 부자들보다는 가난한 사람들에게서 더 자주 보이는 태도 혹은 특성을 가리킨다. 즉 하나님에 대한 겸손한 신뢰의 태도를 가리킨다." Gordon J. Wenham, *Numbers* (Downers Grove: IVP, 1981), p. 126. 그러한 모습을 지닌 사람을 가리키는 히브리어 '아나빔'은 하나님의 말씀을 따라 거룩하고 의롭게 살기를 힘쓰고, 악인들에 대한 처분을 하나님께 맡긴 채 자신의 소임에 충성하며, 때로 악인들에게 불이익을 당하고 억울하게 당해 주는 사람들, 그래서 가난하기도 하고 밀려나기도 하지만 자신이 선택한 길에서 흔들리지 않는 사람들을 가리킨다.

3. Harold Kushner, *Overcoming Life's Disappointments*, p. 120.

4. 밀그롬은 모세와 아론이 성막이 아니라 백성 앞에서 엎드렸다는 사실에 주목한다. 성막으로 가서 엎드렸다면 하나님의 개입을 간구하기 위함이었을 것이다. 하지만 백성 앞에서 엎드린 것은 그들의 소요 앞에서 두 사람이 느꼈던 좌절감의 표현이며 스스로를 낮춘 행동이다. 모세와 아론의 행동을 보고 갈렙과 여호수아가 참지 못하고 나서서 중재한 것이다. Jacob Milgrom, *Numbers*, p. 108.

5. 랍비 전통에서는 모세가 시내 산에서 하나님을 만나고 난 이후에는 더 이상 아내와 성적인 관계를 가지지 않았다고 생각한다.

6. 김회권은 미리암이 이 반역을 주도했다는 근거로 세 가지 이유를 제시한다. 첫째, 1절에 미리암의 이름이 아론 앞에 나오고 있다. 둘째, '비방하다'라는 동사가 삼인칭 여성단수로 되어 있다. 셋째, 하나님의 징벌이 미리암에게만 내렸다. 김회권, 『모세오경』, p. 893.

7. 밀그롬은 인종 문제를 꼬투리 삼았다고 본다. Jacob Milgrom, *Numbers*, p. 93.

8. 대다수의 학자들이 이 의견에 동의한다.

9. Gordon J. Wenham, *Numbers*, p. 114.

10. George Simon, "Three Tests of Character: Adversity, Temptation and Power", *Counseling Resource*. https://counsellingresource.com/features/2012/04/24/character-adversity-temptation-power/(2021.4.21. 최종 접속).

그 사람 모세

11. Harold Kushner, *Overcoming Life's Disappointments*, p. 157.

16 죽음: 사는 대로 죽는다

1. 올슨은 적어도 다섯 가지의 번역 가능성을 분석한 뒤 "[하나님이 아니라] 우리가 이 바위에서 당신들이 마실 물을 나오게 하리오?"라는 번역을 지지한다. Dennis T. Olson, *Numbers*(Louisville: John Knox Press), pp. 126-129. (『민수기』 한국장로교출판사)

2. 밀그롬은 모세의 죄에 대한 여러 랍비들의 해석을 소개하면서, 하나님이 하신 일을 자신이 한 일로 만든 것이 그의 죄였다고 결론짓는다. Jacob Milgrom, *Numbers*, pp. 448-456.

3. 클레이본 카슨, 『나에게는 꿈이 있습니다』, pp. 500-501.

4. 신명기 34:5의 "주님의 말씀대로"에 해당하는 히브리어는 "주님의 입으로"(by the mouth of God)라고 번역할 수 있고, 그래서 유대 랍비들은 "하나님의 입맞춤으로 죽었다"고 해석해 왔다. Robert Alter, *The Five Books of Moses*, p. 1058.

5. Jonathan Kirsch, *Moses*, pp. 349-350.

6. Martin Buber, *Moses*, p. 201.

7. 문순태, 『성자의 지팡이』(서울: 다지리, 2000).

8. 임락경, 『임락경의 우리 영성가 이야기』(서울: 홍성사, 2014), p. 311.

9. 같은 책, p. 278.

17 섭리: 그에게서 그분을 보다

1. 이것을 신학적으로 '유형론' 혹은 '예표론'(typology)이라 부른다. 구약성경을 신약성경과의 관련성 안에서 해석하는 방법론이다. 구약성경에 나오는 인물, 사건, 말씀이 신약성경에 나오는 인물, 사건, 말씀을 미리 보여준다고 본다. 이 해석은 주로 예수 그리스도에게 집중되어 있다. 다시 말해, 예수 그리스도에게서 구약의 모든 것이 완성되었다고 보는 것이다. 구약의 인물들 중 모세는 아담과 요셉과 함께 예수 그리스도의 삶과 사역을 미리 보여준 인물로 자주 다루어진다. 모세 유형론에 관해서는 Dale Allison Jr., *The New Moses: A Matthean Typology*(Philadelphia: Fortress, 1994)를 참고하라.

나가는 말

1. Ellie Wiesel, *Messengers of God*, p. 182.

2. Harold Kushner, *Overcoming Life's Disappointments*, p. 26.

개인 경건 생활 가이드

아래 내용은 성도들의 개인적인 영적 생활을 돕기 위해 마련한 '개인 경건 생활 가이드'다. 이것은 교회 생활이 가능한 상태에서도 매일 실천할 필요가 있지만, 교회 생활이 불가능해진 상황에서는 더욱 중요하다. 이 가이드는 저자가 매일 말씀 해설과 묵상을 나누는 '사귐의 소리'(koinonia2021.com)에서 옮겨 왔다.

1. 아무에게도 방해받지 않을 시간과 장소를 찾는다. 필요하다면 가까운 사람들에게 협조를 구한다. 개인 경건 시간을 처음 시작한다면, 15분으로 시작하여 점차 시간을 늘려 간다. 목표는 '하루 한 시간' 이상이다. 경건의 시간에 마음을 쏟다 보면 시간이 오히려 부족할 것이며, 당신의 세계가 하나님의 다스림 아래에서 질서를 잡고 방향이 설 것이다.

2. 다양한 방식으로 하나님과의 사귐을 즐긴다. '일'이 아니라 하나님과의 '관계'에 집중한다.

3. 매일 같은 순서로 하기보다 그날의 영적 기상도에 따라 행하는 것이 좋다. 시간을 채우려는 부담감을 버린다. 자신의 내면에 관심을 두고 하나님과의 사귐을 즐긴다.

4. '하루 한 시간' 개인 경건 시간은 하루 24시간 동안 하나님과 동행하기 위한 노력이다. 기도의 마음으로 하루를 살아가도록 힘쓴다.

| 경건의 도구들 |

기도 | 기도는 '영혼의 호흡'이다. 숨을 오래 참고 있으면 질식하는 것처럼, 기도를 게을리하면 영적 건강에 문제가 생긴다. 매일 시간을 정하여 기도하는 것은 필수적인 일이다. 기도는 또한 하나님과의 인격적인 '사귐'이다. 피상적인 사귐으로는 그 대상을 제대로 알 수 없다. 영적 사귐이 깊어지려면 충분한 시간을 할애해야 한다.

말씀 | 말씀은 '영혼의 양식'이다. 매일 끼니를 찾아 먹어듯이 우리의 믿음도 매일 영적 양식을 먹어야 한다. 음식을 먹을 때 감사하는 마음으로 꼭꼭 씹어 먹어야 하는 것처럼, 말씀을 읽을 때도 천천히 묵상하며 그 의미를 곱씹어야 한다. 기도하는 마음으로 말씀을 읽고 묵상할 때 성령께서 신비한 방식으로 말씀하여 주신다.

중보기도 | 사랑하는 사람들(가족, 교우, 친구, 교회, 나라, 세계 등)을 위한 중보기도는 그리스도인이라면 반드시 해야 할 일이다. 중보기도 목록을 만들어 사용하면 좋다.

찬양 | 찬양은 '곡이 붙은 기도'다. 마음을 담아 찬송을 부를 때 우리의 영혼은 하나님을 향하게 되고 은혜가 내린다.

일기 | 위의 과정에서 느끼거나 깨닫는 것이 있으면 노트에 기록한다.

| 말씀 묵상 안내 |

기도
성경을 펼치기 전에 먼저 기도한다. 길지 않아도 된다. 성령께서 깨달음을 주시기를 구한다.

|

본문 읽기
정해진 진도를 따라 천천히 읽으면서 눈에 들어오는 단어나 어구 혹은 문장에 표시한다. 궁금한 것이 있으면 표시를 해두고 계속 읽는다. 다 읽고 나면 잠시 눈을 감고 읽은 내용을 생각해 본다. 그런 다음 읽은 내용을 다시 훑어본다. 몰랐던 사실 혹은 기억하고 싶은 사실을 노트에 기록한다.

|

묵상
읽은 말씀을 마음에 두고 묵상한다. 묵상 중에 생각이 떠오르면 메모한다. 묵상을 마치면 눈을 감고 스스로에게 묻는다. "성령께서 오늘 나에게 주시는 말씀은 무엇인가?"

|

기도
묵상을 통해 답을 얻으면 그것으로 기도한다. "주님, 이 시간 제게 말씀하여 주셔서 감사합니다. 제가 순종하겠습니다"라고 응답한다. 기도 후에 떠오르는 찬송이 있으면 조용히 부른다. 뭔가 기록하고 싶은 것이 있으면 노트에 적는다.

|

나눔
묵상한 말씀을 몇몇 교우들과 나누는 것은 영적으로 큰 도움이 된다. 서로 격려를 받을 수 있어서 때로 말씀 묵상에 게을러질 때마다 도움을 얻을 수 있다. 믿음의 여정을 함께 걷기를 원하는 교우들과 SNS 혹은 소그룹 모임을 통해 매일의 묵상을 나누도록 노력한다.

|

삶으로 나아가기
하루를 살아가면서 그날 받은 말씀을 기억하고 실천한다.